U0498293

四川省社会科学高水平研究团队"四川农村教育的历史发展与当代改革研究团队"研究成果

农村学校阅读研究

邹敏/著

西南财经大学出版社

四川·成都

图书在版编目(CIP)数据

农村学校阅读研究/邹敏著．—成都:西南财经大学出版社,2018.10
ISBN 978-7-5504-3790-6

Ⅰ.①农… Ⅱ.①邹… Ⅲ.①农村学校—阅读辅导—研究—中国
Ⅳ.①G725②G252.17

中国版本图书馆 CIP 数据核字(2018)第 244473 号

农村学校阅读研究

Nongcun Xuexiao Yuedu Yanjiu

邹敏　著

责任编辑:陈璐
封面设计:墨创文化
责任印制:朱曼丽

出版发行	西南财经大学出版社(四川省成都市光华村街 55 号)
网　　址	http://www.bookcj.com
电子邮件	bookcj@foxmail.com
邮政编码	610074
电　　话	028-87352211　87352368
照　　排	四川胜翔数码印务设计有限公司
印　　刷	四川五洲彩印有限责任公司
成品尺寸	170mm×240mm
印　　张	12.75
字　　数	242 千字
版　　次	2018 年 10 月第 1 版
印　　次	2018 年 10 月第 1 次印刷
书　　号	ISBN 978-7-5504-3790-6
定　　价	78.00 元

1. 版权所有,翻印必究。
2. 如有印刷、装订等差错,可向本社营销部调换。

序

19世纪法国著名作家居斯塔夫·福楼拜（Gustave Flaubert）有一句名言："阅读是为了活着"。大师箴言，启人心智。

在我们这个星球，人类的阅读无始无终。人的生命一问世，阅读就与生俱来，开始了自觉的行为。阅读是人类最主要的认知过程，也是人类最重要的获取信息的手段。农民阅读土地，牧民阅读草原，渔夫阅读海洋。从上古数千年直到未来永远，从纵横几万里直到浩瀚星空，阅读将人类紧紧相连。人类伴生阅读，语言文字丰富阅读，文化经典繁荣阅读。正如加拿大作家阿尔维托·曼古埃尔（Alberto Manguel）《阅读史》（*A History of Reading*）所言："没有社会可以缺乏阅读而存在。"新西兰作家史蒂文·罗杰·费希尔（Steven Roger Fischer）也写了一部书，名为《阅读的历史》（*A History of Reading*）。他在书中这样描述阅读："古往今来，不论长幼，谁都无法否认它的重要性。对于古埃及的官员来说它是'水上之舟'；对于四千年之后心怀志向的尼日利亚小学生来说，它是'投射到幽暗深井里的一缕光'；对于我们大多数人来说，它永远是文明之声……此乃阅读。"

在中国，多少年来，从"耕读传家"到"书香门第"，再到"书香社会"，留下了无数的阅读传统，可谓是"耕读传家久，诗书继世长"。自2012年中国共产党第十八次全国代表大会以来，"提倡全民阅读，建设书香社会"连续写进政府工作报告。近年来，琅琅书声响彻神州，书香社会风生水起。一时间，"阅读"成为时代高频热词，阅读成为教育现象、文化现象和社会时尚。阅读上升为国家战略，全民阅读星火燎原。阅读是可持续发展的关键，阅读是人的基本权利，阅读力是养成和提高一个人的基本素质的重要一环。国民素养提高、文化实力提升、小康社会建成，离不开阅读的力量。在书香社会大家园中，广袤农村是一大舞台，更应该成为主阵地！

关注农村教育、研究农村阅读，是当代教育的全新视角，也是我们教育工作者的使命、担当与责任。2015年，我校教育学研究团队被评为四川省社会科学高水平研究团队——四川农村教育的历史发展与当代改革研究团队。2016年，我们研究团队深入四川省凉山彝族自治州深度贫困县和四川省泸州市经济欠发达县进行实地调研。通过调研，我们团队成员深感农村教育是教育短板，农村学校阅读更是阅读短板，颇有研究价值。此后，我们研究团队经过分工，确定邹敏教授负责"农村学校阅读"具体研究工作。通过调研的亲身经历，他更坚定了研究信念。他长期关注农村教育，有教育情怀，更有阅读兴趣。我与邹敏是校友，是同乡。我知道，他出身书香之家，父亲是中学校长，母亲是中学政治高级教师兼图书管理员。芳华年代，每天在期盼中度过，每天盼望母亲借回家的就是当天的《人民日报》、当月的《人民文学》、当季的《人民画报》。毛泽东同志题写的"人民"二字时常耳濡目染、铭记其心。他从小至今生活在校园，对校园有特殊的情感，可以说已将其生命融入校园；阅读的兴趣从小而生，阅读的习惯从小而成。

今天，他呈现给世人的这部《农村学校阅读研究》，一册在手，心生感慨。一是挑战性。此研究选题本身就具有挑战性。我国阅读实践多、理论少，碎片多、成形少，总结多、成果少。以教育专著形式出现，有难度，有价值，更有创新！二是系统性。本研究涉及阅读历史、阅读现状、阅读主体、阅读教育、阅读方法、阅读推广、阅读文化和阅读扶贫等。他力图较为全面梳理阅读这一系统工程，构建现代阅读学。在阅读扶贫、校史阅读、阅读教育与评价、档案阅读和阅读文化领域，有许多全新的诠释。三是根本性。阅读研究从古代到现代、从国外到国内、从文化到教育，大量信息汇聚，都需要关注农村学校。农村教育是教育的重要组成部分，农村学校阅读是文化在农村传播的重要方式。保持农村学校阅读，就能守住乡村文化阵地，就能留住乡村文化火种并绵延不绝。四是操作性。本研究好似教育与阅读的交叉与延伸，归根结底仍是教育问题研究。所有研究都在寻找理论支撑、现状分析、原因剖析和策略举措。此研究有理论、有实践、有故事、有案例，阅读策略具有操作性和应用性。但愿该研究成果对农村基础教育一线的领导、老师和学生有所启发。

一个人的精神发育史就是阅读史，一个没有阅读的民族，是没有前途的民族。阅读应当成为我们的生存状态、工作方式和生活方式。"一日不读书，胸臆无佳想；一月不读书，耳目失精爽。"阅读让每一个人都过上完整而幸福的生活。

葡萄牙诗人卡蒙斯（Luís de Camões）有诗句"陆止于此，海始于斯！"让我们打点行装再出发，继续走好咱们每一代人的阅读之路，探求阅读之秘，分享阅读之美！为生存而阅读，为生活而阅读，为生命而阅读！聊记浅识，为序。

乐山师范学院　杜学元

（二级教授、博士生导师）

2018 年 10 月

目 录

第一章　阅读史论

　　阅读是人类社会共同的行为，是不可或缺的思想交流活动，是社会活动的重要组成部分。阅读既是一种教育现象，又是一种文化现象。"阅读"成为当今时代极为时尚的热词，颇有研究价值。

第一节　阅读概说

一、阅读概念

　　何谓阅读？《说文解字》中，"阅"解释为"具数于门中也"，即将家庭功名尽数记载于大门的门板，以便浏览；后引申为阅览、查看、经历、观赏等意。"读"解释为"诵书也"，即朗诵诗书经文，依照文字念出声音；后引申为观看、上学等意。后世，人们将"阅"和"读"加以结合。宋代曾巩在《徐禧给事中制》中说："惟精敏不懈，可以周阅读；惟忠实不挠，可以司论驳。"[1] 阅读是获取信息，并通过大脑吸收、加工、理解的过程。

　　《中国大百科全书》将阅读界定为"一种从书面语言中获得意义的心理过程"。阅读是从信息符号中获取意义的一种复杂的智力活动，是人类通过脑部和视觉器官进行的特有高级活动。阅读的第一要义是会意，第二要义是引思，第三要义是共鸣。阅读是认识世界、发展思维、审美体验的活动。它是从视觉材料中获取信息的过程，主要载体是文字和图片等。阅读是一种主动获取的过程，读者依据不同目的调节控制，陶冶情操，提升自我修养。阅读是一种理解、领悟、吸收、鉴赏、评价和探究的全过程。阅读不一定增加人生的长度，但能够提升人生的宽度和厚度。阅读是一种认知过程、文化现象、文化传承，是人生的一部分。

　　阅读起源有四种观点：阅读先于文字、阅读后于文字、阅读与写作同步、阅

---

　　① 周燕妮，夏凌睿，马德静. 书香社会 [M]. 深圳，海天出版社，2017：55.

读源于兴趣。

第一种观点认为，文字出现晚于阅读，我国最古老的文字出现于奴隶社会初期，距离现在大约5 000年。文字出现之前，人们已经开始传播信息，运用实物和图片进行交流。实物中最著名的是结绳记事，图画中最著名的是岩画。现代社会，我国少数民族中也存在只有语言而无文字的现象。

第二种观点认为，从概念内涵出发，阅读的对象严格限于书面文字，有了文字才有阅读行为。没有文字就没有阅读对象，阅读行为无从谈起。文字先于阅读，以殷商时期甲骨文为起点，我国阅读活动至少有3 000年以上的历史。纸张大致出现于东汉后期，中国阅读史因此迎来第一个特征明显的转型时期。

第三种观点认为，阅读与写作同步。这是读写同源论观点。人类第二信号系统的语言，在社会中通过劳动，顺应思想交流的需要，成为人类最重要的社会交际工具。有说必有听，有写必有读，思想交流的行为必然是双方共同完成的。写作—阅读—写作构成一个有机链条，同步产生、同步发展，达到认识的共同性和一致性。

第四种观点认为，阅读源于兴趣。兴趣支配阅读，兴趣可以培养。有兴趣的阅读，是快乐的、幸福的、自觉的。"阅读改变命运"值得商榷，阅读可以改变命运，但不是一定改变命运。2018年，《中国诗词大会》第一名是来自杭州的一位外卖小哥，他战胜了许多高学历选手。他就是兴趣使然，对诗词的酷爱达到痴迷状态。一次，一位小男生问女钢琴教师："世界上除了爱这种情感，还有没有另一种情感，它的浓烈度超过爱本身？"女教师回答得十分精彩："有！这个情感叫兴趣！"这个回答有深度，让人难忘（德国托马斯·曼《浮士德博士》）。兴趣是爱之源泉，爱要坚持则以兴趣为支点。兴趣是阅读的情感基础，习惯养成有赖于兴趣。保持兴趣是提高阅读力的关键。

二、阅读特征

阅读以视觉感知为主要形式，是一个思维活动和情感活动的过程。

阅读的作用在于完善自我和服务社会。阅读是获取信息和知识的重要手段，是开发智力潜能的有力工具，是拓宽思维空间和培养远见卓识的有效途径。阅读是人类的认知过程，阅读是知识传承和文化延续，阅读是生命的一部分。研究阅读文化，就是研究阅读活动，有助于营造良好的社会读书氛围，促进社会文明程度的提升。

阅读的境界包括阅读、分享和推广三重境界。阅读风靡全球，但实践多于理论，成形的理论不多。研究阅读，力图让阅读成为人们的生活方式、工作方式和生存方式，让阅读成为良好的生存习惯。全民提升"阅读力"，即阅读素养、阅读能力、阅读水准和阅读质量。阅读史就是人的精神发育史。阅读有助于知识积累、修身养性，更关乎国家的国民素质和软硬实力。阅读，仿佛与高尚的人交朋友，与灵魂对话，可以穿越历史空间、精神空间。阅读者更能谦卑、平和、深刻地理解人与世界。

阅读的分类有不同的标准和尺度。我国阅读行为已有几千年历史，但作为一门学问来研究，基础相当薄弱。从阅读媒介看，阅读分为纸质阅读、数字阅读、图片阅读；从阅读内容看，阅读分为文学阅读、自然阅读、通识阅读；从阅读者看，阅读分为教师专业阅读、学生学业阅读、社会人员阅读；从阅读速度看，阅读分为快阅读、慢阅读；从阅读深度看，阅读分为泛读、精读；从阅读空间看，阅读分为家庭阅读、班级阅读、校园阅读、社区阅读；从阅读组织看，阅读分为个人阅读、团队阅读、社群阅读。

加拿大学者曼古埃尔在《阅读史》中将阅读推及人类的一切视觉行为，认为但凡人们用眼看见的、用心体会的，都是阅读。我们可以将阅读分为狭义和广义两大类阅读，前者指以文字为主要对象的阅读，后者则指人们用各种感官，感受时间、空间，获得丰富认知和体验。法国哲学家笛卡尔主张"阅读世界这部大书"。人世间有两本书：一本是有字书，另一本是无字书。多读无字书，扩大求知领域，树立"大阅读理念"，"观无字书，识有字理"。

阅读的价值：阅读对个人的价值在于获取知识、开发智力、完善人格、修身养性。中国古代阅读价值观是学而优则仕，读书以求知、修身和怡情。阅读对社会的价值在于传承民族文化、提升国民素质、促进社会生产、发展社会文明。高尔基曾说："读书，实际上是人的心灵和上下古今一切民族的伟大智慧相结合的过程。"全社会多读书、读好书、善读书，若书香氤氲，则社会儒雅。阅读是人类社会不可缺少的精神活动，是人类文明的标志。曾祥芹（原中国阅读学研究会会长）认为："阅读是学习之母，阅读是教育之本，阅读是生产之力，阅读是治国之术，阅读是强民之法。"

第二节 我国阅读简史

一、中国古代阅读史话

中国是一个史学发达的国度。阅读史、出版史和藏书史是图书文化史的三大支柱。有几千年阅读历史的中国，却还没有系统的阅读叙述和总结。先秦时期是我国研究阅读行为的创建阶段，学风极盛，孔子、孟子、荀子、墨子开启了阅读研究的先河。《尚书》中"诗言志，歌永言"可视为我国古代阅读研究最原始的资料。《学记》《劝学》等是我国最早论述阅读的辉煌篇章。孔子可以称为我国阅读"第一人"。他是古代阅读学的开创者和奠基人。孔子编订"六经"，标志着先秦阅读研究开创时期的到来，开始探讨阅读的意义、内容、方法等，表现为重视学习的社会作用、学习内容初具规模、讲究学习的原则方法。此时，"教学相长""触类旁通""善于启发"等思想已经呈现。以学习为中心的阅读行为自然得到了重视。《论语》言"学而不思则罔，思而不学则殆"，强调学思结合。儒家在《中庸》中将阅读过程归为"博学之，审问之，慎思之，明辨之，笃行之"。荀子《劝学》写道："学恶乎始？恶乎终？其数则始乎诵经，终乎读礼；其义则始乎为士，终乎为圣人。""士"和"圣人"成为学习目的；"经"和"礼"成为学习的内容。荀子的思想重在阅读与学习的联系：学习离不开阅读，学习始于阅读。先秦时期阅读特点为阅读思想带有鲜明的时代烙印和阶级色彩，儒、道、佛三家争论激烈。先秦对阅读的社会意义和功用进行了探索阐释：阅读可以培养"士"君子；阅读可以增长知识，达到读以修身的目的。孔子曰："古之学者为己，今之学者为人。"这是孔子学以致用思想的重要体现。先秦确定阅读原则：读思结合、读习结合、读行结合。比如，子曰："学而时习之，不亦说乎？"（《论语·学而》）子曰："弟子入则孝，出则弟，谨而信，泛爱众而亲仁。行有余力，则以学文。"（《论语·学而》）先秦强调阅读技法：自求自得、博以反约。比如，孟子曰："博学而详说之，将以反说约也。"（《孟子·离娄下》）先秦时期强调阅读品质培养，提出具有奠基性的主张：高远志向（如《尚书·周官》提出"功崇惟志，业广惟勤"）、勤奋精神、虚心求教，专一有恒、意志顽强（如《老子》提出"合抱之木，生于毫末；九层之台，起于累土；千里之行，始于足下"），从点滴做起成就大业。①

魏晋南北朝时期积淀了大量的阅读经验，其作用日益引起学者的重视。董遇主张"读书百遍，而义自见"（《三国志·董遇传》）。刘勰《文心雕龙》提出阅读评价"六观"标准：将阅文情，先标六观，一观位体，二观置辞，三观通变，四观奇正，五观事义，六观宫商。② 一是指主题与思想，二是指遣词造句，三是指创新性，四是指文章布局，五是指典故运用，六是指声律和谐。"六观"是文学批评和阅读鉴赏的准则。

---

① 王静，程从华. 先秦时期阅读理论研究述略［J］. 图书馆界，2016（5）：17.
② 董味甘. 阅读学［M］. 重庆：重庆出版社，1989：21.

唐宋时期阅读研究趋于成熟。唐兴科举，宋建书院，唐宋诗词创作达到巅峰状态，实现创作与阅读双促进。社会强调多读、勤读、苦读，对读书方法的研究日益深入。宋代集大成者为教育家朱熹，他著有《读书之要》，后人为之整理《朱子读书法》，大约归为五个大类：一是重视其道理，读书第一要义为"穷理"，主张"格物致知，是穷此理"，读书要思考、精细、存疑。二是重视看文字，主张读书要读准。三是重视阅读心理，主张读书要心专思明。四是重视读物选择，主张读书须有次序。五是重视读法，主张"循序而渐进，熟读而精思"，读书有三到，即心到、眼到和口到，熟读精思，虚心涵泳，切己体察，居敬持志。"朱熹读书法"的问世，标志着我国阅读研究进入繁荣阶段，代表我国阅读发展史上的较高成就。诗人陶渊明"好读书，不求甚解，每有会意，欣然忘食"，享受阅读的过程。宋代文学家欧阳修《归田录》记载："余平生所作文章，多在三上，乃马上、枕上、厕上也。"这就是著名的阅读"三上"之说，可见唐宋时代异常重视阅读，对阅读方法的研究日益深入。

清朝八股取士，墨守成规，停滞不前。明清时代，谈论阅读的著述不断涌现，如唐彪的《读书作文谱》、王筠的《教童子法》、崔学吉的《学海津梁》、颜元的《存学篇》。但这些大多因循守旧、重述前人多余创新创造。明代医学家李时珍的《本草纲目》，可谓是阅读治疗的经典之作。我国科学家，诺贝尔医学奖获得者屠呦呦阅读《本草纲目》时，由"青蒿可治疟疾"而引发创造灵感。她发现研制的青蒿素挽救了上百万人的生命。"少年读书，如隙中窥月；中年读书，如庭中望月；老年读书，如台上玩月。"（清代张潮《幽梦影》）此时，就有了终身学习、终身阅读的思想。

在我国阅读发展的长河中，早期最高成就的代表是孔子，成熟期最高成就的代表是朱熹。

二、中国近代阅读史话

我国近代阅读史由新文化运动开启。为冲破封建文化桎梏，朱自清、叶圣陶等教育家锐意前驱，躬行实践。阅读进入新的历史时期。本时期，努力提高阅读在教育中的地位，坚持阅读和现实联系，注意阅读特点，重视运用阅读方法。阅读发展偏重体验，论述粗略，忽视研究，未成体系。"图书馆"在中国属于新生事物，是完全的外来词和近代文化现象。第一位系统提出新式图书馆思想的是近代启蒙思想家郑观应。他在《藏书》中介绍了西方国家的图书馆情况，这是中国图书馆思想形成的一次实质性飞跃。近代图书馆最主要的推行者是梁启超，图书馆一词由他自日语引入。① 1902 年建立京师大学堂藏书楼，1902 年开放古越藏书楼。前者成为中国高等教育建馆范例。1903 年，清政府在《奏定学堂章程》中首次使用"图书馆"一词。1906 年（光绪三十二年）废科举、兴学校。教育整体改革的思路：重视国民教育，提高全民受教育程度。白话文代替文言文成为必然。白话文的使用、大众教育的兴起，推进了阅读的发展，提高了文学的地位，阅读行为呈现浅层化、庸俗化倾向。

中国古代阅读史分三个阶段：写本时代（先秦至唐代）、雕版印刷时代（唐代晚期至清代中期）、机器印刷时代（晚清至民国时期）。每一次技术变革，都会迎来阅读转型。每一次转型都是一次重组，都是新模式的构建。中国古代阅读传统具有流传性、广泛性、民族性和发展性。

三、中国现代阅读史话

我国现代阅读史有鲜明的时代特征，1949—1966 年，阅读打上了政治烙印，主打红色题材和苏联文学。20 世纪 50 年代，追求新知时期，人们能记住两本书：《大众哲学》和《家》。马克思、恩格斯、列宁、斯大林著作出版 241 种，毛泽东著作出版 38 种，浩然的《艳阳天》是《毛泽东选集》之外唯一再版的图书。"三上一创"（《红日》《红旗谱》《红岩》和《创业史》）深受读者欢迎。《把一切献给党》广为流传，作者吴运铎被誉为中国的"保尔·柯察金"。《红岩》发行量达到 712 万册，苏联文学出版量高达 38 种。20 世纪 60 年代，"文化大革命"开始，新书几乎停发，旧书销毁，无书可读。

20 世纪 70—80 年代，这是改革开放的时代、思想解放的时代、阅读的时代。阅读是当时最为色彩斑斓的底色，出现伤痕文学热、武侠热和言情热。20 世纪 70 年代初，小说和电影《闪闪的红星》弘扬革命理想信念；1978 年，郭沫若在全国科学大会上的讲话《科学的春天》振聋发聩，预示着科学的春天即将到来。李泽厚的《美的历程》成为阅读时尚，而那时候"有华人处皆有金庸"。

20 世纪 80—90 年代，阅读内容多元化，阅读载体媒体化，读者分众化。新启蒙运动随之而来，最能吸收新潮文化的是青年学子。1983 年，"振兴中华"全国性读书热潮兴起，中华总工会将上海经验推广，长达 5 年之久。各地文学杂志发行量大，阅读率创新高。作为疗伤的工具，阅读带来系列创作，最突出的是校园诗人的出现。校园阅读中有一种情感性阅读。琼瑶和三毛是一种阅读现象、情感符号，是区分文理科学生的标志。文科生读三毛，理科生读琼瑶。琼瑶被誉为

---

① 周燕妮，聂凌睿，马德静. 书香社会［M］. 深圳：海天出版社，2017：21.

"一代人的爱情启蒙导师"。对精英阅读的追随，是一种普遍的价值观，因而《围城》成为知识分子小说的典范。弗洛伊德的译本发行量空前。国学热开始兴起，以余秋雨为代表的怀古之风走进读者视野，爱国主义和历史题材对人的影响可见一斑。这一时期的阅读特质就是：如饥似渴、思想解放、西风东渐、雅俗共赏、有群体性。有人称这一时期为中国的"第二个五四时期"、阅读的黄金时代。

20 世纪 90 年代至世纪之交，阅读文化多样化，阅读群体分众化。先后出现过图文类书、励志类书、青春类书、生活类书、经典通俗书等。"论语热""于丹热"反映了群众对传统文化的现实需求。阅读问题日益社会化。一个国家的阅读史就是其成长史。阅读热由停滞、复苏到转型，迎来新的热潮。1997 年，全国组织实施"知识工程"，标志着阅读推广工作上升到国家层面，将知识送到农村，全社会形成爱书、读书的良好风尚。2000 年，首届"全民阅读月"活动开展，以后每年 12 月举行。21 世纪以来，阅读进入社会平台化的阅读推广阶段，进入丰富多彩、充满活力、共建共享的新时代。

延伸阅读

毛泽东的阅读故事

毛泽东的一生是一部英雄豪迈的乐章。他既是一位世纪伟人，又是一位成功的读书人。刻苦读书与大智慧交相回响。据统计，他一生阅读量在 9 万册以上。毛泽东同志阅读的奥秘有三点：苦读书、巧读书、善用书。他从少年到老年，将读书看成第一生命。他有一句名言："饭可以一日不吃，觉可以一日不睡，书不可以一日不读。"在延安时期，他说："如果再过十年我就死了，那么我就一定要学习 9 年零 359 天。"毛泽东阅读的第一本马列主义经典著作是《共产党宣言》，先后读了不下 100 遍。长征时期，他在马背上读完了列宁的《国家与革命》。4 000 万字的史学巨著《二十四史》，他读了 3 遍。《资治通鉴》是齐家治国平天下的宝典，他读了 17 遍。《资本论》，他读了 3 遍。他读曾国藩的《家书》《日记》，他提出的"三大纪律八项注意"就是从其"爱民歌"中得到的启发。毛泽东最喜欢读马列主义、哲学、经济学和史学著作。"不动笔墨不读书"是一大特点，他所读过的书上常常是圈圈点点、勾勾画画。他曾研读的德国《伦理学原理》，有多达 1.2 万字的阅读批注。毛泽东成就伟业，阅读是重要因素之一。他的阅读精神、方法和成效，是我们永远的精神财富。他的一生是阅读的一生，真正是"活到老、学到老、读到老"。

四、中国全民阅读概况

2002 年，党的十六大提出"建设全民学习、终身学习的学习型社会"；2004 年，将"全民阅读月"由每年 12 月调整到 4 月。2006 年，中宣部就开始倡导全民阅读。2008 年，"全民阅读工程"被列为新闻出版总署"五大工程之一"。2012 年起，走进全民阅读时代，党的十八大"提倡全民阅读、建设书香社会"；2014 年起，连续三年将"倡导全民阅读"写进政府工作报告。2015 年，李克强总理在政府工作报告中，向全国人民提出建设"书香社会"。朱永新曾说："一旦社会弥漫着书香，精神就会充盈着芬芳，这样的世界自然就是更为美好的世界。""书香社会"是全民阅读的社会，书香校园和书香家庭是两大支柱。从古代的"耕读传书""书香门第"，到民国时期的"巡回书库""流通图书馆"，再到今天的"全民阅读"，均为"书香社会"的题中应有之义。在构建"书香中国""书香天府"的时代，学校应承担"共建书香校园"的责任。现代社会，阅读已经成为国家行为、国家文化战略，各地成立阅读推广委员会，建设全民阅读专题网站，阅读活动风生水起。"书香中国-全民阅读官方网站"由国家新闻出版广电总局主办，2016 年 4 月 20 日正式上线。它集权威发布、新闻报道、阅读推荐、交流互动等功能于一体，通过互联网平台和新媒体渠道全面推进和深入开展全民阅读活动，营造全民阅读的浓厚氛围。本着"服务中央、联动各地、贴近受众、辐射全球"的宗旨，平台将多功能、全媒体、多终端、传播与互动相结合，是中国最具权威性的阅读推广门户网站、最具公信力的全民阅读推广平台、最具影响力的全民阅读互动社区，以及最具辐射力的全民阅读传播终端集群，共设立"讯""荐""评""享""听""帮"六大板块内容。它是全民阅读的重要窗口。全民阅读正朝着日常化、均衡化、协同化、技术化方向提升。

我国全民阅读活动又称为"全民阅读工程"，10 年来，体现出如下特点：国家战略性、社会协作性、形式多样性、活动公益性、特殊关怀性。全民阅读主要推广模式包括：学校、社会、家庭合作模式，图书馆与社会阅读机构联合模式，行业部门合作模式，高校图书馆联盟模式，"互联网+"和"图书馆+"模式。[①]

习近平总书记是全民阅读的倡导者、践行者。他最善于从历史典籍、文献资料中获取营养、获取治国智慧。他的每一次讲话都高屋建瓴，纵横驰骋，引经据典，诗意盎然，行云流水，颇接地气。1969 年，他不到 16 岁，到陕西延安梁家河村当知识青年。当时，有个后生，平时村里人都知道他很精明。那天，他给知

---

① 王磊，李岩. 中国全民阅读工程发展简史 [M]. 北京：海洋出版社，2017：184.

青扛箱子的时候，先挑了一个看起来比较小的棕箱，结果在路上还是落在了后面。途中休息时，他提了一下别人的箱子，才发现远没有自己扛的箱子重。他心中暗想，这北京知青是不是带了金元宝。后来才知道，那个箱子是习近平带的，里面装了满满一箱子书。据《习近平的七年知青岁月》记载，他为了阅读《浮士德》，跑了30多千米才借到手。上山放羊，他揣着书；羊放到山上，就开始读书。劳动休息时，他就阅读《新华字典》。阅读成为他的一种生活态度、一种工作责任、一种精神追求。2018年，他的《习近平谈治国理政》一书，翻译成若干语言出版，全球发行量超500万册，成为第一畅销书。阅读此书，我深深感叹他爱国为民的家国情怀、勤学上进的求索精神、求真务实的良好作风、矢志不渝的理想追求，落其实者思其树，饮其流者怀其源。

　　习近平总书记勉励国人"爱读书、读好书、善读书"。"读书可以让人们保持思想活力，让人得到智慧启发，让人滋养浩然之气。"我们借此晒一下总书记的书单：思想哲学类，如《理想国》《乌托邦》《太阳城》《历史的起源与目标》《政府论》《论法的精神》《社会契约论》《法哲学原理》《联邦党人文集》；现当代文学类，如《鲁迅全集》《创业史》《老舍全集》《取经》；外国名著类，如《浮士德》《威尼斯商人》《第十二夜》《罗密欧与朱丽叶》《哈姆雷特》《奥赛罗》《李尔王》《麦克白》《老人与海》《怎么办》《静静的顿河》《战争与和平》《红与黑》《神曲》《悲惨世界》等；经史经典类，如《史记》《春秋》《诗经》《礼记》《管子》《古诗源》《宋词选》《智囊》《文心雕龙》等；政治学类，如《共产党宣言》《资本论》《世界秩序》等；经济学类，如《人口原理》《经济学》《21世纪资本论》等；军事学类，如《战争论》《毛泽东军事文选》《马克思恩格斯军事文选》等；历史与科学类，如《抗日战争》《历史的教训》《中世纪史》等；词典类，如《简明哲学辞典》《新编新知识辞典》《中国哲学大辞典》等。

　　习近平总书记爱读书，尤爱读历史类图书。"历史是一个民族、一个国家形成、发展及其盛衰兴亡的真实记录。""在中国史籍书林中，蕴含着十分丰富治国理政的历史经验。"这是他的读史心得。2012年，在参观《复兴之路》展览时，他讲起陈望道专心翻译《共产党宣言》，竟将墨汁误当红糖吃掉而浑然不觉的故事，并引述其名言"真理的味道非常甜"。欲知大道，必先知史。历史给人启迪，也是治国资源。"历史是最好的教科书，也是最好的清醒剂。"重温伟大历史，心生无穷正能量。在历史的进程中，做出自己的努力，做出自己的历史贡献；观成败，鉴是非，知兴替，明规律。

　　习近平总书记是全民阅读的强力推广者。他向中国人民力荐《平凡的世界》。我在英国求学期间，夜读的电子图书也是《平凡的世界》。2015年，清华大学新生人手一套三本。我曾经对全国 10 所顶级高校进行调查，年度图书借阅量前 10 名的目录中，均有此书。《平凡的世界》何以有如此大的魅力和价值？《平凡的世界》是中国作家路遥的一部扛鼎之作。这是一部全景式反映中国当代城乡社会生活的长篇小说，以 20 世纪七八十年代中国社会为背景，刻画了当时各阶层众多普通人物形象，劳动与爱情、挫折与追求、痛苦与欢乐、日常生活与社会巨变相交织，深刻展示了普通人在社会大变化中的艰难与曲折。1991 年，《平凡的世界》获中国第三届茅盾文学奖。作品魅力来自作家心血之凝聚，作家为此宏大巨作耗尽心血。魅力来自真诚的人生态度，苦难是人生的另类伴侣。正视苦难，乐观面对，是重要的文学资源。饥饿感是作家与人物刻骨铭心的记忆。励志的精神魅力征服广大读者。励志小说以人物苦难和磨难为主要内容，有真情实感，达到了激励他人的作用。面对苦难反而有一种崇高的感受，是一种不一样的精神气质。作品反映平凡人的平凡人生，亲切、可信、可敬。作者对生活、人生、社会和历史哲理性思考，严峻悲壮、真切感人。作品是典型的传统现实主义叙述方式，以生活的逻辑构思情节、讲述故事、塑造人物。这是一部精神价值大于文学价值的小说。这也恰恰暗合当今的人生价值追求：不忘过去、牢记历史；幸福总是奋斗得来的。

中央电视台成为全民阅读的助推器，近年来开办的文化创意类栏目，非常火爆，有力推进了全民阅读进程。《中国汉字听写大会》《中国诗词大会》《中国民歌大会》《中国戏曲大会》《信·中国》《国家宝藏》极大地激发了国人的阅读热情。2017 年开办的全新栏目《朗读者》属于大型文化情感类节目。著名电视节目主持人董卿担任制片人。节目以人生经历为线索，讲好人物情感故事，诵读名家经典佳作。朗读者将诵读、情感、文字相融合，彰显阅读的价值与魅力，实现文化感染人、教化人、激励人的传导作用。一篇篇精品佳作、一个个感人故事，讲好当今的"中国故事"，汇聚成今日的"中国记忆"。2018 年 6 月，《朗读者》获得第 23 届上海电视节白玉兰奖最佳季播电视节目唯一大奖。

讲好中国故事，《朗读者》大受称赞。《朗读者（第二季）》讲述了航天英雄邓清明的励志故事。1997 年，邓清明成为我国载人航天工程第一批航天员之一。他是我国唯一没有执行过飞天任务，又仍在现役的首批航天员。2018 年，中宣部授予他"时代楷模"荣誉称号。他离梦想最近的 3 次是神舟九号、神舟十号、神舟十一号飞行任务。他 3 次进入备份乘组，总是擦肩而过，待在发射场，目送战友直上九天。他的故事感动无数青年，他的精神启示人们：坚守是一种品质，奉献是一种境界。这类电视节目，达到了阅读的第二重境界——分享，极度放大了人物的影响力和精神的感染力。

基础教育战线是推进全民阅读的主阵地。2015 年，国家对中小学图书馆提出建设性意见。中小学图书馆作为服务教育教学、科学研究的重要条件，实现教育现代化的重要体现，国家图书馆服务体系的重要组成，对于服务学习型社会和书香社会建设、完善公共文化服务体系、丰富群众文化生活具有深远意义。到 2020年，中小学按国家标准建设图书馆。中小学图书馆与教育教学深度融合，与深化课程改革相适应，成为信息资源高地、智慧中心、成长中心和活动中心。实现与高校图书馆、公共图书馆资源共享格局，带动全民阅读。中小学图书馆功能定位、馆舍面积、配套设施、馆藏保障、资源利用、队伍建设、管理应用做出合理科学规划。图书馆建设成设施齐全、功能完备、运转顺畅、服务便捷、使用高效的育人阵地和重要课堂。学校利用图书布置走廊和教室空间，自主管理、诚信取阅，形成学校在"图书馆"中的浓厚书香氛围。何谓学校在"图书馆"中，我认为，就是纸质图书和电子资源遍布校园不同角落，实现"人人皆学、处处能学、时时可学"学习型社会态势，阅读方式多样化，阅读选择多元化。确保馆藏资源质量，每年至少生均新增一本纸质图书。规范馆藏资源质量，以教育部"全国中小学图书馆（室）推荐书目"作为依据。提高信息化水平，实现管理信息化、服务网络化。发挥育人作用，中小学图书馆每周开放时间不少于 40 小时，每天课余时间、周末和寒暑假向师生有效开放。将图书馆作为课程资源进行整合形成教学资源，拓展图书馆使用功能，开展主题读书活动，发挥引领、辐射和带头作用。带动书香社会建设，特别为农村留守儿童提供阅读条件，提倡小学生每天阅读半小时，中学生每天阅读 1 小时。设立家长开放日，亲子共读，营造良好氛围。农村中小学图书馆发挥辐射作用，采取有效措施，服务农民精神文化需求。加强队伍建设，建成专兼结合、志愿者等组成的管理人员队伍。创新培训机制，建立分层分级培训体系。纳入督导评价体系，不断推进图书馆建设的制度化、规范化和专业化。

中小学语文示范诵读库被列为重大阅读工程，同时，被列入《国家语言文字事业"十三五"发展规划》。这是教育部会同中央广播电视总台合作的一项公益事业。本工程将教育部教材权威性与播音主持的强大实力相结合，发挥专业优势，顶尖音频制作，力求创作上精益求精、呈现方式上锐意创新、传播效果上最佳最美，全新诠释中华传统文化，将社会主义核心价值观融入少年儿童的基因里和血脉中。"中小学语文示范诵读库"工程建设，为全国中小学提供语文课程标准普通话示范，有助于改变各地语文教师"南腔北调"式教授语文的现象。学生可以享受最标准、最美好的中国声音，享受平等的教育资源。这项工程将惠及 1.5 亿中小学生和几亿家长。该音频产品可以通过多媒体教学设备、教学光盘在电子教室使用，也可以通过手机客户端、微信公众号收听。一期工程由 70 余名播音主持人录制。2018 年 5 月，100 部作品正式上线。这项工程的实施，是真正意义上的功在当代、利在千秋，为全民阅读推广夯实了强大的基础。

　　倡导全民阅读，建设书香社会，有利于荡涤社会浮躁之气，提升中华民族的文化自信和文化自觉，有利于提升中华民族的素养，始终充满生机和活力，有利于促进转型升级、创新驱动发展、促进社会走进新常态。习惯是人们一种行为的养成和自觉，一个好的习惯会让人终身受益。一部好书就是一所好的学校，牢固树立终身阅读的观念，把阅读当成一种人生追求、一种生活态度、一种精神需求，使阅读成为生活的重要组成部分，在阅读中坚定信念、提升境界、丰富生活。习近平总书记说：“我经常做到的是读书，读书已经成了我的一种生活方式。”阅读习惯的养成非一日之功。将阅读当成一种生活方式是长期修为。古代中国，人们崇尚的优良家风就是“耕读传家”，养成了我国人民“读书即生活”的优良传统。阅读像血液一样完全融入生活，人们知书达理、开启智慧、传承文明。阅读汇聚实现中国梦的力量。实现中国梦是物质文明和精神文明比翼齐飞的过程。文化软实力是综合国力的重要组成部分。提高文化软实力，建设文化强国，一个重要基点就是全民阅读。我们有责任以阅读汇聚同心共筑中国梦的强大正能量，坚持不懈倡导“爱读书”，始终如一服务“读好书”，润物无声引导“善读书”，营造全民阅读浓厚氛围，就能追梦前行、成功圆梦。据不完全统计，2017 年，全国各地都在开展阅读活动，400 座城市开展了丰富多彩的阅读活动，读书项目多达 3 000 个，以北京三联书店为首的 24 小时书店应运而生；评选“书香之家” 2 000 个，深圳被联合国教科文组织评为“世界阅读典范城市”；每年 7 亿多读者参加阅读活动，许多地方将阅读活动作为城市文化名片进行打造。深圳从“文化沙漠”到“文化绿洲”，深圳居民日均读书时间比全国平均值多 43.77 分钟。“有田不耕仓廪虚，有书不读子孙愚。”阅读历来是中华民族的优良传统，也是民族精神中最为宝贵的精神财富。美国未来学家阿尔文·托夫勒曾说过：“哪里有文化，哪里早晚就会出现经济繁荣，而哪里出现经济繁荣，文化就会向哪里转移。”

　　2016 年是“全民阅读第十周年”。2016 年 12 月 27 日发布的《全民阅读“十三五”时期发展规划》，是第一部国家级全民阅读规划。我国将丰富阅读内容与提升思想文化内涵相结合，将出版精品与推荐精品相结合，将公益活动与市场推广相结合，将传统阅读与数字阅读相结合，将服务与管理相结合，全面提高国民阅读质量和水准。坚持政府主导和社会参与；坚持重视内容与质量提升；坚持保障重点是少儿阅读，并优先发展；注重阅读的公益性和普惠性，阅读向基层深入。到 2020 年，全民阅读活动蓬勃开展，氛围更加浓厚，理念更加深入人心，建成以人为本、面向基层、惠及群众、兼顾重点的全民阅读推广服务体系。举办重大全民阅读活动，开展"书香中国"系列活动、主题读书活动、行业展会活动。实施全民阅读优质内容建设工程，开展内容丰富、形式多样的阅读活动；推荐更多精品力作，满足读者多样化需求。推进全民阅读"七进"工程，将阅读推送到学校、机关、农村、社区、家庭、企业和军营。推进少年儿童阅读工程，重点保障留守儿童和流动儿童、贫困家庭儿童和特殊群体儿童的基本阅读需求。开展少儿阅读梯队推广、少儿报刊阅读季活动。实施数字化阅读推广工程，建设全民阅读媒体联盟和百网联盟。实施全民阅读长效机制建设工程，制定《全民阅读促进条例》，建立书香社会评价指标体系。加快全民阅读规划，推动全民阅读立法，推动全民阅读工作法制化、常态化，完善全民阅读工作机制体制。

第三节　国外阅读简史

一、国外阅读史话

"阅读"在希腊语中就是"我读、我认识、我大声朗读"之意。西方社会阅读起源已久，人们最早的阅读对象是结绳、旗语、烽烟和岩画。在西方，经学的出现就是阅读学的开端。西方阅读从《圣经》释义开始，直到中世纪，欧洲语言中有了朗读、背诵、播送、宣告的意思。国外最早的阅读始于古希腊，公元前7 世纪，古希腊大约 5% 的人识字，能朗读者甚少，公共阅读以听为读。那时的医生会开出"阅读"处方，让病人通过听别人的朗读来调养心神。随着文字的增多，蜡版、莎草纸成为主要的书写材料。雅典人和罗马人的阅读方式就是大声朗读，"都是在隆隆的嘈杂声中阅读"。古罗马时代，仍以口述为主；直到公元前5 世纪，古希腊哲学家苏格拉底还强调口述的重要性，才有了他的学生柏拉图的《对话录》等口述体著作，这些著作还流传至今。[①] 拉丁文是中世纪学术活动的交流媒介。懂得拉丁文，才可以获取知识。

西方社会的阅读在出版技术的促进下出现过革命性的变化。公元 14 世纪，中国造纸术传入欧洲，中国的纸后来取代了羊皮纸。中国印刷术对世界文明做出了重大贡献。1450 年左右，受中国活字印刷影响，金属活字印刷术在德国出现，从而带来了一场阅读的革命，标志着欧洲社会的革命。启蒙运动思想的传播，依赖

---

① 聂震宁. 阅读力 [M]. 北京：生活·读书·新知三联书店，2017：10.

于印刷术的跨越国界性。新西兰作家费希尔的《阅读的历史》和加拿大作家曼古埃尔的《阅读史》这两本著作中都提到，世间最神奇的是阅读，阅读永远是文明之声。19 世纪，法国著名作家福楼拜说："阅读是为了活着。"莎士比亚说："生活里没有书籍，就好像没有阳光；智慧里没有书籍，就好像鸟儿没有翅膀。"苏联作家高尔基说："书籍是人类进步的阶梯。"苏联教育家苏霍姆林斯基说过："一个学校可以什么都没有，只要有了为学生和老师精神成长的书，那就是学校。"曼古埃尔的《阅读史》是一部西方阅读世界发展史。该书从公元前 4000 年古叙利亚象形文字，说到现代语言学的最新发展。公元前 4 世纪，开始关注默读；公元 10 世纪，默读才在西方普及。曼古埃尔认为，阅读史是没有终点的，读者以眼睛辨识文字，以耳朵听朗读内容，以鼻子闻书香味道，以手指触摸书籍，沉浸其中，享受阅读。在欧洲，阅读从口头向书面、由少数人到多数人转变。阅读构成欧洲社会运转的前提和文明的基石。现代欧洲正是一个阅读的社会。

1956 年 1 月，在美国成立国际阅读协会，标志着现代阅读学的形成。最早的研究者为英国哲学家培根，他发表了《论学问》。18—19 世纪，德国哲学家叔本华发表了《读书论》；1908 年，爱德曼·惠发表了《阅读的心理学和教育学》；1942 年，苏联心理学家波瓦尔宁发表了《如何读书》。法国、美国、日本等国成立了全国性阅读指导委员会。美国大学设有阅读指导中心，开设阅读学课程，编写阅读教材，开展阅读培训。在美国，阅读是一场全民运动，克林顿时代提出"美国阅读挑战运动"，布什时代提出"阅读优先"方案，为美国阅读运动奠定了良好基础。国外阅读研究重视信息时代的需求，重视开发智力，重视综合利用多学科研究成果，理论研究成果日渐系列化。

延伸阅读

马克思的阅读故事

马克思是世界阅读史上的一座丰碑。2018 年是马克思诞辰 200 周年。1999 年，英国剑桥大学和英国广播公司评选"千年思想家"，他位居第一，他被誉为"千年第一思想家"。他创立了哲学、政治经济学和科学社会主义学科。他的辉煌成就得益于长期不懈的阅读。他撰写《资本论》，耗时长达 40 年之久，其间阅读量惊人，阅读书籍达 1 500 种，读书笔记达 100 多本。书籍是马克思智慧劳动的工具。有一天，他的两个女儿燕妮和劳拉问他："你一生最喜欢的是什么？"他说："我最喜欢的是啃书本！"马克思曾言："在科学上面是没有平坦的大路可走的，只有那在崎岖小路的攀登上不畏劳苦的人，才有希望到达光辉的顶点。"这也是他的人生座右铭。1848 年，他与恩格斯合作的《共产党宣言》问世；1867

年问世的《资本论》成为马克思主义最厚重、最丰富的著作，被誉为"工人阶级的圣经"。我国改革开放总设计师邓小平于1992年视察南方时曾说："我的入门老师是《共产党宣言》。"① 走进马克思，总有一种强烈的感动，被马克思的伟大人格和崇高理想所感动。他是"为全人类而工作"的人，真正"大写的人"。走进马克思，总有一种强烈的震动，被马克思博大精深的思想及其具有的"当代性"所震动。走进马克思，总有一种激动，被马克思伟大思想变为"人民的自觉追求"所激动。伟人的故事，昭示我们也能像伟人一样生活得高尚。马克思曾说："理论只要说服人，就能掌握群众；而理论只要彻底，就能说服人。"

二、世界读书日概说

1972年，联合国教科文组织首次提出倡议"全民阅读"，发出"走向阅读社会"的号召，期望阅读成为人们生活和工作中的重要组成部分；1982年，联合国教科文组织再次提出倡议。1995年11月15日，联合国教科文组织第28届会员大会在巴黎召开，会上宣布每年4月23日为"世界读书日"（又称为"世界图书与版权日"），致力于向世界推广阅读、出版和对知识产权保护。其目的是培养阅读习惯、人文精神，引导人们尊重知识。世界各地已经演变为欢乐节日。4月23日，是西班牙大文豪塞万提斯（1547年9月29日—1616年4月23日）的去世纪念日，是秘鲁历史学家加尔西拉索·德·拉·维加（1539年4月12日—1616年4月23日）的去世纪念日，是英国莎士比亚（1564年4月23日—1616年4月23日）的出生日和去世日，也是世界多位文学家的生日，如美国作家纳博科夫（1899年4月23日—1977年7月2日）、法国作家莫里斯·德鲁昂（1918年4月23日—2009年4月14日）、诺贝尔文学奖得主冰岛作家拉克斯内斯（1902年4月23日—1998年2月8日）。这是一个独特的日子，给人以在人类阅读史上前赴后继、继往开来的深层次心理暗示。②

1995年联合国教科文组织宣言："希望散居在世界各地的人，无论你是年老还是年轻，无论你是贫穷还是富裕，无论你是患病还是健康，都享受阅读的乐趣，都能尊重和感谢为人类文明做出过巨大贡献的文学、文化、科学、思想大师们，都能保护知识产权。"

世界读书日每年一个主题：2014年为地球与我，2013年为追逐梦想，2012

---

① 沈夏珠. 致敬经典 在《共产党宣言》中汲取信仰的力量 [EB/OL]. (2018-02-24). http://news. cri. cn/20180224/40bb9a81-1d1d-88c9-ce27-e8c24816150c. html.

② 徐雁等，李海燕. 全民阅读知识导航 [M]. 南京：南京大学出版社，2016：3.

年为阅读让我们的世界更丰富。在中国，读书日还不完全被知晓。据统计，6%的人知道，27%的人听说过，67%的人从未听说过。

英国将读书日提前到3月6日，活动上千种，包括故事人物模仿大赛、午间故事时间、各类书展。英国人喜欢读书是有口皆碑的，在地铁、公交车站、公园、咖啡馆，时时可见阅读者的身影。他们安静怡然，沉浸在阅读快乐之中的专注神情令人难忘。英国人不仅爱读书，还影响他人读书。英国学校非常重视"世界读书日"，每年都要开展许多活动，引导学生热爱读书。活动第一天，每个学生都会收到学校送的大礼包，包括一本世界童话故事书、一张精美的"世界读书日快乐"贺卡、色彩斑斓的贴画和最新的读书目录。活动高潮是各校组织的"图书节"，学生们会收到价值一英镑的兑换券，可以在学校购买自己喜欢的图书。图书节上提供6种特价书，也叫一英镑书，鼓励孩子们买书读书。英国人不仅爱读书，还利用世界读书日系列活动，在孩子幼小的心灵里种下爱读书的种子。"阅读起跑线"计划是英国最具代表性的阅读推广项目，包括婴儿包、高级包、百宝箱、图书包、双语包等。

日本将4月23日定为儿童阅读日，并以培养儿童在语言、想象和敏感度方面的能力，让学生深刻地"体验人生"为长远目标。据调查，日本人每天阅读1小时的占14%，半小时的占19%，20分钟的占10%。

以色列人爱读书、爱买书、爱写书，在街头巷尾、车站广场处处可见专心致志阅读的人群。以色列实行文化开放政策，书店里各种版本的图书一应俱全，从最通俗的到最深奥的都有阅读群。以色列人均拥有图书馆和出版社的数量居全球之冠，每个村镇都有图书馆。全国有刊物890种，每家每年订阅几份报刊，每人每月阅读1本书。为了培养孩子的阅读习惯，犹太人家庭有着这样的传统：当小孩懂事时，母亲就会翻开《圣经》滴一点蜂蜜在上面，让小孩去舔带有蜂蜜的图书。其用意是让孩子从小就知道读书是一项甜蜜的事业。

在欧美，阅读文化成为热门的研究主题，以法国学者沙杰尔的《读书文化史——文本·图书·解读》为代表。"世界图书之都"评选是每年"世界读书日"的重头戏。"人生唯有读书好，最是书香能致远。"自2001年起，这被公认为是全世界最成功的阅读推广项目。2001年，联合国教科文组织第一届"世界图书之都"评选，西班牙首都马德里获此称号。

延伸阅读

世界读书日的美丽传说

4月23日是西班牙加泰罗尼亚地区大众节日——圣乔治节。传说，从前有位公主受困于深山中的一条恶龙。当地一位勇士乔治为解救她,与恶龙苦斗,获得成功。因此,他获得了公主回赠的礼物——一卷珍贵的书,一卷象征着知识与力量的书。以后,每到这一天,加泰罗尼亚的妇女们就给丈夫或男朋友赠送一本书,男人们则会回赠一支玫瑰花。这就是具有区域民俗特征的圣乔治节。①

---

① 徐雁,李海燕. 全民阅读知识导航 [M]. 南京:南京大学出版社,2016:163.

第二章 阅读现实论

全民阅读已上升为国家文化战略。从天涯海角到白山黑水，从东海之滨到雪域高原，阅读走进现实社会和生活。我国阅读现实状况如何？农村阅读状况如何？

第一节 我国国民阅读现状

一、近年国民阅读现状

1999 年开始，中国新闻出版研究院组织全国国民阅读调查，起初每两年公布一次；2007 年起改为每年公布一次，我国持续开展全国国民阅读调查15 次。总体印象是，我国国民阅读状况逐年向好。2013 年，成年国民阅读率为 57.8%，人均纸质图书阅读量为 4.77 本，电子书阅读量为 2.48 本。数字化阅读方式的接触率达 50.1%。每天，国民平均读书时间为 13 分钟，手机阅读时长 22 分钟，上网时长 51 分钟。[①] 2014 年，我国成年国民人均阅读纸质图书 4.56 本。2015 年，我国成年国民人均阅读纸质图书 4.58 本。

2016 年，我国成年国民人均阅读纸质图书 4.65 本，比 2015 年增长 0.07 本。我国国民综合阅读率为 79.9%，比 2015 年增长 0.3 个百分点。其中，图书阅读率为 58.8%，比 2015 年上升 0.4 个百分点；报纸阅读率为 39.7%，比 2015 下降 6 个百分点；期刊阅读率为 26.3%，比 2015 年下降 8.3 个百分点；数字化阅读达 68.2%，比 2015 年上升 4.2 个百分点。可以看出，成年国民阅读习惯中，报纸和期刊逐年减少。我国成年国民接触新媒介的时长有所提升，手机使用时间增长明显，62.4%的成年国民进行微信阅读，每天人均微信阅读时长 26 分钟，每天传统阅读时长 20 分钟。国民上网率为 73.8%，较 2015 年增长 3.8 个百分点。成年国民 51.6%倾向于纸质阅读。33.8%倾向于手机阅读，9.8%倾向于在线阅读，

---

① 数据来源于第十一次全国国民阅读调查报告。

3.8%倾向于电子阅读器阅读；1%倾向于下载打印阅读。未成年人图书阅读量为人均8.34本，比2015年增加1.15本。① 2016年相较2015年，国民阅读量有所增加，但是总量还是偏少，数字阅读不断走进生活，不断受人喜欢。

2017年，我国成年国民人均阅读纸质图书4.66本，比2016年增长0.01本。我国成年国民综合阅读率为80.3%，比2016年增长0.4个百分点。其中，图书阅读率为59.1%，比2016年增长0.3个百分点；报纸阅读率为37.6%，比2016年下降2.1个百分点；期刊阅读率为25.3%，比2016年下降1个百分点；数字化阅读方式的接触率为73%，比2016年上升4.8个百分点。成年国民在线阅读率为59.7%，比2016年上升4.4个百分点；手机阅读率为71%，比2016年上升4.9个百分点；电子阅读器阅读率为14.3%，比2016年增长6.5个百分点；成年国民63.4%进行过微信阅读，比2016年上升1个百分点。成年国民每天使用手机80.43分钟，人均每天微信阅读时长为27.02分钟，人均每天传统阅读20.38分钟。2017年城乡阅读情况比较：城镇居民图书阅读率为67.5%，比2016年增长1.4个百分点；农村居民的图书阅读率为49.3%，比2016年低0.4个百分点；报纸阅读率上，城镇居民为43.9%，农村居民为30.1%；期刊阅读率上，城镇居民为30.7%，农村居民为18.9%；数字化阅读方式的接触率上，城镇居民为81.1%，农村居民为63.5%。未成年人的人均图书阅读量为8.81本，比2016年增加0.47本。② 随着数字阅读时代的到来，国民阅读方式有所改善，综合阅读率提高。少年儿童阅读量逐渐增加，城乡阅读差异较大。

二、近年国民阅读分析

数字阅读势不可挡，已经走进新时代。2017年，我国数字阅读行业总体规模达到152亿，总体用户3.8亿，比2016年分别提升26.7%和13.4%。③ 经过激烈竞争和重组，数字阅读行业呈现高集中度，一、二梯队企业年营业额占94.7%。我国数字阅读华丽蜕变，大步迈入升级阶段。数字阅读起源于个人网站，多以小说呈现，借助"互联网+"模式，走出一条成熟的阅读新路。国家政策的倾斜，助力数字发展提速。文化消费升级，催生数字阅读全面爆发。中国"沃阅读"就是很好的案例。其始于数字阅读产业大潮，已经被打造成国民精神文化提升诉求

---

① 数据来源于第十四次全国国民阅读调查报告。
② 数据来源于第十五次全国国民阅读调查报告。
③ 艾瑞咨询. 2018年中国数字阅读行业案例研究报告［R/OL］.（2018-05-09）. http：//report. iresearch. cn/report/201805/3209. shtml.

的数字阅读品牌。打造开放式平台，汇聚多种数字阅读资源，包括出版、原创、杂志、音频、视频和动漫六大类。精准定位，发展品牌，顺应时代，践行责任，提升影响。

从表 2-1 的 2013—2017 年的全民阅读数据可以看出，"书香中国"已经呈现初步态势，走向非常良好。我国不断满足国民日益增长的阅读生活需求，纸质图书阅读量呈逐年提高趋势，当然总量依然偏少，需要不断倡导。信息化时代的到来，数字阅读异军突起，锐不可当，不需倡导便能很快推广和普及。超过半数的国民倾向于数字阅读方式，49 岁以下的中青年阅读群体是数字化阅读的主要人群。全民阅读内容日益丰富，方式日益多样，媒介日益创新，推广日益多元。所有抽样数据中，只有 2 项是逐年下滑的，占 16.7%；10 项逐年上升，占 83.3%。报纸和期刊阅读呈下滑趋势，这是国民阅读习惯的变化所致。报刊界已经引起高度重视，纷纷开发纸质版和电子版"双套制"运行。报刊发行面临转型，有的减少纸质版本，有的单月刊改为双月刊等。"书香社会"阅读概念的外延不断放大，无处不阅读。可喜的是，未成年阅读状况比成年阅读状况乐观，人均阅读量和阅读率都超过成人，可以说"阅读始于少年"，阅读从独阅读走向众阅读，从苦读走向乐读，从功利性阅读走向非功利性阅读。

表 2-1　　　　2013—2017 年全民阅读基础数据统计

分类	2017 年	2016 年	2015 年	2014 年	2013 年
纸质图书阅读量（本）	4.66	4.65	4.58	4.56	4.77
综合阅读率（%）	80.3	79.9	79.6	78.6	76.7
数字化阅读方式接触率（%）	73.0	68.2	64.0	58.1	50.1
图书阅读率（%）	59.1	58.8	58.4	58.0	57.8
报纸阅读率（%）	37.6	39.7	45.7	55.1	52.7
期刊阅读率（%）	25.3	26.3	34.6	40.3	38.3
在线阅读率（%）	59.7	55.3	51.3	49.4	44.4
手机阅读率（%）	71.0	66.1	60.1	51.8	41.9
电子阅读器阅读率（%）	14.3	7.8	8.8	6.3	2.4
微信阅读率（%）	63.4	62.4	51.9	34.4	—
未成年阅读率（%）	84.8	85	81.1	76.6	76.1
未成年人均阅读量（本）	8.81	8.34	7.19	8.45	6.97

注：数据抽样来源于历年全国国民阅读调查报告。

第二节 当代学校阅读现状

一、农村学校阅读调查

从 2003 年起，我国开始规范中小学图书馆建设，并编制规程。图书馆是中小学书刊信息资料中心，是学校教育教学、科学研究服务机构。其基本任务是：收集文献资料信息，为师生提供书刊和借阅服务，对学生进行思想品德、文化科学知识教育；指导学生课内外阅读，开展信息检索和知识利用教育，培养学生收集、整理、储存和利用信息的能力，养成终身学习的能力与习惯；促进学生全面发展。中学图书馆工作人员应具有大专以上文化程度，小学图书馆工作人员应具有中专以上文化程度。图书管理员应具备图书管理专业技能和计算机专业技能，且专兼职结合。图书馆专业人员实行专业技术职务聘任制，工作人员调资和晋级与教师、教辅人员一视同仁。图书馆要不断满足青年学生的阅读需求，配备电子资源，藏书应包括适合师生阅读的图书、报刊、工具书、参考书、理论书籍和应用型专业书籍。《中小学图书馆（室）藏书分类比例表》为图书配备规范，藏书结构合理，图书馆藏书量不得低于规定标准，每年新增图书数量不少于藏书标准的 1%。中学图书馆设书名目录和分类目录，小学图书馆设书名目录。有条件的图书馆可以实行计算机管理，方便检索。图书馆应以全开架借阅和半开架借阅为主，开展借阅、推荐服务工作，发挥班级图书角、图书箱的作用。图书馆要配合学科教师开展读书活动、课外阅读，配合学校开设阅读指导课程。

为调查当代学校阅读现状，我们以国家图书馆建设规程为依据，结合学校实际，设计了调查提纲（见表 2-2）。

表 2-2 农村学校阅读现状调查样表

项目	数量	备注
图书拥有量		
生均图书册数		
教师用书量		
教师人均册数		
报刊种类		
工具书种类		

表2-2（续）

项目	数量	备注
图书馆总面积		
阅览室面积		
年均购书册数		
借阅登记表		
图书记录表		
阅读活动记录		
教学活动记录		

2016年7月，我们四川省社会科学高水平研究团队"四川农村教育的历史发展与当代改革研究团队"赴凉山彝族自治州德昌县、普格县、会东县、冕宁县和泸州市泸县、叙永县和古蔺县进行实地调研。我们以国家图书馆规程为标准，以调查表为线索，以学校实际状况为基础开展广泛调查研究。

凉山彝族自治州是我国彝族聚居区，既有民族特色，又有农村状态。截至2016年7月，凉山彝族自治州有学生87余万人，教职工25.5万人。全州17个县2 000余个村，2 300个幼儿办学点，每村2名幼儿辅导员，达到"一村一幼"目标，26万幼儿接受教育。职业教育实行"9+3"计划，州内中职学生2.9万人，州外中职学生1.8万人。全州小学生2.3万人，初中生9 000人，高中生4 700人，特教学生200人，6个县有特殊教育学校。在师资队伍建设方面，实施"乡村教师支持计划"，建立教师交流机制，经济条件较好的区县交流面达到50%。实现教师培养、引进、利用管理机制，一是省上统招，二是自主考核，三是特岗教师。加强教师培训，5年一轮培训。贫困县教师每月补助至少400元，最高可达每月1 000元。农村教师比城区教师收入多2万元以上（含高寒补助）。奖励优秀教师3年一次，向农村教师倾斜，农村教师所占比例不少于40%。农村教师可享受周转房。全州双语学校681所，实行汉语和彝语双语教学，传承民族文化，融入汉语教育。凉山州学前教育起步较晚。2015年，有的县3年毛入学率为55%，达不到民族地区平均水平。大力实施"一村一幼""一乡一幼"计划，规划450所乡镇幼儿园，建设普惠性幼儿园，总体目标达到毛入园率85%。有效利用，因地制宜，充分利用闲置校舍和场所。加强管理，编制幼教点管理方案，开设幼儿午餐。辅导员属于临时聘用人员，每月2 000元，人才匮乏。职业教育中，18所中等职业学校，7个县有中职学校，6个县没有中职学校，建有职教中心，在校中职学生达2.98万人，教职工2.127 4万人，普职比达到6：4。82%的乡村学校的接入了宽带，信息化程度逐步提高。农村学校硬件设施陈旧，软件设施上师资是最大的群体，缺编严重，主要依靠特岗教师，尤其缺音乐、体育、美术和信息技术教师。职中能工巧匠更缺，在职教师的培养培训需加强。寄宿制学校乡镇集中办学，初中片区集中办学，高中县城集中办学。"拆校并点"现象值得深思。城市化进程的加快，助推了民族地区的大班额现象的普遍出现。县城学校拥挤不堪，偏远山区学校生源严重不足。有的县出现"四缺"现象：缺校舍、缺场地、缺师资、缺设备，小学达 80 人一个班，高中 80~90 人一个班，幼教点达 130 人一个班。学校只能挤占图书室和实验室建教室，有的学校建有临时板房，解决学生就读问题。2013 年，开启一种"1+1+1"新办学模式，即投资方、支持学校和办学主体，共同进行民族地区教学新探索，走集团化发展之路，一所学校带动若干所学校，形成集团化优势。

凉山州山高路远，点多面广，条件较差。学校着力培养学生的阅读习惯，开展有益的活动。宁南县投入资金，加强阅读，高中图书外借率达到 50%，图书流动率达到 60%，要求每年阅读 1~2 本课外图书。广大教师都认识到阅读对人的影响很大，更多地获取阅读经验，有利于让思想引导行动。喜欢阅读，未来发展空间大、后劲足。学校是阅读主阵地，中职学生仍需要阅读，善于学习，终身学习。在阅读规范方面，国家要求不多，一是强迫学，让教师引导学生阅读；二是因喜欢而阅读，养成良好阅读习惯，任重而道远。普格县规定，教师每年阅读 2 本图书（1 本专业图书，1 本其他读物），校长每年阅读 3 本。县教育局人事处师训科负责牵头实施、检查，一年一个主题，狠抓教师阅读活动。

会东县阅读状况：据《会东县志》记载，1991 年，会东县除会东中学有图书馆外，其余均无图书馆。2004 年，普及九年制义务教育任务完成后，图书馆建设已达到小学生均 8.5 册、初中生均 11.2 册。2006 年，阅读室 120 个，藏书合计 33 万册，电子图书 2 876 册，达到小学生均 9.65 册、初中生均 14.21 册。会东县和文中学办学条件很好，办学理念先进，教学质量一年上一个台阶，学生巩固率高，极少流失，一年招收学生达 2 300 人。学校常年开展感恩教育、艺术展演和阅读活动。会东县直属小学学生达到 9 000 人。楼梯口开放成图书角，供学生课余翻阅读物，很受欢迎，只是阅读量不足。县上集中配书，只送到镇中，村小没有图书，也无阅览室。村文化站建农村书屋，建设"农村书屋+学校图书"的模式，农村书屋设在小学里，村民与学生共享阅读。会东县姜州小学有 1 300 名学生，实行全寄宿制管理。学校建有图书馆和阅览室，图书可进班级。学校有 100 年办学历史，阅读传统好，文化基础好，家长期望大，重视阅读。学校建有阅读兴趣小组，每周一节课，有教师，有教材。教师指导学生借阅图书，每月每班周转 200 本图书。学生可进行适度网络阅读，各班由语文教师指导。早读由语文教师安排专题或自由阅读。

泸县阅读状况：泸县地处四川南部，是千年古县之一。全县中小学 95 所，中职学校 3 所，特教学校 1 所，有 18 万名学生、2.78 万名教职工。农村教育举措和改革逐步深入，机构性改革逐步推进，幼儿园独立办园，自主管理，构建自主课堂，组建群文阅读学校。同时进行纵深改革，建立中小学质量评估体系标准，进行精细管理。中职学校与高职学校合作办学。2018 年 6 月，泸县创建成为国家级农村职业教育和成人教育示范县。中小学信息化取得很大成绩，实现 100% 配备专用设备。实施精准扶贫，开展村小"五有"建设：网络、电脑、厨房、休息室、教育资助。县教育局成立幼管中心，建设中心幼儿园，延伸到各片区幼儿园和幼教点，实行集团化管理与发展，资源均衡配置。加强领导班子建设，校长交流比例达到 36%，以国培、省培形式，提升校长素质。建立名师工作室，培养优秀青年教师。实现"三开放"，即图书、实验室和体育场馆开放。2014 年，泸县均衡发展验收成功，成为教育实验的一面旗帜。泸县引进重庆尚领集团，打造中小学教育，成为人才大县、教育强县，办学文化底蕴深厚；引进重庆教育集团，开展群文阅读，县进修校教研员负责，教育局检查，从小学开始培养阅读习惯。建设一批阅读实验学校，以点带面联盟发展。每学期有推进活动，每年向教育局汇报，骨干教师展示，专家点评。进修学校师培教师走进课堂，指导教学。2008 年以来，每个假期，要求教师阅读一本好书，并撰写心得体会，学校均建设书吧、图书走廊，营造阅读氛围。泸县第九中学地处农村，学生入学门槛低、基础差，校方提出"不让学生带着遗憾离开学校"的办学理念，艺体教育成为一大亮点。学校提倡教育教学改革，学生每天上下午均有 30 分钟自主学习时间。"力行研究工作室"开展群文阅读研究与推广，改革课堂教学模式。每年 3 月读书节，学校开展系列活动并表彰，鼓励教师进行微课题研究。发展普教，加快艺体教育，稳固职教，抓好幼教；开辟种植园，开设跆拳道、排球、皮划艇等体育项目；教师开选修课，成立"学生科技部"，学生自主管理。全县要求建"道德讲堂"，泸县第九中学被评为"校本研修示范校"。

叙永县阅读状况：全县中小学和幼儿园学生达 12 万人，在教师补充上实行动态管理，每年补充 400~500 名，提高农村教师待遇，加强教师队伍培训，建立区域研修联盟，基地学校统领。村小教师注重全科教师培养，尤其是音乐、体育、美术教师可以直接考核，与高等职业院校联合招收定向培养农村教师，每年学前教育专业 100 名，服务期为 5 年。"名师工作室"开展区域研修。县级名师，3 人构成团队，构成 1 个工作室，指导 10 名教师。开展区域研修，成就一批骨干教师。每期开展 2~3 次活动,市上有 5~10 级工作室,县上有 3 级工作室。幼儿教育方面,小学辐射幼儿班,但村办幼儿园较为遥远。每乡一所公办幼儿园,改善薄弱学校基础,补短板、保基本、强基础。中职教育中,选择恰当的专业,一个专业引领一所学校,专业教师可以"走教式"流动管理。全县各类学校推行"晨读"活动,小学开展专题阅读,学校成立阅读社团。有的学校在每周一的升国旗仪式上配合经典阅读,每学期确定 20 个阅读题目,每周一次集体阅读活动,效果很好。

古蔺县阅读状况:古蔺县是红色革命老区,位于四川省最南端。全县学校 423 所,其中幼儿园 115 所,小学 242 所,教学点 193 个,初级中学 38 所,高级中学 2 所,特殊学校 1 所。14 万在校学生中,建档立卡贫困学生达 1 万人。2013 年,古蔺县被评为"国家营养午餐先进县"。教育局建有营养办,统筹营养餐工作,全县 10 万学生受益,校校建标准化食堂,校校实施热餐模式,自建自管,专人负责,每人每天 4 元,全面推行教育民生工程。古蔺教育发展迅速,但是发展不平衡,结构不合理。师资短缺,难在小学教师专业化,应实施乡村教师提升工程。"教育就是最大的扶贫",最大化接受教育,让贫困学生都能读书,让 3 万留守儿童享受教育资源。全县推广"阳光阅读",每间教室有图书柜、图书走廊;学生写读书笔记,学生可以带书回家阅读,与家长共同阅读。全县提出"三开放",即计算机、图书、体育场全开放,极大地促进学生自主阅读、锻炼和实践,培养学生的核心素养。

延伸阅读

泸州市古蔺县马嘶乡小学阅读案例

泸州市古蔺县马嘶乡苗族小学以"开发潜能、发展个性"为育人理念,从整体改革试验到差异改革研究,从二级循环活动到创新教育思考,探索网络环境下的新教育,捕捉现代教育敏感话题,走在教育改革前沿。学校建立留守儿童之家,实施"相守计划",以阅读为突破口,分享师生阅读心得、班主任心得、教研室心得。学生绣"十字绣",进行作品展示。学校建留守儿童网络交流平台,树立"品牌、质量、服务"意识,是老百姓心目中的好学校。图书室建有管理规定、图书借阅规定、图书登记制度等。这所农村小学最大的特点是将图书室、阅览室、刺绣室、网络室融为一体,发挥图书的综合效应。小小图书室活动不断,成果丰硕,成为办学的一大亮点,成为农村教育的一张名片。可见,阅读能够充溢校园,贯穿教育全过程。书香校园就是要营造浓郁的阅读氛围,整合丰富的阅读资源,让阅读成为师生的生活方式。

二、农村学校阅读分析

"农村学校阅读现状调查表"看似简单，真正要填满填好很不容易。总体评价是：阅读是学校教育的重要组成部分，不可或缺。县城学校的阅读现状优于乡村学校的，经济较发达地区的阅读现状优于民族地区和边远山区的。图书室每个学校都有，相对简陋，大的不过 50 平方米，小的仅有 20 平方米。关于生均图书册数，2018 年，《中小学图书馆（室）规程》规定生均藏书量分别为高中 45 本、初中 35 本、小学 25 本。在生均图书观测点，乡村学校优于县城学校，因为乡村学校学生少，比如一所学校学生只有 170 人，人均拥有图书近 100 册，而一所县城学校有 2 000 名学生，生均只有图书 10 册。关于新书更新册数，中小学规定每年新增图书生均 1 本。一些乡村学校在"普九"验收时，突击购书并达标，之后难以实现每年购置新版图书，因此，图书馆藏书普遍老旧，难以跟上学生不断增长的阅读需求。在资源建设上，图书馆藏书主要是纸质图书，由于经费所限，难以购置电子资源和青年学生所喜爱的新型电子阅读设备。现代社会，学校图书采购一般采用政府招标、集中采购、统一配发的模式，县城学校新书多一点，边远学校很难更新。在图书管理专业化方面，图书管理员几乎没有专职，没有专业背景，几乎是老弱病残兼任。农村学校图书管理员是图书馆的图书管理员，不是阅读推广者。

我国农村地域广阔、经济欠发达、公共资源不丰富，学校图书室图书陈旧、设备老旧，导致阅读率和阅读质量不高。城乡差距也体现在阅读资源的占有上，我国城镇儿童童书占有率为 88.9%，农村儿童童书占有率仅为 11.1%。农村儿童阅读推广存在的主要问题是购买力低，缺钱买书。农村小学生不缺乏对课外阅读的兴趣，但家庭条件有限，应试教育对课外阅读不重视，造成农村儿童阅读率不理想。学校和乡镇图书馆离家较远，无法享受图书馆服务，阅读需求难以满足。许多农村学校几年才集中购置一批图书，并且图书多为折价图书，知识和信息老化。据调查，6岁以上的儿童可以自主阅读，对纸质阅读和电子阅读没有强烈偏好，内容吸引力是关键。学生课业压力大，缺乏成人帮助、社会环境支持力度不够是影响儿童阅读的主要因素。农村儿童阅读包括早期阅读、课内阅读和课外阅读。农村儿童课外阅读时间少，缺乏良好阅读条件与环境，儿童图书馆与家庭藏书量太少。农村学校阅读研究的主要问题：一是理论研究需加强，对实践的指导性不够；二是对儿童性别差异带来的阅读需求关注不多，没有因性别的阅读推广理论；三是没能基于系统视角分析和解决问题，没有城乡儿童统筹的阅读推广保障体系。

第三节 中外阅读现状比较

一、国外学校阅读现状

美国小学图书馆拥有涉及各题材、各领域的图书，包括早期读物、科普、运动、历史、地理、美术、音乐等。图书馆老师负责讲授，教学生如何查找图书、查询资料、讲故事、读书等。家长和学生志愿做日常维护工作。学校规定学生每天回家读书不少于 20 分钟，低年级学生需要家长签字为证，高年级学生要记录每天阅读的内容、书名。课堂上，老师尽量安排学生阅读，低年级多、高年级少。在自由阅读时间，学生可阅读书架藏书。学校建立鼓励学生阅读系统：学生从自身阅读水准出发，确定阅读项目和内容，并反馈进展；学校对图书进行评估，为每本书确定阅读级别，分配一定阅读分数，为该书编制一套测试题，为学生阅读提供便捷。

英国学校开展"阅读分享"活动。"交换阅读"活动频繁：学校要求孩子每天从家里带一本课外故事书，与同学交换阅读。同学们很喜欢"交换阅读"活动，且受益很多。老师对阅读分享活动予以指导，让学生自己推荐"最喜欢的故事书"，并开展故事分享与心得交流活动。高年级学生则被要求模仿故事，写出一个新的故事。全班开展故事评比，推选出最好的故事参加社区更高级别的故事比赛。英国有睡前讲故事、家庭阅读等好习惯。

法国人生活的重要组成部分是阅读。法国人依然保持传统的纸质阅读习惯，虽然新型媒体对阅读行为有所冲击。法国人钟情于阅读，一方面源于深厚的传统历史文化积淀和良好的阅读传统与习惯，一方面在于政府将满足人们的阅读需求作为执政任务，努力构建全方位的阅读服务体系。法国乡村汽车图书馆编织全方位的乡村阅读网与众不同。法国小村镇多，人口分散，在各地设立外借中心图书馆，用图书流动车为村镇图书馆传递图书，在村镇流通，满足村民和学生的阅读需求，这些图书流动车被称为"流动图书馆"或"汽车图书馆"。汽车图书馆的特点是流动性、便捷性。小村镇的居民和学生可以就近阅读到各类图书，享受"图书借阅不出村"的便利服务。同时，外借图书馆建立若干个驿站，设在中小学、医院、文化中心、敬老院等地，驿站构成村民全覆盖的阅读服务网络。人们在此可以阅读、还借图书。汽车图书馆就负责配送图书。独特的图书阅读服务方式为偏远山村构建起惠民利民的公共文化服务体系。阿尔代什是法国典型的山区省份，到处是峡谷，交通不便、人口稀少、村落分散。图书流动车是外借图书馆唯一的服务载体。"蓝色文化"服务是专门为老年人提供特种阅读的服务。同时，他们非常重视为儿童阅读提供服务，开展"孩子爱读书"服务项目。外借图书馆在幼儿园、托儿所设立图书馆驿站，提供婴幼儿读物，实施阅读启蒙教育，为家长和幼儿辅导员进行专业培训。在系列活动中，外借图书馆还开展赠书活动。

二、中外阅读现状比较研究

（一）阅读制度建设的差异

国外阅读建设已经走向制度化、法规化和常态化。1992 年，英国颁布"阅读起跑线计划"；1998 年，英国发起"全国阅读年"活动，将培养新的阅读人口作为图书馆的重要使命。美国、德国、日本等国，由政府、基金、机构和公共图书馆共同携手进行阅读推广。美国开展全民阅读运动，组建"全美阅读研究小组"，推行"国家阅读推广伙伴计划"。德国阅读制度主要涉及起点阅读、全民阅读和分类阅读等。奥地利名为"阅读启航：与书共同成长"的国家阅读启蒙计划，为儿童打开通向精神世界的大门。国外开展阅读推广之所以成功，是因为政府主导、社会参与、政策支撑、经费保障，对推广人的培训，注重地区间均衡，阅读推广惠及城乡儿童，强强联合、资源共享。2003 年，我国颁布《中小学图书馆（室）规程（修订）》，并没有对图书馆建设、年度图书购置费等细化。2018 年 6 月 1 日起施行的《中小学图书馆（室）规程》进一步明确了生均图书拥有量，同时 2003 年 5 月 1 日发布的《中小学图书馆（室）规程》废止。我国图书馆建设和阅读推广起步较晚、节奏较缓、制度滞后，呼唤颁发全新的《全民阅读条例》《阅读法》等。

（二）阅读量上的差异

2014—2017 年，我国成年国民人均阅读纸质图书量由 4.56 本上升到 4.66 本，呈逐年上升态势，但相对比较缓慢，与世界其他国家相比，属于偏低状态。日本人每天读书 1 小时的占 14%，读书半小时的占 19%。据阅读研究机构统计，每年人均阅读量：犹太人 64 本、俄罗斯人 55 本、美国人 50 本、日本人 40 本、法国人 20 本、韩国人 11 本。匈牙利平均每 500 人就有一个图书馆。在创新和发展背后，默默无闻的阅读发挥了根本性作用。美国人善于创新，德国产品经得起考验，日本善于接纳外来文化。2016 年，全球创新指数中，瑞士、瑞典、英国、美国、芬兰、新加坡、爱尔兰、丹麦、荷兰和德国名列前 10 位。瑞士连续 6 年稳居第一名。欧洲国家人均阅读量为 16 本，北欧国家人均阅读量达到 24 本，国民阅读决定国家创新力。① 我国小学一年级儿童每年阅读量为 4 900 字，仅是美国学生的 1/6。我国阅读量偏少，成人忙于工作，学生忙于上学，自由支配的时间太少。现代媒体信息的冲击较多，营造的阅读氛围不浓。国外关注阅读习惯养成，注重推广阅读的长效性和有效性，推广经典阅读和电子阅读。我国国民阅读习惯有待加强，有必要让阅读融入工作、融入生存、融入生活，成为生命的重要组成部分。

（三）阅读价值观的差异

受文化价值观的影响，国外阅读注重快乐阅读，培养阅读兴趣，享受优质文化资源，享受闲暇时光，追求优雅的慢生活状态。我国图书馆和书店陈列图书，多以中小学生学习参考书、学习辅导资料、高考中考模拟题、考研辅导用书、公务员备考用书等为主，阅读的功利性大于娱乐性。所以，有学者认为，我国国民阅读量低下的主要原因是应试教育，这种观点有一定的道理。据媒体统计，美国排名前十的大学学生借阅量靠前的是《理想国》（柏拉图）、《利维坦》（霍布斯）、《君主论》（马基雅维利）；中国排名前十的大学学生借阅量靠前的是《平凡的世界》（路遥）、《三体》（刘慈欣）、《盗墓笔记》（南派三叔）。可见中外阅读文化有差异，阅读深度有差异。

（四）图书馆建设的差异

我国图书馆建设投入不足，导致阅读量不足。2010 年，全国公共图书馆2 844个，大约平均每45 万人拥有一座图书馆。国际标准为每 1.5 千米半径内，平均每2 万人设置一座图书馆。美国、英国和加拿大等发达国家平均每 1 万人拥有一座图书馆，德国每 6 600 人、奥地利每 4 000 人、瑞士每 3 000 人拥有一座图书馆。2010 年，我国人均公共图书馆藏书量仅为 0.46 册，国际标准为人均 2 册。2008年，我国中小学 444 177 所，建有图书馆 234 825 座，占 52.87%。韩国中小学10 324所，建有图书馆 8 352 座，占 86.1%。② 10 年之后，我们再来调查，我国中小学都拥有了图书室，只是规模大小不等，真正称得上是图书馆的极少。2015 年，全国公共图书馆 3 136 座，平均每 43.8 万人拥有一座图书馆。

（五）阅读教育的差异

我国大教育体系中，阅读力没有得到足够重视。我国中小学语文教学有一定诵读安排。国家义务教育教学大纲中，规定了课外读书目录，侧重于阅读内容的记忆。我国研究阅读学的人很少，大学图书馆系教师有所关注，阅读推广者有所了解。我国大学基本没有开设"阅读学"课程。我国阅读理论和实践非常碎片化，研究成果没有系统化。在国外，阅读学已经成为独立的学科，从小学到大

---

① 周燕妮，聂凌睿，马德静. 书香社会 [M]. 深圳：海天出版社，2017：2.
② 聂震宁. 阅读力 [M]. 北京：生活·读书·新知三联书店，2017：153.

学。在欧美大学中，阅读学成为一门选修或必修课。美国大学要求学生每周阅读量为 500 页。美国高中生的研究性论文训练批判性思维。美国阅读教育注重阅读速度和数量，更看重构建阅读与思考的关系。

（六）阅读联盟的差异

全民阅读呼唤构建阅读资源联盟，实现资源共享。公共图书馆、大学图书馆和中小学图书馆共建共享，国家、省、市、县、乡、村六级互动。我国各级图书馆基本上独立运行，图书馆还没有成为本土的文化地标。图书馆重复建设现象严重，特别是电子资源重复购买，浪费严重，利用率反而下降，没有实现使用最大化。国外发达国家，特别是英国和法国，构建从中央到村镇的全民阅读网络体系，满足各类人群的阅读文化需求。

（七）阅读资源的差异

阅读资源建设是提高阅读量和扩大阅读受益面的基础。我国阅读资源更新缓慢，尤其是农村学校阅读资源普遍老旧；阅读资源类型偏向通识类、文学类和教参类，电子资源更为稀缺。我国图书采购普遍采取政府招标、统一配送方式，图书选择的专业性不够。国外阅读资源更新速度快，这与经济基础有关。一所大学拥有全年全国出版的所有图书，给师生和读者提供最新的文化科技成果。国外阅读资源建构特别注重分类、分级、分层的梯级配送，力求满足包括老年人和残疾人在内的各种人群的阅读需求。当代阅读更提倡数字阅读。美国曾经建有"无书图书馆"，没有纸质图书，只有数字资源，供读者尽情享用。数字阅读和新型阅读媒介的兴起是时代发展的必然。

（八）图书馆利用的差异

我国基层图书馆基本处于传统借阅状态，服务项目单一、传统，浅度服务大于深度服务。传统观念认为"图书馆就是藏书楼"，学科服务空间巨大。而国外将图书馆定性为研究中心、教学中心和文化传播中心。各级教师善于利用图书馆资源，将图书资源转化为课程资源、教学资源，充分体现出图书馆的教学辅助地位。图书馆常开展研究性学习、专题式学习和慕课学习，充分彰显出"学校建在图书馆之中"的全新理念。

（九）阅读环境的差异

阅读推广依赖于资源、环境和活动。我国阅读环境中，大学优于公共图书馆，公共图书馆优于中小学图书馆。我国馆舍建设水平参差不齐、差距较大；农村中小学图书馆藏书、借书和阅读场所混合使用，功能难以区分。国外注重阅读环境打造，也称为阅读空间建设。国外努力将图书馆建设为学习空间、交流空间、合作空间和休闲空间。澳大利亚大学图书馆特别宽敞，陈旧图书或者藏在附楼密集书架之中，或者异地存放，读者索取的图书可以通过传送带送达借阅厅。阅读空间布局极度美化、诗化和休闲化，图书与茶水的结合称为书吧，图书与咖啡的结合称为书咖，图书与网络的结合称为网吧。

（十）阅读推广的差异

阅读推广是阅读的最高境界。我国阅读多注重形式，讲求短期社会影响力，雷声大雨点小，后续工作跟不上。我国许多国民不知道"4·23"国际读书日，许多中小学没有在国际读书日开展活动，我国还没有设立属于自己的读书日。国外国际读书日已经深入人心，活动持续时间长、项目多而丰富、常态化和常年化。

第三章　阅读主体论

"一个人的精神发育史就是他的阅读史。"阅读世界里，不同的阅读主体，有不同的侧重和追求。

第一节　教师专业阅读

一、专业阅读解说

专业阅读就是以专业为核心的系列阅读，是智慧的助推器，是教师专业成长的动力引擎，是深度的阅读。专业阅读是指多读基于专业发展，直接作用于日常教育教学专业实践的书籍。专业阅读是教师阅读的"本真"，专业阅读促使教师构筑智慧大脑，形成科学的知识构架。阅读总是从浅层到深度，从浪漫到精确，从单一到综合。专业阅读与教师专业实践紧密关联，热爱阅读的教师才能培养热爱阅读的学生。专业阅读引领教师专业成长与发展。专业阅读是教师理解生活、解释生活、升华生活的重要方式。

我国著名教育学者、全民阅读形象代言人朱永新曾说："一个民族的精神境界取决于这个民族的阅读水平，一个没有阅读的学校永远不可能有真正的教育，一个书香充盈的城市才能成为美丽的家园。"专业阅读助心灵成长、精神发育。专业阅读不能更改人生的长度，但可以增加人生的高度、宽度和厚度；不能改变长相，但可以提升品位。专业阅读有其专业属性，是心灵高度参与的阅读，追求理性思辨、思想升华、学术进步。专业阅读成为教师专业发展的一种方式，已经融入教学之中。教师专业阅读构建阅读共同体。教师不仅读"经典之书"，而且做"有根之人"，引导教师转变单纯的功利性阅读倾向，多做涵养性的专业阅读。专业阅读课题提高教学水准，"随风潜入夜，润物细无声"，专业阅读最终要丰富生命姿态，改变生存面貌。

专业阅读具有专业价值。一是完善专业知识，深化本体性知识，丰富条件性知识，强化实践性知识。二是生成专业智慧，体现在教育教学实践之中。三是构建专业精神。教师专业是一个理想的事业、铸造心灵的事业。平民教育家陶行知曾说："真教育是心心相印的活动，唯独从心里发出来的，才能达到心的深处。"从中小学阅读实际来看，专业阅读意识不强，专业阅读内容偏窄，专业阅读与教学实践相脱离，专业阅读缺少专业引领。阅读与教师工作和成长具有天然联系，教师身份首先是"读书人"，职业突显很强的专业性。专业阅读是教师专业成长的基本要求。阅读教育经典理论，与大师对话，是教师成长的基本条件。专业阅读是教师从教育中获得、享受快乐幸福的基本条件；专业阅读更是新课程改革的迫切需要和社会专业化发展的需要。顾明远先生曾说："现代社会职业有一条铁的规律，即只有专业化才有社会地位，才能受到社会的尊重。"教师职业的尊严，要靠自身专业去赢得。阅读主体经过从一篇到一本的拓展式、链接式、系列化阅读，情绪体验更加持久、深刻和强烈。专业阅读是创造智慧的源泉，是精神享受的渴望。学业精深离不开线性阅读。育人需求时遇到最适切的经典，乃人生之一大幸事。

二、专业阅读实施

"读什么"是基础命题，比"怎么读"更重要、更超前。教师专业发展以专业阅读为基石，阅读内容的确定更加重要。为广大教师推荐专业阅读书籍，编制教师阅读地图。专业阅读书籍大致分为三类：一是哲学及人文素养类读物，二是教育学理论及学科教学法类读物，三是学科专业类读物。有人提出"三环结构式"读物。哲学是关于世界观和方法论的学问，让我们更加理性地看待世界、对待人生。《论语》和冯友兰的《中国哲学史》是必读书目。教育学理论让教师掌握教育教学的基本规律，全面掌控课程和课堂。学科知识是教师的看家本领，要熟练掌握学科历史、知识和方法，苏霍姆林斯基的《给教师的建议》是经典的书。人文素养类读物中，文学作品陶冶情操、丰富心灵、令人震撼、给人以启迪，如《平凡的世界》《巴黎圣母院》等。管理类图书方面，教师从教就是从管，让人深刻理解人性、理解学生、理解工作，如《从优秀到卓越》《如何改变世界》等。传记类读物方面，按生命叙事的理论，每一个人的生命都是一个不断书写的故事，而伟大人物的传记，如《毛泽东传》《居里夫人传》《林肯传》，为我们书写传奇，树立榜样。与伟大人物对话，与崇高精神交流，不断吸取奋进力量。教师专业阅读走上三个台阶：悟道、谋术和研判。《道德经》《孟子》《大学》等经典阅读，让人静心而来，摆正位置、尊重自然、增强毅力。阅读学科专业著作，有助于增加教育理论修养，树立全新教育理念，尤其是于漪、李吉林、魏书生、窦桂梅的教育著作，深受教师们的喜爱。阅读教育管理类图书，如《教育管理学》《教育统计学》，促进教师探寻研究规律，梳理教学经验，强化自我管理，起到诊断、检测作用。在"读什么"上，读经典而非畅销书，中外兼顾，不一味尊古，通读而不是只读片段，读纸质图书而非电子图书。学科教师中，专业知识和童书阅读应占2/3，人文社科和教育心理学阅读占1/3，管理干部更要多阅读管理学和哲学类图书。学科教师的知识结构属于"T"形结构，处理阅读中的宽度和高度、深度和力度、广博与专业的关系。管理干部的知识结构是"X"形结构，是各类阅读信息的交叉、融合和延伸。

"怎么读"是重要问题。"知性阅读"是一种咀嚼性质的研读，阅读主体对书籍聆听、梳理、批判、选择，在反复对话中，将有价值的内容吸纳、内化到自身知识结构之中，从而使自己的知识结构得以丰富、优化和重建。"智识""理性"和"情怀"是中小学教师专业群体的三大素养；思考、怀疑和感受是三大境界。教师要主动亲近教育经典，在阅读中与大师对话，拓宽教育视野，促进精神发育，提升教育人格。《西方教育史》《中国哲学史》《中国古代思想史》《理想国》《爱的教育》等专著，让教师得以思想启迪和积淀。教师专业阅读是构建精神世界的最佳选择，专业阅读让教师更客观地认识世界，如读《红楼梦》是听一曲封建王朝的挽歌。专业阅读让教师豁达地看待得失，"得失身外物，苦乐平常事"，如阅读苏东坡，感受其不屈不挠的精神和达观的人生态度。专业阅读让教师清醒认识自我、真诚悦纳他人，如阅读《时间简史》，对一身残疾的科学家霍金肃然起敬。"怎样读"上，了解背景，学会怀疑，反复咀嚼，主动动笔。教师阅读与教材相关的书籍，读出教学技能技巧；阅读教学名师的书籍，悟出教学的艺术；阅读教育专著，读出教师的智慧；阅读文学经典，读出教师幸福的诗意人生。

"静养式阅读"，推进教师专业阅读。学校每年为每名教师提供一本书，购买多种版本的教材和教参，订阅一份专业报刊，如《人民教育》《班主任》《中国教育报》，选编教育教学阅读文选。《班主任》杂志由北京教育科学研究所主编，深受广大教师喜欢。读书活动促使教师阅读、读书沙龙与备课活动相融合，让备课走进阅览室。读书培养教学"名师"。名师工作室的主要任务就是读书，造就未来的教育家、教育艺术家。教师养成每天阅读报刊的习惯，拥有足够量的鲜活信息，才是有价值的职业生活。在几十年的职业生涯中，我坚持每天阅读《人民日报》《中国教育报》和四川《教育导报》，关注国家政治、经济和文化发展，关注中国教育最新走向，关注本土教育新动向。我不时"开天窗"，剪报或摘抄，留下一本本精神财富。2017 年 11 月 13 日，习近平总书记在越南访问时，在胡志明故居将 19 期《人民日报》赠送给越南中共总书记阮富仲，留下一段佳话。2018 年 6 月 15 日，正值《人民日报》创办 70 周年。毛泽东同志题写报名的《人民日报》是世界上极具影响力的报纸。它始终彰显新中国砥砺前行的精神力量，与党和人民同行，在中国家喻户晓。朱熹《观书有感》曰"半亩方塘一鉴开，天光云影共徘徊"，阅读最根本的就是主体去发现、思考、感悟，读出自己的思想，读出自己的"半亩方塘"。学校鼓励教师个性化阅读，甚至著书立说。

教改论文阅读是专业阅读的更高层次。人们常说，给学生一碗水，教师就应该有一桶水，甚至是长流水。现代教育要求教师不断吐故纳新、不断创新实践，教改论文阅读是重要内容。如何有效阅读教改论文？中小学教师的科学研究一般基于教育教学实践，因此，可以侧重教改论文的研读。论文是进行教学研究、科学研究、学术交流的工具，是一种较为高级而特殊的文本形式。阅读教改论文可以把握以下几点：

第一，抓新观点和新理论。科学研究的最大特点就是创新、创见。论文一定要具备新颖性，能见人之所见，这是其精髓所在。新观点和新思想一般在标题、观点句上得以展现。教改论文的标题与内容关系密切，标题多指主要观点、研究范围和研究重点。阅读标题就能判断其是否为自我的研究所在、关注所在，有无必要继续阅读。阅读摘要，因为它是论文内容的浓缩版，一般包括主要观点、研究背景和成果意义。结论部分将感性认识上升到理性认识，得出通过提出问题—分析问题—解决问题三部曲后的研究结果。

第二，研究论证过程：提出的问题是否突出、典型，有无研究价值；分析问题原因是否透彻；解决问题办法是否可行、有效。

第三，把握结构方式。教改论文一般采用三种常规结构方式：一是推进式，由浅入深、由易到难、逐步深入、层层递进。二是分总式，也可称为归纳式，研究者从不同角度、侧面进行论证分析比较，最后得出结论。三是总分总式，可称为演绎式，研究者先提出中心观点，进行总括介绍，然后分类分层详细论述，归纳结论。

第四，关注"参考文献"，判断借鉴文献的权威性、时效性。

阅读共同体构建。专业阅读共同的构建，意味着每一位教师都要读书、做事、研究，从关注"事例"转向关注"关系"。关注事例的阅读是现实而理智的，而基于关系的阅读，更有力量，更具渗透力。共同体时常阅读、交流、对话和研讨，每一位教师都扎下成长之根。教师从验证式倾听转向拓展式、重建式交流，从"利己"向"利人"超越。专业阅读丰盈自己，浸润生命。专业阅读为经验和超越之间架起一座桥梁，转变单一的功利性阅读，多一些涵养性专业阅读。阅读积淀的素养转化为教学动力源泉，学生成长才是一切教育的归宿。[①] 专业阅读主推乡村"互联网+教育"，成就"互联网+教师"。乡村学校要实现弯道超车，离不开教师专业化；引入"在线教师"，构建教师配置新形态；重视"教师专业"，构建教师发展新环境；实施"网上教学"，构建课程设置新机制；引入"网络教研"，构建校本教研新形态；做实"精品课堂"，构建名师引领新机制。

培育良好阅读氛围。校长是推进专业阅读的引领者。校长阅读包括：专业知识、管理知识、人文素养和政治素质等类书籍。引导教师阅读的图书，校长首先精读，而有感想，从而成为阅读标杆和"读书达人"。在阅读中，校长与师生共进步、共成长。学校管理团队是推进专业阅读的中坚力量。教师专业发展中有不同阶段和层次的专业阅读需求：准备阶段的教师树立阅读意识、培养阅读方法，可阅读《教师人文读本》之类的书籍；发展阶段的教师，在阅读中实践，可阅读《给教师的建议》《爱的艺术》；转化阶段的教师处于职业生涯高原期，可读王国维的《人间词话》、怀海德的《教育的目的》、彼得·圣吉的《第五项修炼》。佐藤学的《静静的革命》为探索"学习共同体"，创建对话性、合作性、反思性学习。"深度汇谈"是教师专业阅读的重要交流形式。教师专业阅读是学校"休闲文化"的重要内核，教师的"休闲文化"又是教师文化的重要组成部分。专业阅读与教师培训结合，与科学研究结合，以读代培、以读促研；建立教师阅读制度，实行"三定"（定时间、定主题、定活动），建立教师阅读档案袋，助力教师专业化成长。雅斯贝尔斯的《什么是教育》中写道："教育意味着一棵树摇动另一棵树，一朵云推动另一朵云，一个灵魂唤醒另一个灵魂。"[②]

苏霍姆林斯基的《给教师的建议》是每一位教师必读的首选书目。苏霍姆林斯基是苏联著名教育实践家和教育理论家。他出生于乌克兰一个农民家庭，17岁投身教育工作，在国内享有盛誉。1948年起在他家乡的一所农村完全中学——帕夫雷什中学任校长，兼语文教学。1957年起，他任俄罗斯联邦教育科学院通讯院士。1969年，获得国家功勋教师称号，获列宁勋章、马卡连科奖章。他认为，教师获得教育素养的主要途径就是读书、读书、再读书。他曾说："应当在自己灵魂的深处有一个丰富的精神宝库，这就是他通宵达旦地读过的一二百本书。"《给教师的建议》于1984年6月，教育科学出版社出版发行。该书是苏霍姆林斯基为解决中小学实际问题，切实提高教育教学质量，专为中小学教师写的一本教育经

① 朱宇. 基于教师发展共同体实现专业阅读范式转变［J］. 教师教育论坛，2015（6）：20.
② 黄金奇，余国宇. 小学教师专业阅读推进路径探析［J］. 黄冈师范学院学报，2016（8）：100.

典书。该书以《给教师的一百条建议》精华为主，以开阔眼界的精彩条目为补充，译名为《给教师的建议》。该书内容丰富，全面反映作者 30 余年的教育思想和教育实践，一个问题就是一个条目，事例生动、思想精辟、通俗易懂、明白晓畅、极易阅读，是难得的教育经典书。比如：第一条，"请记住，没有也不可能有抽象的学生"；第二条，"教师的时间哪里来？一昼夜只有 24 小时"；第三条，"教师的教学时间把控问题"；第四条，"学生知识记忆问题"。这是教育家赠送给广大教师的厚礼，是世界教育史上的宝贵遗产。《给教师的建议》不乏精彩论述：

——"教师不仅是自己学科的教员，而且是学生的教育者、生活的导师和道德引路人、青年思想的主宰者。"

——"把每一个学生都领进书籍的世界，培养起对书的酷爱，使书籍成为智力生活中的指路明灯，这取决于书籍在教师本人的精神生活中占何种地位。"

——"记日记有助于集中思想，对某一个问题进行深入思考，教师的教育随笔和反思记录是思考和创造的源泉。"

——"对于周围世界的现象和规律性的重要原理，不要让学生通过专门的背诵和识记去掌握，而应当让他们在直接观察的过程中去掌握。"

——"教师知道的东西应当比他在课堂上要教的东西多一百倍，这就要求我们必须强迫自己每天读书，不要把这件事拖到明天。"

——"一天，一位老教师上了一堂非常精彩的公开课，她的风采吸引了在场的所有老师。当别人问她：你花了多少时间来准备这节课？这位老教师说：对这节课，我准备了一辈子，而且，对每一节课，我都是用终生的时间来准备的！"

哲学家克罗齐有句名言："要了解但丁，我们必须把自己提升到但丁的水准。"专业阅读就是一项提升精神价值的系统工程，将自己从普通读者提高到畅游经典的境界，解除阅读的第一障碍，即经验的狭隘预期。阅读经典需要"搏斗的勇气"，正如西方的"读者中心论"一样，抵近作者的精神世界。

延伸阅读

《给教师的建议》读后感

此书讲得最多的就是阅读。通过阅读，教师每天不间断地与书结下深厚友谊，就是一种有效的备课。苏霍姆林斯基说："学校应当成为书籍的王国。""要天天看书，终生以书籍为友，这是一天也不断流的潺潺小溪，它充实着思想的江河。"喜好阅读应该是教师的职业素养和习惯，阅读应成为学生的精神需求。阅读优秀书籍是最好的自我完善和自我提升。他说："我坚定地相信，少年的自我教育是从读一本好书开始的。"阅读成为教师职业素养的必修课、学生知识来源的"助氧剂"和孩子成才的知识窗。阅读启迪智慧、激发生机、充实幸福、开拓未来。一位名人曾说过:"一日不读书,则语言无味,面目可憎。"兴趣是最好的老师,教师努力创设轻松、愉快、和谐的教学氛围,让学生对学习感兴趣,让学生体验成功的喜悦。教师关心学生尊严感,"让学生超过自己的老师是好老师!"不断丰富自己是一个真正的教师所不可缺的"精神底子"。可以说,苏霍姆林斯基是世界农村教育的先驱,《给教师的建议》是农村教育阅读的典范之作。

青岛市教师专业阅读案例

青岛市将推动教师专业阅读作为内涵发展的奠基工程和促进教师专业发展的系统工程。"读教育名著,做智慧教师"——读书实践工程成为一道亮丽的风景线。阅读是教师践行立德树人职业使命的必然。专业阅读是教师职后发展的必然选择。每年精选6本重点研读书目、100本推荐选读书目,作为基础读本。这些书目包括:《情境教育的诗篇》《崔其升与杜郎口经验》《教育新理念》《陶行知教育名篇》《帕夫雷什中学》等6个类别,触摸教育发展的脉搏,感受教育变革的力量,领略教育家的情怀、视野和境界。强化专业阅读与师德师风、教师专业素质、课堂教学、素质教育相结合,实现"阅读—思考—研究"有机统一。开展"变课堂为学堂"的教学改革,开展"每人一节精品课"校本研修活动。教师因阅读而生发无穷的教育智慧。青岛市评选"十佳教师读书团队",推进学做结合的体验阅读、个人学习与团队合作的分享阅读、典型示范与专家引领的提升阅读。成立教师读书会,开通教师阅读博客,创建电子月刊;推出"读、思、行、议、写"五环节读书实践课和"学、帮、理、练"四环节教学法,开办读书笔谈峰会。树立示范榜样,揭示智慧教师的精神特质和丰富内涵,评选"十佳读书人物""十佳推动校长"。读书实践工程涌现出大批教育读书人物、读书团队,教学研一体的自主学习与团队合作是教师可持续发展的必由之路。[①]

三、专业书写实践

教师专业阅读走过阅读—思考—研究—写作四个步骤。读写同源、读写同步,教师通过专业书写达到共同分享的目的。

(一)教学反思

教学反思是教师专业成长的密码。教学反思是对过往的教学方式、教学行为进行回顾,从而发现问题,思考策略,提升自己。教学反思是教育智慧形成的过程,要在先进教育理论指导下开展。教师要加强教育理论和先进教育理念的学

---

① 于立平. 专业阅读驱动下的教师专业发展 [J]. 教育与教学, 2016(2): 7.

习，并将其内化为教育教学的行动自觉。反思什么？一是教学行为是否符合立德树人的育人思想，二是教学行为是否体现先进的教育思想和理念，三是教学行为是否有感悟和创新经验，四是教学行为的不足和遗憾。教学反思总是基于教育教学行为而产生，教学行为又是为实现教育教学目标而采用的策略、方法、措施，体现在教师的教学技能上面。反思积累，并让经验上升为教育教学智慧。教师要明"道"，更要懂"术"，要有理论修养，更要有较强的育人行为能力和丰富的实践智慧。反思教育教学行为是对合理性、有效性的思考，为构建熟能生巧的专业技能，形成教育智慧奠定基础。教师常从归因角度进行自我指向反思。优秀班主任的反思过程就是指向自己，在各种现实客观性的基础上，重视自我改变的反省式思考，让其成为促进自己不断提升的动力，从而成就自身专业成长，成为更加优秀的自我。阅读本身就是一种态度和反思自己的方式。

延伸阅读

一位小学班主任，因为班级学生影响教学秩序、学习不求上进、班风学风极为不好而绞尽脑汁。她设想出一个招数，将后门口的座位设置为"耻辱座"，规定凡是影响班级集体形象、违规违纪、学习后进者就调整到"耻辱座"。规定执行一段时间后，上课迟到者、操行扣分者，陆续坐在此位置，但是，师生关系日益僵化，以致形成对立局面，班风一潭死水、毫无好转。这位班主任郁闷良久，走进阅读开展反思，来一次逆向思维。一天，她将"耻辱座"改为"荣誉座"，规定只有品学兼优、德才兼备、获得荣誉者才能坐此位置。规定一出，班风活跃、群情激发，同学们争优创先、争先恐后，因为能够入座是荣誉的象征，该座位是荣誉的殿堂。从此，班风好转，该班级还被评为校级"优良学风班"。

这个班级管理案例可以引申出许多教育反思心得。"尊重生命"是当代教育的基础和出发点，课堂是尊重生命的场所，教学是丰富生命的过程。"三分之一"区划现象依然存在，一些教师热衷于"调座位"，后三分之一的学生大多在后排入座。他们为何不可以坐第一排？我们相信，每个学生都能成才，不能让任何一个学生掉队。每当惯性思维受阻的时候，教师进行逆向思维，柳暗花明出奇效。"教育即生长""培养全人"等理念支配教师的行动。当代中小学教育中，很多学校要求教师撰写教学反思，努力做到"月清月结、周清周结、日清日结"。

（二）教育叙事研究

教育叙事研究主要指，在教学活动中，教师向学生叙述过往的教学行为，以生动的故事为主要形式，在叙述中思考，在反思中提高教学效率，从而促进教师专业发展的研究活动。其主要特征表现为叙述性和反思性。叙述指教育叙事的主体——教师，对具体的教学事件进行描述，并显示出一定的情节性和可读性。叙述自己的教育故事是教师进行教学研究最直接、最有效的行动方式，它往往采用详细叙述的写作方式，介绍问题发生与解决的整个过程，留意一些有意义的具体细节和情境，反映具有典型性的教学事件，并尽可能地描述教师在教学事件发生时的心理状态。教育叙事是青年教师进行教育教学研究较理想的切入点，在改善教师职业生存状态，促进专业发展中起着重要的作用。

在叙事研究中应叙何事，怎样叙事，之后又如何改善教育行动呢？发现问题，确立研究的支点，教师从中摘取具有问题价值的事件与案例。"实然"与"应然"之间的距离，恰恰是教师专业成长新的"生长点"。最明显的特征是既包含反思后的理论提升，又具有典型的、真实的、情境化的故事情节。因此，艺术地再现教育情境中生动的细节，显得非常关键，这也是其特有的魅力。为此，教学叙事必须在"经验中穿透经验""故事中穿透故事"。教师不仅要高度关注自己内心的体验和感受，学会倾听内心深处的声音，学会站在一个新的高度来反思和挖掘自我的教育思想，更重要的是要使所抽取出来的理论具有更强的适用性，自己则真正成为教育的发现者和革新者。教育叙事博客是一种新颖的自我反思方式，它帮助教师养成一种思考的习惯、一种书写的习惯，增强教师的自我反思意识与能力，使教师对教学活动时刻反思，将对教育新理念不断内化。①

延伸阅读

新的一学期刚开始，小学四年级某班原语文老师因生二孩请假，学校临时安排一位老师接替。小学老师都不愿意中途接手一个班级的教学与管理，况且该班的课堂纪律不是很好，经常让老师下不了台。该教师主讲的第一课就是《桂林山水甲天下》。针对这篇美文，老师下了较大的功夫，争取来一个开门红。同时，学生也想给老师来一个"下马威"。课堂上，正当师生都沉浸在桂林山水的美景、美文之中时，后排一位男生突然发出一个声音，"我要死了"。教师停顿一下，接着说："对，面对这美景，我们的心都要陶醉而死！"课程继续，课堂完整。从此，教师的形象树立了，教学效果也好起来。

这段叙事给我们的启示是教育需要教师教学机智、智慧。面对突发现象，积极聪明应对，顺势而为、顺水推舟、逻辑归谬都是可取的。"课堂神圣"，要有大局意识。教师要心胸宽广，宜疏不宜堵。教育叙事研究，可以引发许多思考，提升教师的精神境界。

1999 年，《素质教育在美国》一书成为当年除文艺作品以外，我国年度第一

① 邹敏. 高校青年教师专业发展研究［J］. 乐山师范学院学报，2009（11）：73.

畅销书。这本书为何如此受国人吹捧？留美博士黄全愈是该书作者，他以其陪伴儿子在异域他乡的成长故事为线索，呈现美国教育理念与实践。当时这本书火遍大江南北，以精彩故事解读素质教育，将中美教育进行比较研究，让人耳目一新。书中的许多观点比较新颖，比如他认为"中国初等教育加美国高等教育等于成功教育？""美国教育好比是一辆大货车，不断地往车上加油"。我认为，我国的教育也好比是一辆大货车，既不断加油，又不断加货。

（三）教改论文写作

教师在阅读、研究的基础上，撰写教改论文，参与教学研讨和学术研究。

一般有三种方法：一是循序渐进法，按照自然顺序，从前置到主题。此方法比较符合人们的自然思维习惯，逻辑严密、条例清楚。二是化整为零法，将全文分为相对独立、完整的几个部分，按小标题写作，总体协调、容易驾驭、便于整合。三是交叉执笔法，依据创造性思维展开，几个选题同步进行。

在表达上，一般有三种方法：一是注意异同法，将自己的观点与已有观点进行比较，陈述自身观点，形成较高质量的教改论文。二是补充优选法，发表独有感受，介绍全新做法，补充新内容，丰富已有观点。三是深入探讨法，将别人观点作为研究起点，不断发展与推广。

在步骤上，先有教学改革实践，然后研判教改价值，思考形成结果。整体构思、确定选题。教师要具备超前意识、针对意识、攻坚意识、挑战意识和成果意识。教师在攻坚中成长，在攻坚中锻炼。草拟提纲，执笔行文，一气呵成。然后精雕细刻，修改定稿。有效办法就是对文稿进行"冷处理"，将一稿、二稿放置一段时间，在阅读、反思之后再丰富、修订和完善，有助于保证教改成果的科学性、创见性、客观性和应用性。"学问处处留心、论文时时提炼。"

表 3-1 为中小学教师专业阅读书目推荐。

表 3-1 中小学教师专业阅读书目推荐

序号	书名	作者	序号	书名	作者
01	论语	孔子的弟子及其再传弟子	16	梁启超传	吴其昌
02	理想国	柏拉图	17	胡适传	白吉庵
03	道德情操论	亚当·斯密	18	仁爱一生	屈雅君，刘铁英
04	爱的艺术	弗洛姆	19	教育的目的	怀特海
05	苏霍姆林斯基选集	苏霍姆林斯基	20	什么是教育	雅斯贝尔斯
06	民主主义与教育	杜威	21	爱弥儿	卢梭
07	陶行知文集	陶行知	22	歌德谈话录	艾克曼

表3-1（续）

序号	书名	作者	序号	书名	作者
08	朱永新教育文集	朱永新	23	安徒生童话	安徒生
09	第56号教室的奇迹	艾斯奎斯	24	教师人文读本	张民生，尹后庆，于漪
10	幸福的方法	本-沙哈尔	25	爱的教育	亚米契斯
11	苏东坡传	林语堂	26	唐宋词十七讲	叶嘉莹
12	富兰克林自传	富兰克林	27	万物简史	布莱森
13	汉书·张骞传	班固	28	人生哲思录	周国平
14	静悄悄的革命	佐藤学	29	林清玄散文	林清玄
15	给教师的建议	苏霍姆林斯基	30	追风筝的人	卡勒德·胡赛尼

注：基本信息来源于高万祥、徐飞所著《优秀教师的30本案头书》。

第二节　学生课外阅读

一、小学课外阅读

课外阅读是课内阅读的继续与扩展，是阅读能力训练必不可少的组成部分。狭义上，课外阅读指课堂以外的阅读；广义上，指教材以外的所有阅读，包括课内与课外、校内与校外的阅读。国家课程标准对学生的课外阅读提出了一个保底量的要求：一到二年级课外阅读量不少于5万字，三到四年级课外阅读量不少于40万字，五到六年级课外阅读量不少于100万字，即小学阶段课外阅读量不少于145万字。小学生课外阅读推荐书目的选定，应遵循一个重要原则：低年级，主要阅读短小的童话、寓言、儿歌、童谣，以绘本、拼音读物为主要形式；中年级，主要阅读长篇的童话、寓言、儿童小说、科幻作品、民间故事；高年级，主要阅读现当代文学作品、科普读物、经典名著、历史、地理、天文等书籍。国家规定中小学一至九年级课外阅读总量应在400万字以上。

农村小学课外阅读现状：教师观念陈旧、阅读放任自流，存在"无暇论""无用论""影响论"；设备不足、有名无实；乡村相对闭塞，家长文化程度非常有限，一般仅有初高中水平。他们对孩子的教育简单，甚至粗暴，更难得督促或陪伴。家长对学生课余时间的阅读关注不够。留守家庭居多，学生的阅读无人监管。乡村家庭阅读投入少，对扩大阅读面、养成阅读习惯关注太少。农村小学生课外书籍拥有量少，阅读面窄，农村小学生课外阅读环境建构不好。学生年龄偏小，对阅读重要性认识不足；学生课外阅读时间不足、阅读量不足；小学高年级教学中，忽视对阅读的指导。一项调查表明，阅读课外书籍的仅有 59.2% 的学生，阅读时间为零的学生占 6.2% ，只有 12.3% 的学生花在阅读方面的时间比较多。①

小学课外阅读策略：更新观念、认识到位；加大投入、完善硬件；尽心尽责、加强指导。按照国家"小学生均图书 25 册、初中生均 35 册""每年新增图书不少于生均 1 本"标准配置阅读图书。苏霍姆林斯基认为"应该无限相信书籍的教育力量"，《义务教育语文课程标准》对课外阅读提出要求："培养学生广泛的阅读兴趣，扩大阅读面，增加阅读量，提倡少做题，多读书，好读书，读好书，读整本的书。"立足课堂教学，扩展阅读天地。针对主体，补充阅读；学习"节选"，扩读名著；利用文本，走近名家，如"走近鲁迅"阅读活动。诵读美文，提升人文素养，以诵读经典和诵读展示，引领学生走进阅读，感受到"读书之乐，乐无穷"。学生与历史对话、与思想碰撞。阅读滋养学生生命，阅读点亮学生未来。

教师要转变观念，从学生兴趣入手，培养其阅读习惯。小学阅读重在兴趣培养。教师要精心指导、引导学生选择课外读物，推荐与教学相关的读物，内容要健康，符合儿童年龄特点，注意类型的多样性。开阔学生视野，培养其想象力、理解力和思考力。阅读是积累知识的有效途径，是感悟人生的重要方式。面对低段学生，要激发其兴趣，为课外阅读提供动力。听故事，让妙趣横生的故事触发学生的兴趣点；看卡通，让形象逼真的卡通触发学生阅读的好奇心。教师要营造氛围，为课外阅读搭建平台。开展故事比赛，开辟阅读课堂；以教材内容为依托，在课中向学生推荐阅读书目；以家庭作业为形式，为学生布置课外阅读作业。教师要不断提升农村小学课外阅读效率，拓展农村小学生的阅读视野。面对中高段学生，教师可以推荐学生订阅《阅读》等报刊；建议学生每人一本读书笔记，并编写阅读提纲；建议学生集中阅读一名作家的儿童作品，如安徒生、郑渊洁和曹文轩等；建议学生每晚阅读半小时；建议学生每天讲一个故事，并续编故事；向同学推荐一本好书；建议学生尝试手抄报活动等。新课程标准规定，五至六年级的学生培养默读习惯，且有一定的速度，默读一般读物每分钟不低于 300字，课外阅读总量不少于 100 万字，每学期要求至少背诵默写 15 首古诗。"鸟欲高飞先振翅 ，人求上进早读书。"

《草房子》是一部长篇小说，作者为曹文轩。曹文轩是近年来我国涌现出的一

① 曾健红. 农村小学语文课外有效指导策略的研究［J］. 课外语文，2018（10）：80.

位出色的儿童文学作家。他的创作引领儿童文学的一种走向，终极目标是追随永恒与幸福。他的创作强调内在艺术张力，注重情感的力量、善和美的力量。《草房子》讲述了男孩桑桑永生难忘的六年小学生涯。这六年，是他接受人生启蒙教育的六年。《草房子》等作品因水而生，与作者的生活环境相关。《草房子》是美好所在，给读者呈现浪漫、温馨、遥远的小学童话般的生活。作品气息温润，纯真纯情，感人心魄，催人泪下。《草房子》回荡着悲悯情怀，展现了一幅人与自然和谐共生的美丽画面，格调高雅。诗意的风景描写，不仅仅是美的调和剂，也是展示自然的"圣经"。该书自 1997 年面世之后，畅销不衰，累计印次已接近 300 次，被翻译为英文、法文、日文、韩文等。《草房子》出版后曾荣获"冰心儿童文学奖"、第四届国家图书奖，并入选"百年百部中国儿童文学经典书系"。2015 年，《草房子》获国际安徒生文学奖，这个奖项可视为文学界的诺贝尔奖。

表 3-2 为小学课外阅读书目推荐。

表 3-2　　　　　　　　　小学课外阅读书目推荐

序号	书名	作者	序号	书名	作者
01	蝴蝶·豌豆花	金波	16	亲爱的汉修先生	克莱瑞
02	稻草人	叶圣陶	17	奇妙的数王国	李毓佩
03	没头脑和不高兴	任溶溶	18	让孩子着迷的77×2 个经典科学游戏	后藤道夫
04	小猪唏哩呼噜	孙幼军	19	书的故事	伊林
05	猜猜我有多爱你	麦克布雷尼	20	林汉达中国历史故事集	林汉达
06	我想去看海	约里波瓦	21	西游记	吴承恩
07	第一次发现	集体编写	22	城南旧事	林海音
08	神奇校车	柯尔	23	草房子	曹文轩
09	千字文	周兴嗣	24	我的妈妈是精灵	陈丹燕
10	中国神话故事	聂作平	25	夏洛的网	怀特
11	千家诗	谢枋得，王相	26	科学家故事100 个	叶永烈
12	三毛流浪记	张乐平	27	昆虫记	法布尔
13	宝葫芦的秘密	张天翼	28	地心游记	凡尔纳
14	安徒生童话	安徒生	29	孔子的故事	李长之
15	长袜子皮皮	林格伦	30	少年音乐和美术故事	丰子恺

注：小学低、中、高段各 10 本，资料信息来源于"新阅读研究所"。

二、初中课外阅读

国家课程标准对七至九年级学生的课外阅读要求是：学会制订自己的阅读计划，广泛阅读各种类型的读物，课外阅读总量不少于 260 万字，每学年阅读两三部名著。

农村初中课外阅读存在的问题：购买书籍进行阅读是农村初中学生课外阅读的主要途径，占 42.6%，而通过学校图书室借阅的仅仅占 12.7%。农村初中学生家庭因经济状况和意识问题，很少购买课外书籍，41.5% 的学生读初中以来，属于个人的课外书仅在 5 本以内。70% 的学生每天阅读时间在半小时之内，56% 的学生一学期阅读量在 4 本以内，55% 的学生课外阅读纯粹是为了消磨时光，28.9% 的老师对学生阅读进行指导和影响。① 农村初中学校阅读途径单一，阅读条件差；学生兴趣不大，欠缺阅读主动性和目的性。学生没有养成良好的阅读习惯，通常是被动阅读，伴有一定的功利性。农村初中学生中，资料少，阅读面狭窄，读得少；语感差、读不懂、怕阅读，有阅读障碍。课外阅读只是停留在了解情节和内容上，阅读方法不好，没有技巧，学生没有感受到阅读的喜悦，没有养成阅读的浓厚兴趣。

初中阅读重在方法指导。新课程标准是这样阐述"阅读"的：阅读是学生的个性化行为，应该让学生们积极思维、加深理解、亲身体验、感悟思考、受到熏陶，让学生们获得思想的启迪，享受审美所带来的乐趣。丰富阅读活动，点燃学生阅读热情，比如美文推荐活动、阅读笔记互评活动、读后感展示。指导学生掌握"吸收式阅读""探究式阅读""比较式阅读"，愉悦其心灵、陶冶其情操，从而提升人文素养。初中学生每天应阅读半小时，阅读量在 3 000 字以上。教师应指导学生制订阅读计划，并落实检查，传授精读和略读的方法，帮助学生抓住阅读重点。阅读文学作品，把握作品主题和思想。提高初中生的阅读品质，激发其阅读兴趣，丰富其阅读内容，让阅读成为学生学习的一部分，坚持晨读、专题阅读，培养其鉴赏能力。教师注重阅读方法指导，注重整体感知，注重阅读理解，注重整体领悟，注重创新思维。建立阅读过程支持体系，在阅读内容、载体、时空、来源、层次、环境和技术上，体现人文性、完整性和有效性。开展体验互动，恰当激励引领。苏霍姆林斯基说："一种热爱书、尊重书、崇拜书的气氛，乃是学校和教育工作的实质所在。"

学科阅读架起阅读的桥梁。有人说，中国现在基本没有学科阅读。阅读的重

---

① 石超斌. 农村初中生课外阅读现状及建议［J］. 中学教学参考，2017（3）：13.

要性已经成为共识，营造书香校园已经成为自觉行为，语文学科得到重视。学校应按学科、年级分类推荐阅读书目，配合学科教材拓展阅读。在《中国人基础阅读书目》的基础上，研发分类阅读书目。学生阅读能力是一种自学能力。通过学科阅读，进一步将阅读朝向专业阅读推进，提高学生综合素养。学科阅读能激发学生的好奇心与求知欲。一本书打开一扇科学之窗，是走进一个学科的入场券。阅读科学家、艺术家的故事，能看到全新的世界。学科阅读能帮助学生寻找人生榜样，确立科学指向。不论是伽利略、牛顿，还是居里夫人、爱因斯坦等科学先贤的人物传记，都能起到很好的励志作用。教师要成为学科阅读的"领读者"，关键在于教师对学科阅读价值的认识。教师为学生绘就一幅阅读地图，确立书目专家的形象，推动学生的立体式阅读。

"分级阅读"激发学生阅读活力。分级阅读是读者根据自身的语言水平、认知特点、阅读兴趣，选择适合的阶梯式系列读物进行的阅读。分级阅读起源于19世纪的美国，在西方少年英语为母语的阅读领域十分流行。美国将阅读确定为A—Z分类阅读，核心就是为读者寻找合适的读物进行对接式阅读。分级阅读鼓励学生找到与自己阅读能力相匹配的读物，开展进阶式阅读。"课外阅读"不能狭义地理解为课堂之外的阅读，而是非教材课文都可称为课外阅读。分级阅读对阅读主体，即学生的阅读能力、阅读兴趣更加关注。分级阅读体系为将学生的阅读能力和读物难度相匹配提供依据。实施分级阅读，学校可以从课程重构优化入手，家校协作、自主为主、辅导为辅、内外整合。组织学生分级阅读纸质图书和电子图书，将其融入课堂教学，建立分级借阅体系，开展读书会活动。实行课内外联动，保证阅读时间，每周一节阅读素养课程。① 建立自由泛读、共读精读的分级阅读教学模式，善用评价导向，保证阅读质量。

2016年，电影《哈利·波特》中饰演女主角的英国演员艾玛·沃特森"丢"了100本书在伦敦地铁的各个角落里，号召大家像寻宝游戏一样去找，希望大家利用通勤时间读书，以此推动阅读。丢掉的书被读疯了，引起不小的轰动。

表3-3为初中课外阅读书目推荐。

表3-3　　　　　　　　　初中课外阅读书目推荐

序号	书名	作者	序号	书名	作者
01	论语	孔子的弟子及其再传弟子	16	匹克威克外传	狄更斯
02	三国演义	罗贯中	17	复活	托尔斯泰

---

① 张金秀. 英语分级阅读激发学生阅读活力 ［N］. 中国教育报，2018-05-02.

表（续）

序号	书名	作者	序号	书名	作者
03	红楼梦	曹雪芹	18	普希金诗选	普希金
04	呐喊	鲁迅	19	老人与海	海明威
05	女神	郭沫若	20	泰戈尔诗选	泰戈尔
06	子夜	茅盾	21	西游记	吴承恩
07	家	巴金	22	水浒传	施耐庵
08	雷雨	曹禺	23	朝花夕拾	鲁迅
09	围城	钱钟书	24	骆驼祥子	老舍
10	谈美书简	朱光潜	25	繁星·春水	冰心
11	哈姆莱特	莎士比亚	26	鲁滨孙漂流记	笛福
12	堂吉诃德	塞万提斯	27	格列佛游记	斯威夫特
13	歌德谈话录	艾克曼	28	名人传	罗曼·罗兰
14	巴黎圣母院	雨果	29	童年	高尔基
15	欧也妮·葛朗台	巴尔扎克	30	钢铁是怎样炼成的	奥斯特洛夫斯基

注：信息来源于教育部推荐。

第三节 特殊学生阅读

特殊学生主要是指特殊学校的听障、视障和智障学生。普通中小学轻度障碍随班就读的学生，属于阅读障碍学生。特殊学生和普通学生一样享受优质教育资源，享受阅读带来的快乐。

一、听障学生阅读

听障学生阅读状况：我国颁布《全日制聋校义务教育语文课程标准（草稿）》，明确要求九年义务教育阶段课外阅读量达到 200 万～250 万字。受传统教学方式和阅读环境的影响，聋生的阅读状况不容乐观。阅读指导不到位，教师习惯于拆解阅读文本，不能整体性掌控，阅读方法指导不力，阅读内容不丰富。教师要把为学生的内在需求定位于阅读需求，精心培养其阅读兴趣。"看不懂"是影响学生阅读兴趣的主要原因。给予他们适度的阅读自由，让他们依据喜好选择满足自己阅读需求的课外读物，如儿童绘本、童话故事等。听障学生阅读量少，阅读时间无保障。学校和家长没有很好地安排固定的阅读时间陪伴学生阅读。营造的阅读环境不理想。家庭投入太少，听障学生家长很少为学生购买阅读图书。学校图书馆也极少有聋生阅读资料，特殊学校听障学生的课外读物相当匮乏。听障学生阅读能力差，在贫瘠的阅读土壤中难以成长。

听障学生阅读策略：创设阅读氛围。听障学生语言贫乏，教师要引导学生阅读适合年龄特点、丰富多样的读物。学生独自思考，走进作者描述的世界。家长多鼓励孩子阅读，营造良好家庭氛围，让孩子在故事中获取知识和智慧。运用多种阅读方法，促使听障学生具备独立阅读的能力。听障学生的语言发展水平和知识面有差异。五年级之前，他们没有明确阅读方向；五年级之后，开始有自主选择，有阅读方向。中低年级时，教师可选择图文并茂的绘本，促进其语言能力的发展。高年级时，以贴近生活的少年文艺作品为主，让其感受生活、触摸世界。经典读物中的片段，如《三国演义》中的《草船借箭》《火烧赤壁》等少儿版读物可推荐给学生阅读。教师、家长要敢当学生阅读引路人，鼓励学生对读物进行分析、比较和体会，开展读书交流会，交流故事情节。[①] 阅读让听障学生主动接受知识，认识世界，享受快乐。

加强手语训练，增强交流能力。听障学生要熟练运用手语，以手势比量动作，根据手势的变化模拟形象或者声音以构成一定意思或词语。手语是听力障碍与无法言语的人（即聋哑人）互相交际和交流思想的一种手的语言，它是有声语言的重要辅助工具，而对于听力障碍的人来说，它则是主要的交际工具。手语与语言的差别则主要在于语音这个问题上和聋哑人是否以手势进行思维。现在，电视节目中重要场景都能看见手语表达，这是社会进步的标志。手语翻译将成为新兴的职业类型。2018 年 7 月 1 日，我国手语规范化工作新的里程碑《国家通用手语常用词表》正式发布。它收录广大听力残疾人现实生活中广泛使用的手语，替换过去许多汉字对应的手语，减少手指字母的使用，描述体态动作和面部表情变化，体现手语表形和表意的语言特点。对这些生活化的手语表达，广大听力残疾人感受到通用手语很亲切、很喜欢。他们非常愿意为之宣传和推广。为了解决听障人与常人交流的问题，有一种智能手表，听障人可以在手表上输入想说的话，这些话能转换成语音；常人的语音，则会转换成文字，显示在手表上，让残疾人生活更便利。

苏霍姆林斯基指出："所有那些有教养、品行端正、值得信赖的年轻人，他们大多出自对书籍有着热忱的爱心的家庭。"亲子阅读有独特意义，在听障学生中段年级实施很有效果。据调查，65.5%的家长对亲子阅读不了解，58.6%的家

---

① 吴森林，朱子君. 聋校学生阅读现状及对策思考［J］. 现代特殊教育，2016（21）：62.

庭没有购买书柜，62.1%的家长偶尔陪学生读书，51.7%的家长让学生自己阅读。① 分享成功案例，让家长感受亲子阅读的重要。家长为学生购置书柜、书桌和书籍，让孩子拥有属于自己的阅读小天地。选择思想健康、有教育意义，恰当语言表达为特征的读物，家长每天陪伴阅读半小时；寄宿学生利用周末集中阅读。重视亲子阅读成果展示，如"亲子故事会""美文摘抄""阅读感悟"等。

二、视障学生阅读

阅读的前提是识字。视障学生应掌握阅读的基本工具。盲校的识字教学包括盲文教学和汉字教学。紧抓盲文的基础教学，要求所有的视障学生必须掌握盲文。日常科学有序的训练，为盲孩子打下扎实的盲文摸读和书写基础。依据盲文读写标准，开展盲文读写比赛和盲文摸读训练，促进学生学好、用好盲文。汉字学习量力而行，多读少写，重在实用。教师为学生制作生字表、常用字表，培训学生组词、扩词和写话能力，培养学生读幼儿读物、用识字软件。阅读教学最基本的是让学生正确、流利、有感情地朗读文本。视障学生尤其注意前后鼻音、同音异义；不添字、不漏字、不改字。视障学生更要加强盲文摸读训练，训练双手配合。2018 年 7 月 1 日，国家颁布《国家通用盲文方案》，完善了现行盲文标调规范，规范了声调符号的用法，这是对现行盲文的继承和发展。它保证了盲文的稳定性，保障了盲人文化的传承性，实现新旧过渡，做到"学新会旧、懂旧识新"。盲文字字带调，盲汉翻译难度降低，准确率大幅提高。

配置有声读物，提供阅读保障。学校为视障学生提供童话故事、成语故事和文学作品等有声读物，如《成语故事》《弟子规讲座》《十万个为什么》《格林童话》《科普故事大王》《西游记》。学校在重视普通图书馆建设的同时，重视盲文阅览室建设。中国盲文出版社可提供大量盲文读物，学校也可订阅《中国盲童文学》《盲人月刊》。学校可以申请专项资金购买盲文点显器、盲文转换器、有声阅读机和盲文读屏软件等盲人阅读设备设施。再开设信息技术课程，教会学生运用网络下载有声读物，实行线上线下阅读，进一步丰富视障学生的精神世界。学校可开展读书活动，组织学生听电影，如放映《功夫熊猫》《寻找成龙》《神秘世界历险记》等无障碍电影；设立有声读物漂流站，交换有声读物，开展"知识因传播而美丽"的图书漂流活动。开展志愿者活动，走近视障学生，为他们读书读报，与他们分享快乐。组织视障学生朗诵、讲故事、参加比赛等，书写与阅读有

---

① 朱苏娜. 中年级听障学生亲子阅读现状调查及引导方法［J］. 现代特殊教育，2016（11）：47.

关的文章，参加《难忘文化活动》《快乐成长》等盲文征文活动。视障学生像普通学生一样遨游书海，沐浴书香，自由自在，享受快乐。2018 年，昆明理工大学开发出视障人智能助盲耳机。它可以提醒视障人当前所处的环境，能通过语音辅助盲人读书看报，解决生活难题。它人工智能化程度很高，利用图像识别、语音交互、激光测距等技术，帮助盲人感受大千世界。没有残疾人的小康，就没有真正意义的全面小康。现代社会要让残疾人的生活更便利、更精彩。

三、智障学生阅读

普通儿童阅读能力发展的关键期是 3~8 岁。因智障儿童自身能力的缺陷和早期阅读经验的缺乏，可采用以绘本阅读为主导的阅读课教学和生活化阅读实践的策略，培养和提高智障学生的阅读能力。

绘本阅读符合智障学生的认知能力。智障学生以直观形象思维为主，无意注意占优势，学习的动机水平较低，一般的读本很难激发智障学生的阅读兴趣。绘本以直观形象的图片讲述生动活泼、情节简单的故事，同时恰如其分地配上词语和简单的句子。句式体现小步子、多循环、螺旋上升的特点，符合智障学生的认知规律和接受能力。绘本阅读有利于培养学生的观察能力。智障儿童的观察能力弱，表现为感知事物较肤浅，"视而不见，听而不闻"是智障学生中常见的现象。观察力的缺陷严重限制了其智能的发展。绘本生动活泼，主次分明，情节较缓，幽默风趣，吸引眼球。智障孩子尤其喜欢这些图文并茂的读物和积极的情感体验。绘本阅读启迪智障学生的思维。智障儿童因生理缺陷，造成思维发展障碍。因此，培养智障学生的思维能力，是补偿其生理缺陷、提高其社会适应能力的重要环节。绘本画面以其独特的逻辑关系，为学生提供直观感受。依托生活阅读，巩固智障学生的阅读技能，比如名字阅读、天气阅读、课表阅读、主题阅读等都非常有效。

亲子阅读有利于培养智障学生的阅读情感。智障学生情感发展缓慢，情感体验不深刻，控制能力较差，身心发展受到严重阻碍，因此开展多种形式的共读活动，有利于培养智障学生的积极情感。亲子共读就是以书为媒，以阅读为纽带，让孩子和家长共同分享阅读的活动。教师上亲子阅读示范课，家长上亲子阅读汇报课，开展亲子阅读活动展示，家长之间相互交流亲子阅读经验，设计亲子阅读跟踪记载表供家长记载每天亲子活动等，让每一位家长都掌握亲子阅读方法。同时，开展伙伴共读，因为榜样的力量是无穷的，以阅读能力较强、有爱心的高年级学生作伙伴，让其树立阅读信心，养成阅读习惯。开展义工共读，请志愿者陪伴学生一起阅读，增加交流机会，增强阅读自信。①

特殊学生普遍喜欢简要阅读。他们的理解能力很差，人文素质和知识能力难以提高。特殊学生阅读能力比较弱，没有阅读习惯，知识储备不足。据调查，学生们看报纸的比率比较高，约占50%，因为报纸获得途径更为简便。其次是杂志，然后是书。值得重视的是由于电脑和网络的普及，特殊学生运用电脑的能力一点都不比正常学生差，学生都学会了阅读网上资料或电子图书，这是阅读途径的一个新的发展方向。学生喜欢阅读的内容集中在小说类、体育类、计算机类、学习教育类和漫画类图书资料。文字带图画的图书资料是高达65.2%的学生的首选。特殊学生喜欢阅读《读者》《知音》《青年文摘》《大众电视》等杂志。② 特殊学生倾向于电子阅读。听力障碍学生很难与正常人交流，视障学生行动不便，因此他们更习惯于电子阅读。特殊学生的特殊性，决定了图书信息载体的多样性、信息需求的多样性、图书服务的多样性。视障学生需要盲文、有声读物，听障学生需要多媒体视频资料、各类图书。但针对特殊学生的阅读推广，组织单一，行政性较强，保障缺失，理念陈旧，时效性差，缺乏特色。学校要重视校本资源开发，满足不同类型学生的阅读需求，尽力整合满足师生需求的各类图书资料，让图书与教学高度融合，建成特色文献资源库。

融合教育体系构建。我国有8 300万残疾人，涉及2.6亿个家庭。我国全民阅读力推阅读走进家庭、社区、学校、军营、机关、企业、农村（"七进"活动），尤其注重服务农民、残疾人和留守儿童等弱势群体的阅读。普通学校尤其是农村中小学校，一般轻度的特殊学生都是随班就读。全面建立以普通学校随班就读为主体、以特殊教育学校为骨干、以送教上门为补充的融合教育体系，是现代教育的一大追求。普通学校建立"资源教室"，配备"资源教师"；联合特殊学校、公共图书馆、高校图书馆和儿童福利机构，落实"一人一案"，实现特殊儿童就学全覆盖、零拒绝。按照国际惯例，残疾学生5人以上，普通学校就应该建立特殊教育资源教室，有条件的学校举办自闭症儿童特殊教育部。农村学校要有更高的标准、追求，教师要有新的关注点，学习特殊教育理念和方法。学校有意识配备特殊教育专任教师和兼职教师，对特殊学生要奉献加倍的爱心和呵护，培养对弱势群体的博爱情感和人文情怀。完善特殊教育体系，实行12年义务教育。3~6岁残疾儿童较多的地方探索普通幼儿园特教班，可建设特殊幼儿园，建设半日制、小时制等多种形式的早期康复教育服务体系。专业支撑体系全覆盖，提高教学质量，开展专兼职"资源教师"全员培训，注重教学与阅读专题培养。高校

①　夏红新. 浅谈低年级段智障学生阅读能力的培养［J］. 现代特殊教育，2015（11）：48.
②　陈俊娜. 特殊学校学生阅读情况的调查与分析［J］. 科技情报开发与经济，2006（6）：48.

和公共图书馆有大量的有声读物、盲文图书、读屏软件、专用座位、专用通道和专用卫生间等，可以建设成为特殊学生的阅读阵地和社会实践基地，也扩大了高校的服务面向。2011 年 4 月 23 日，"世界读书日"当天"全国残疾人阅读指导委员会"成立，"中国残疾人数字图书馆"网站开通。全社会献出一份爱心，共同构建特殊学生从阅读到生活到成才的全程服务体系。

第四章 阅读教育论

阅读教育是提升学生综合素养的教育，是实现终身学习的基础，是基础教育的灵魂。阅读教育起于阅读心理。

第一节 阅读心理研究

一、阅读生理机制

阅读是人脑所特有的一种高级功能。与阅读有关的主要器官是脑和视觉器官。人脑由脊髓、脑干、小脑、中脑、皮层和脑膜六部分组成。脑对身体的控制通过脊髓传达，身体各部分的感觉也是通过脊髓返回脑。中脑包括丘脑、下丘脑和边缘系统；皮层又称大脑皮层，覆盖整个中脑，是人的智慧中枢。阅读活动中脑是如何工作的？文字符号以光波的形式反映到眼睛视网膜，引起兴奋，再由视神经将该信号传至丘脑，通过丘脑的一组细胞再传至视觉皮层。视觉皮层先分析信号，辨别信号中的线和边缘、特定方向和特定速度的线，最后将信息综合起来，得出特定内容。

阅读是以视觉感知为主的活动形式。视觉感知的门户是眼，主要部分是眼球、肌肉、眼睑、结膜、泪器等。进入眼球的光线和信号由晶体聚焦到视网膜上。阅读时眼球一次快速短暂的跳动时间大约为 0.02 秒，跳动之间的间隙叫"注视"。"注视"通过视神经和脑协同工作感知信息，包括四个层次：发现、辨别、认同、再认。阅读感知活动的规律，包括强度律、差异律、对比律、活动律、组合律和协同律。古人倡导阅读"五到"，即眼到、口到、耳到、手到、心到，就是这个意思。

非智力因素是保证人们成功进行活动的心理条件，包括动机、兴趣、意志、情感和性格。智力因素包括观察力、注意力、记忆力、想象力和思维力。成功＝智力因素+非智力因素。关于动机与阅读，动机是人们行动的内在诱因，是激励人们行动达到一定目标的内驱力量。阅读动机反映阅读需求，引起阅读行为，从而达到人们的阅读目的。阅读动机分为三种类型：追求成就、追求需要、娱乐动机。阅读动机决定阅读活动的选择性和倾向性、主动性和积极性、质量水平和效果。关于阅读与兴趣，动机是人的心理过程，而兴趣是人的心理特征，是一种带有倾向性的心理特征、情绪状态。阅读兴趣指人们获取知识、研究问题、探索未来的一种认识倾向和心理特征，是情感和态度在阅读活动中的倾向。阅读兴趣主要包括三种类型：直观兴趣、自觉兴趣和潜在兴趣。这三种兴趣由直观到理性。阅读兴趣引起阅读诱因，提升阅读的效果，鼓舞人们的斗志。兴趣是才能的"生长点"、成才的"催化剂"和智慧的"触发器"。教师面对学生，要增强学生的求知欲望，让他们多思多问、边学边用，培养中心兴趣，控制广泛兴趣，因为兴趣与成就紧密相关。

二、阅读心理分析

阅读心理是阅读过程的心理特点、规律。阅读本身就是从书面材料获得意义的心理过程，也是基本的智力技能。阅读心理是阅读过程中的多种心理因素和行为。阅读心理研究，从发现阅读者眼球运动规律开始。阅读是读者自身的精神活动。由于文化素养、思想水平等因素，阅读心理有差异。阅读心理是读者生理特征和社会特征的综合表现，作为阅读的诱因和维系力量，对阅读活动起着持久、深度、全面的制约和影响作用。

阅读心理指在开展阅读行为时，读者基于其阅读目标从媒介获得阅读意义的心理活动全过程。阅读心理是用户阅读选择、阅读行为、阅读文化的重要依据。阅读心理的类型可以归纳为：尚名型、引导型、自我型和使用型。[①]

阅读的心理特征表现为三个方面：第一，阅读是复杂的语言实践活动，读者把视觉感知的外部信息转化为读者自身的内部语言。第二，阅读是复杂的心智活动，阅读过程不是简单接受，而是紧张的形象思维和抽象思维。第三，阅读是一种复杂的情感活动，读者思想情感上与读物人物产生共鸣。语言实践活动、心智活动和情感活动三者融合。理解是掌握智能技巧的最主要的标志。阅读理解的过程，实际上就是大脑对读物进行判断思维、综合分析、比较思考的复杂过程。阅读心理可以概括为：求知心理、求学心理和求实心理。

从阅读者心理看，阅读心理首先表现为层次性或群体性。不同的读者群有不同的阅读心理特征。读者群从年龄上分为儿童、少年、青年、中年、老年等；从

---

① 蔡冬青. 基于阅读心理的读者阅读倾向分析［J］. 科技情报开发与经济，2015（5）：24.

职业上分为工人、农民、军人和知识分子等；从文化素养上分为专业读者层、混合读者层和通俗读者层，前者一般指专家、学者和专业人员，中者指中等文化读者层，后者指初等文化读者层；从兴趣上分为攻读型、欣赏型和消遣型，前者有明确的主攻研究方向，中者以文学著作为主，后者以消遣、娱乐为主。

阅读动机是人的一种精神需求，是读者阅读活动的内在驱动力。阅读动机使阅读行为得以维持，体现出坚持力和注意力。阅读的过程就是读者对作品中人物的感情产生相应的共鸣过程，并影响着、感染着读者的心理和行为，具体表现在产生美的感受、建立健康的行为模式、塑造健全人格等。学校工作者要了解读者心理，提供主动服务。变被动服务为主动服务，积极开展导读服务，主动传授检索方法。了解新读者心理，助其融入图书馆；了解读者过失心理，引导读者阅读情绪。建设良好环境吸引读者，阅读环境要安静，布局合理，以暖色为主，光线柔和，动静结合。

阅读从众指在阅读领域，本读者以其他读者的阅读行为作为参照，做出与多数读者相一致或同步的阅读行为或反应倾向。阅读从众心理则是研究读者在利用图书资源过程中，做出与多数读者一致的阅读行为或反应倾向的心理现象及其规律的学问。① 读者在阅读过程中的从众心理仍是一种普遍现象，受到各种主客观因素的影响。内在自觉性越差，学习程度越低，受到外部因素影响越多，从众心理就越明显。据调查，一般的学生阅读受到从众心理的影响，身边一半以上学生阅读同一本书，一半以上学生选择文学类书籍，一半以上学生阅读专业类书籍。面对这种状况，学校要组织读书活动，引导学生分类阅读、分级阅读。

阅读本质上是一个心理过程，包括阅读需求、动机、兴趣、记忆、情感，以及阅读后产生的各种心态和效应。青少年群体由于身心变化表现出特殊的阅读现象，主要表现为知觉观察逐步提高、逻辑思维能力逐步发展、追求自我的个性和情感控制逐步成熟。信息时代，中小学生将阅读注意力转向网络阅读。教育工作者要正视其阅读需求，探求阅读动机和阅读兴趣。网络普及为中小学生阅读网络小说提供了便捷。搜狐、新浪等大型网站都有相应的读书频道。读者阅读选择上存在明显的男女性别差异。男生喜欢玄幻、仙侠类作品，以达到幻想性与逃避现实的心理满足。女生喜欢言情类作品，与其敏感细腻、易动感情、注重关系有关，比如言情小说的浪漫性与渴望爱情心理的满足有关、穿越小说的交错性与自我实现心理的满足有关。青少年读者喜欢网络小说，因为他们对未知有向往，想突破原有生活空间。网络小说满足了他们的心理需求。一些优秀的网络小说作者通过对幻想场景的描写，使读者产生"我仿佛就在这里"的代入感，得到了感情

---

① 俞华华. 读者阅读从众心理调查研究 [J]. 山东图书馆学刊, 2016 (6)：36.

共鸣、精神寄托。教师要正确引导,加强指导,撰写感想,提高鉴赏水平。① 网络文学超越现实、想象丰富、语言幽默,吸引现代中小学生。利用网络进行知识学习已经成为一种普遍现象。网络文学是一种软教育,利用作品思想影响读者思想。我们要取其精华,吸取具有现实意义的知识。数字阅读语境下的阅读心理开始在动机、选择、态度和认知等方面出现不利于深度阅读的倾向。要改变这些倾向,需要强化读者批判性思维。数字出版技术改变了读者的阅读习惯。阅读由传统的"线性阅读"向超文本的"非线性阅读"转变,实现数字文本的交互式搜索;单一的抽象化文字文本扩展为涵盖图像、声音、动画等多媒体形态的媒介形式。数字阅读呈现互动、关联、立体等"非线性"特征。随机化的阅读选择强化了功利性阅读倾向,数字阅读具有随机性、跳跃性和碎片化等特征。"深度阅读"有所淡化,片面化、零散化的讯息让读者难于精心思考与鉴别。数字阅读语境下的阅读心理需要疏导,要强化阅读的批判性思维,实施个性化服务。大数据时代的移动阅读平台"人机结合"的传播方式,将培养读者"读什么"和"怎么读"变为可能。全面激活读者的能动性,将浏览性阅读转变为深度参与的主动性阅读。

新媒体时代传播媒介形态下的大众阅读方式变化,体现为阅读视觉性、阅读娱乐性、阅读多元性。读者阅读心理倾向于"浅阅读",碎片化、快餐化和随意化,成为新时代新媒体阅读的鲜明特征。另类阅读自由化,信息繁杂超载,真假难辨。政府和媒体应增强社会责任,为读者尤其是学生营造良好的阅读环境,引导大众正确阅读。从阅读状态分析,学校读者关注本民族文学与技术成果,对民族风俗习惯有兴趣。数字时代的阅读体现功利心理、休闲心理和从众心理。青年学生更喜欢"软书籍","软"就是形式新颖、内容有趣、吸引读者、可读性强。全民阅读热催生了从众阅读。近年流行的《百家讲坛》系列图书,广受大众喜爱。易中天解读的《三国》、于丹解读的《论语》、历史人文图书和艺术类图书,都成为时代的潮流,受到了广大读者的热捧。据调查,68%的学生的阅读兴趣来自个人兴趣,45%的学生推崇纸质图书阅读,36%的学生赞同纸质和数字阅读兼而有之,90%的学生阅读很随意。

延伸阅读

学生阅读问卷设计说明

阅读兴趣:

1. 你最喜欢的书有哪些?

---

① 张玲瑛. 青少年网络文学阅读心理研究 [J]. 淮北职业技术学院学报, 2015 (8): 88.

2. 你最喜欢的阅读方式是什么?

3. 你最喜欢的阅读场所是什么?

阅读动机:

4. 促使你进行课外阅读的动力是什么?

阅读行为:

5. 你每学期大概读几本书?

6. 你是否有固定的读书时间?

7. 你是否使用图书馆的电子资源?

阅读需求:

8. 你想借阅的书籍是否能够借到?

9. 你目前读书最大的困惑是什么?

阅读能力:

10. 你对整个学习阶段的读书有规划吗?

阅读评价:

11. 你对自己的阅读状况满意吗?

阅读建议:

12. 你认为哪种方式有助于提高阅读兴趣和阅读效果?①

第二节 阅读治疗研究

一、阅读治疗概要

古希腊时代,医生开过"阅读"处方,让病人倾听别人的朗读达到治病的目的。我国汉代刘向说:"书犹药也,善读之可以医愚!"明末清初,思想家王夫之在《示侄孙生蕃》中说:"医俗无别方,惟有读书是。"这句诗道出了读儒家圣贤著作,行人间仁义善事,乃是疗治人生流俗,提升品格气质的最佳方式。1802年,美国人就提倡阅读小说,改变心理问题。1916年,世界上首次提出"阅读治疗"概念,将希腊词汇"图书"和"治疗"结合起来,出现用指定图书治疗疾病的做法。"阅读治疗"是汉译名词,先后使用"文献治疗""书目治疗"等;现代采用"读书治疗""图书治疗""阅读疗法""读书疗法"等;我国台湾地区专

① 郭文玲. 基于阅读心理的学生阅读调查与图书馆阅读推广策略 [J]. 高校图书馆工作, 2016(2): 7.

用为"读书疗法"。18世纪末期，最早的阅读治疗开始探索与实践。英国军队在美洲大陆时，向身处绝境的士兵提供图书，帮助并辅导他们积极阅读，协助其克服病痛、增强战斗意志。1939年，美国图书馆协会设立阅读治疗委员会。

"阅读治疗"的定义最早见于1941年都罗兰医学词典，其定义为"使用书籍并通过对其的阅读，治疗精神疾病的手段"。《韦氏新国际英语词典》对阅读治疗的释义为"用有选择的读物辅助医学和精神病学的治疗；通过有指导的阅读，帮助解决个人问题"。1966年，美国图书馆协会将其定义为："在医学及精神科中，选用适当的阅读材料，作为治疗的辅助工具，并透过直接的阅读，帮助病人解决其个人问题。""阅读治疗"引入我国之后，我国研究者王波老师将其定义为："以文献为媒介，将阅读作为保健、养生以及辅助治疗疾病的手段，使自己或指导他人通过对文献内容的学习、讨论和领悟，养护或恢复身心健康的一种方法。"学者王万清著有《读书治疗》一书，他认为读书治疗是咨商员利用图书当媒介，激发人们产生新的态度和行为，达到解决问题的治疗方法。"咨商员"指图书管理员和教师。阅读治疗主要运用于生理残疾、情绪问题、慢性疾患、人格障碍等。20世纪80年代开始，我国开始关注阅读治疗，聚集于大学生心理健康教育和特殊教育领域，思辨性研究多、实证性研究不足。我国的阅读治疗处于概念引进、理论学习、初步探索阶段。

阅读治疗的具体内容较多：一是阅读治疗的历史、经验和评价；二是阅读治疗的作用、意义、潜力和前景；三是阅读治疗的实施，包括人员培训、技术运用、读物研究、阅读辅导、治疗管理和阅读宣传。我国要加强阅读治疗理论研究，建立阅读疗法组织机构，重视阅读疗法基础服务。阅读治疗的主要对象是心理和精神疾病，作用于人的心理、影响人的心理。阅读治疗主要由医务人员、图书管理员和专任教师配合实施，辅助治疗。阅读治疗的作用体现在：共鸣、净化、平衡、暗示和领悟。阅读治疗在精神病、抑郁症和其他领域的应用中起作用。阅读治疗可以调节情绪、减弱抑郁、弥补缺陷、修身养性、健体益寿。外国医生曾替患者开出特别药方《情绪的新医学》《不要恐惧抑郁症》《病愈密码：六分钟病愈方法》等，强化其自我意识、增强其自信，培养生活适应力，改善人际关系。西方有学者将阅读治疗的作用提炼为：娱乐、益智和领悟。2007年，王波著的《阅读疗法》对英、法等国的阅读疗法的发展情况进行简述，"养心莫如寡欲，至乐无如读书"。

二、儿童阅读疗法

阅读疗法可以运用在儿童心理创伤治疗中。治疗师指导心理受到创伤的儿童阅读筛选图文并茂、形象生动的图书，配合运用讨论、询问、倾听等方式。儿童讲述阅读后的心得，从而得到精神上的宣泄和情感释放。这是一种有引导、有目的、有控制、非药物的心理治疗的辅助方式。阅读疗法以书籍和图画为主，帮助儿童缓释心理创伤，有利于儿童的身体健康。儿童面对失去亲人、地震灾害、身体疾病等都会受到心理创伤。阅读疗法可以提高儿童综合素质。阅读本身就是一种心理体验过程，与作品之中的人物产生情感共鸣，产生美的享受，感悟客观世界，改变处世态度。阅读疗法是对儿童陪伴和关爱的过程。在灾难之中失去亲人的儿童，他们的压力是急需处理的。大多数儿童不相信亲人已经离开，觉得自己被抛弃，担心自己没人照顾，变得容易紧张，出现跟以前很不一样的举动。必须及时对他们进行心理干预。这种心理创伤属于精神疾病，必须要有引导性的心理疗法。这类儿童非常脆弱，渴望被人关心和有人陪伴。阅读疗法使儿童先有一个独自阅读、独自思考的过程，然后再由治疗人员进行定期的询问和倾听。这种关爱是连续的，可以让儿童感到自己被重视、被关心，这对他们摆脱恐惧不安、重塑生活信心有着重要的积极作用。阅读疗法符合儿童易于接受新事物的特点。如感人的故事寓言、色彩鲜艳明快的图画，让儿童了解客观世界，形成健康的世界观、人生观和价值观，帮助他们塑造人生重要的心理品质——认同、独立、勇敢、自尊。图案可爱的卡通书可以缓解儿童恐惧、无助、失落等情绪，情节感人的故事书可以让孩子们觉得安全和受到爱护，积极客观的自然百科书籍使他们去了解灾难的不可抗性。

阅读具有一定的辅助治疗效果。古埃及把图书作为"医治灵魂的良药"，中国古人也有"病经书卷作良药"等观点。美国精神病专家高尔特指出："图书馆是一座心智药房，存储着为各类情绪失常者治疗的药物。"2005 年，美国新奥尔良市等地区遭受飓风的侵袭，遇难人数上千。美国图书馆协会迅速展开行动，向灾民提供阅读疗法的推荐书目，包括帮助缓解灾民压力的心理学专业书目和小说类书目，这些图书内容积极、风格轻快，帮助灾民从心理创伤中恢复。这些经验可以有效地运用到对儿童的阅读治疗中。[①] 我国的古代文献也曾记载过阅读疗法。《三国志》有这样的记载：名医华佗给一位郡守看病，不诊不治却拂袖而去，并修书一封痛骂之。郡守读了信大怒，气急攻心拍案吐血，病竟然得以痊愈。原来华佗诊断郡守的病是心中盛怒不得发泄所致，于是留下刺激性言辞，引发其内心的情绪波动，并导致一系列的生理反应从而排毒去病。

2010 年 10 月，河北联合大学创办的《阅读疗法工作通讯》，是我国第一种阅读疗法刊物。该刊提供网络版和印刷版，以"书籍滋养心灵，阅读启迪人生"为

---

① 祝振媛. 阅读疗法在儿童创伤心理治疗的应用初探 [J]. 晋图学刊，2010（1）：37.

宗旨，栏目有《阅疗视窗》《新闻快讯》《心书推荐》《悦读育心》《成功案例》《协会天地》《知识讲座》等。①

灾后儿童的心理特征一般包括六个方面：一是生理方面的心悸昏厥、头昏眼花、发抖失眠等反应；二是认知方面的记忆固着、记忆缺损、精神涣散、忧虑等反应；三是情绪方面的哭泣忧伤、重复体验等反应；四是未来预期方面的无助沮丧、恐惧绝望等反应；五是人格与意志方面的自我怀疑、自卑自责、自我中心等反应；六是行为方面的怕黑、具有攻击性、社交退缩、对噪音和震动有激烈的反应。② 灾后阅读治疗灵活性强，适应性广，简便易行，成本较低。国外经验告诉我们：重视阅读治疗服务，建设专业化队伍，将阅读治疗与本土文化结合，重视阅读治疗与音乐治疗的融合。我国台湾地区阅读治疗，经历了一个引进、消化、吸收与运用的阶段。汶川大地震后，台湾开展具有本土创新性的阅读治疗探索，精选具有"情绪疗愈效用"的50种绘本，如《儿童情绪疗愈绘本解题书目》一书，设计"情绪""儿童形象""生命历程""人际关系"和"家园"五大主题，对灾后少年儿童进行情绪疗愈与心理重建。倡导阅读治疗参与心理重建，如中国光彩事业基金会创建"丰田流动图书馆"。开展"生命教育"，真正发挥"以书为媒、以书为药"的治疗优势。

儿童阅读治疗一般包括三个阶段：准备阶段、实施阶段和总结阶段。儿童读物一定要图文并茂、色彩明快、健康向上。准备阶段，治疗师团队可由图书馆馆员、心理咨询师和教师构成。治疗师具备相关知识，具备受人喜爱的性格、稳定的人格特质、良好的倾听能力、助人的意愿、灵活的应变能力。实施阶段，填写心理测量表，选定适合的图书和方法。交互式阅读疗法是很好的心理治疗方法，这种阅读疗法强调接触读者，对阅读进行全程跟踪，采取的方法多样。发信件、打电话、定期会面、发放有提醒内容的自助手册、集体讨论、游戏等都是可行的办法。这种疗法是更深入、更专业、更高级的阅读疗法，需要校医生、心理咨询师、图书馆馆员组成的治疗小组共同参与。强调接触读者，全程对读者进行干预和管理，让治疗者经常处在被监督或自我监督的状态。为使读者对文献的阅读强度能达到要求，领悟方向不偏离设想的轨道，需要不断地接触读者。为提高效率，这种治疗方法通常以团体进行，对抑郁症患者起到缓解作用。组织定期讨论，治疗师引导儿童说出感想，组织其他儿童针对其感想进行讨论，从而使情感得到释放，心灵得到净化。最后，辅助儿童填写读后心理测量表。总结阶段分为常规总结和经典总结，然后建立有代表性的案例库。

---

① 徐雁，李海燕. 全民阅读知识导航［M］. 南京：南京大学出版社，2016：118.
② 刘斌志. 灾后心理重建中阅读治疗的域外经验与本土探索［J］. 图书馆建设，2014（6）：48.

　　儿童阅读治疗是发展性、预防性的治疗，重点在读者与人物产生交互作用。农村小学图书馆开展阅读治疗，对儿童有亲和力，让儿童产生信任感，儿童成为自由的文化消费主体。"少年时就有一种对痛苦的风度，长大后才有可能是一个强者。"《讲给女孩子的故事》《荞麦面里的故事》《让孩子幽默乐观的故事》《单翼天使不孤单》受到小学生喜爱。美国图书馆协会建立专门的网站，提供了多种主题的图书，指导图书馆馆员学会如何理解和应对悲伤。纽约公共图书馆举办了一系列活动，分别以绝望、焦虑和悲伤为主题，推荐图书并开展讨论和专题活动，缓解儿童的焦虑感、忧郁感。美国著名儿童文学家波罗·福克思说："当你念书给孩子听，当你把一本书交到孩子手上时，你便带给孩子无限的人生可能性，你便成为一个启发者。"绘本、小说、诗歌、寓言、童话等各类印刷及非印刷型资料中，图、文、声、像结合的阅读最容易引起儿童共鸣的阅读。阅读治疗能提供多方面、多媒体、多样化选择。南京钓鱼台小学开展阅读治疗实践，面向儿童构建"游戏+阅读+反馈"干预模式，其中，游戏环节是针对儿童群体特点设立的，效果明显。

　　儿童阅读治疗重在选书环节。以"情志相胜"理论为主导，选书的要义在于要"针对读者的心理偏差和病症"。选书原则上要把握阅读喜好、发病原因、坎坷经历和治疗药性。"海明威情结"包括恐惧和焦虑、"理想自我"和"真实自我"的分裂、难以应对挫折的低自尊行为和安全感缺乏。认真剖析海明威情结产生的原因，并以此为基准选取可以"减弱或者抵消郁积于读者心中的不利身心健康的情感，从而缓解、减轻读者的病情"的阅读材料，很有意义。儿童的心理发展的不同成长阶段，都是一次跨越，都会给孩子留下困惑和忧虑。"灰姑娘"系列故事主色调为"悲"，因其对这种分离之痛的微妙而精彩的把握，成为最适合患者的阅读材料。儿童通过这类作品阅读，为建立信任人格奠定心理基础，建立基本的信赖感，习得走出困境的应对策略，具备建立信任人格的力量。灰姑娘类型故事给予少年儿童较多启示，在机会来临时，我们要自我争取、努力应对。美国心理学家马斯洛在其著名的人格理论中，把"自我实现"作为人类需要的核心和最高形式。主体在自我认知过程中体现人的能动性、创造性和自主性，实现从低到高："生理—安全—爱与归属—尊重—自我实现"的需要，标志着人对自我意识的唤醒。儿童文学阅读对于治疗儿童心灵问题，保持其情感平衡、心理健康意义重大。灰姑娘从"本能依赖—消极适应—唤醒自我—积极建设"，完成"从他人眼中的我到自己眼中的我"的成功蜕变。儿童在阅读这种类型的故事的时候，感情上会得到共鸣，情绪上会得到疏导。[①] 文学能够满足人的心理需要，因此具备外在的社会功效和内在的精神超越功能。文学治疗的原理有"脑内吗啡说"。日本的春山茂雄所开创的新医学理念指出：当人处在愉悦、幸福、美满等正面情绪之中时，人的大脑内便产生一种物质。这种物质命名为"脑内吗啡"，不但让阅读者产生愉悦快感，还有提高自然治愈力、增强个体免疫力的药理功效。[②]

三、中学阅读疗法

阅读疗法是以适当的图书等文献资料为依托，以自助或他人指导的阅读、讨论方式，恢复身心的一种特殊方法，属于辅助的心理治疗方法。农村中学推广阅读治疗，简单易行。阅读疗法有核心三要素：适当的图书、适时的指导、治疗的目的。图书管理人员是实施主体，任务就是为读者推荐适合身心健康成长的书籍，让其通过阅读和讨论获得知识、体会人生，并适时加以指导，从而达到心理疏导、塑造人格的目的。中学开展阅读治疗，有资源优势、空间优势和受众优势，阅读资源更加丰富，环境更加幽静，初中学生年龄跨度小、心理趋同。我国宫梅玲被誉为"高校图书馆阅读疗法第一人"，她较早研究推广阅读疗法，研究了阅读疗法的书目分类，并将书目的范围扩大到期刊、文章、音乐和网站等。她主持泰山医学院建立阅读疗法干预模式，建有"书疗小屋——大学生健心房"博客，建有研究基地和研究协会。通过心理量表筛选实验对象、分组实验，采用单组阅读治疗前后比较，并将音乐疗法、心理疗法、朋辈疗法等若干全新手段融入治疗过程，效果明显。山东泰山医学院图书馆阅读疗法是我国实践最完整最典型的案例。初中生处于青春期阶段，身心发展不平衡、半成人现状的心理特征明显。初中生恰好处于"第二反抗期"，人格独立要求与老师、父母的要求相矛盾，常有抑郁、焦虑、强迫等不良心理状况发生。推广阅读疗法有利于学校开展学生心理健康教育，创新图书服务职能。它是发挥馆藏文献、延伸教育职能的最佳手段。阅读治疗搭建阅读材料和阅读者间的桥梁，实现馆员与阅读者的紧密互通，彰显馆员的专业素养和图书馆的人文关怀，增强初级中学图书馆的生命力。初级中学开展阅读疗法，长期目标是调节学生心理和生理，辅助治疗心理疾病；中期目标是激发学生阅读热情，预防心理疾病发生；短期目标是引导学生阅读，养成

---

① 李丽. 海明威情结：信任人格之殇与儿童文学阅读治疗 [J]. 宁夏社会科学，2017（3）：256.

② 崔凯旋. 文学阅读的意义和文学治疗的抵达 [J]. 新乡学院学报，2015（11）：26.

阅读习惯。

中学阅读治疗实施。阅读治疗成为学校的隐性课程，学校成立阅读疗法工作小组，以校领导为组长，组员由德育工作、图书馆、心理健康教育教师构成。树立"服务学生"宗旨，保持"辅助治疗"工作态度，对学生心理情况进行筛查，编制书目，提供咨询指导，顺利实施，总结反馈。"一体四翼"循环交互模式：以图书馆为主体，德育部门、心理健康教育中心、信息中心和后勤部门做支撑。图书馆是阅读和学生的桥梁，是知识和文化中心。建立"落实—检查—反馈—整改"运行平台。以学生心理健康的筛查为切入点，以问题为导向，归类分析。针对学生心理问题，建立学生阅读档案，确定阅读辅导员。举办读书沙龙，创建阅读疗法服务网站，开展主体阅读活动。在活动中重视心理情况变化的反馈、适时引导、改变书目、定期跟踪、形成闭合，最大限度地保障阅读疗法实施的成效。阅读多元化、信息化，动态发布"阅疗书方"，有针对性地添置专题图书，如减灾防灾类、疾病防治类、心理健康类、人际关系类等读物。[①] 女生天生柔弱，喜欢依赖别人，通过阅读励志类书籍，如《钢铁是怎样炼成的》《假如给我三天光明》《活着》等这类书籍，犹如给她们打了一针强心剂，书中人物自强不息、顽强奋斗的精神成为她们最好的榜样。正如美国精神病专家高尔特所说："图书馆是一座心智药房，存储着为各类情绪失常者治疗的药物。"阅读具有安抚镇痛的作用，可以营造良好心情、松弛精神，促进人们养成坚强的意志品格。阅读疗法起到"自疗作用"。

阅读治疗抑郁症。李兰妮是著名作家，她的中篇小说集《池塘边的绿房子》获"庄重文文学奖"，电视剧《澳门的故事》获"飞天奖""五个一工程奖"，散文集《雨中凤凰》获"鲁迅文艺奖"。她是一位重度抑郁症患者，在《旷野无人——一个抑郁症患者的精神档案》一书中详细记录了对自己抗击抑郁有疗愈作用的 30 余部书。这是我国第一部详细记录抑郁症患者精神历程的书，是第一份由抑郁症病人根据自身情况写下的病状报告。这 30 余部书按心理学、宗教和抑郁症分类，疗愈作用最大的前 6 名按权重排序依次为《看见红色感觉蓝色：愤怒与抑郁之联系》《抑郁症完全指南》《忧郁》《我的抑郁症》《不要恐惧抑郁症》《躁狂抑郁多才俊》。

治疗抑郁症，推荐阅读《极限人生》。这是一部抗美援朝特级英雄朱彦夫的自传体长篇小说。他在朝鲜高地阻击战中身负重伤，口渴如焚，昏迷中将自己被打出挂在脸上的左眼球吞进了肚里。回国后，他被截去四肢，成为一个没脚没手的"肉轱辘"。他没有消沉，毅然离开荣军休养院，回村锻炼生活自理能力。他

---

① 蒋莹. 初级中学图书馆开展阅读治疗法策略探析 [J]. 文教资料, 2017（19）：228.

克服种种不便，终于站立起来，并担任了村党支部书记，带领群众改变了家乡贫困面貌，用口衔笔写出 30 万字的自传体小说《极限人生》。这是一部成功的励志小说，鼓舞着成千上万的年轻人。《一个陌生女人的来信》是奥地利著名作家茨威格的代表作之一。一个男子在 41 岁生日当天收到一封没有署名和地址的信，信中一个临死的女人讲述了一个刻骨铭心的爱情故事，而故事的男主人公也就是收信的这个男人，对此一无所知。故事始自 18 年前，她初遇此男子，之后经历了少女的痴迷、青春的激情，但未曾改变对男子的爱，直至临死前才决定告白。这段凄美的爱情故事，给人以启发。《生命的重建》的作者露易丝·海是美国最负盛名的心理治疗专家、杰出的心灵导师。她为我们揭示疾病背后隐藏的心理模式，改变重建新的思维模式，身体的疾病就会消失。这是一本教人相信自己，找到自己生命价值的书；是一本教人宽容别人，开心快乐生活的书。美国诗人朗费罗的《生之礼赞》、德国大诗人海涅的《赞歌》可以治疗抑郁症。英格兰布里斯托尔大学的医学家一致认为阅读诗歌比吞服药丸更有效。我国古代西汉衡山王长子刘爽靠诵读王褒创作的《洞箫颂》和《甘泉颂》治疗抑郁症；清代著名学者焦循通过诵读道家书籍调理好病后抑郁症。

阅读治疗抑郁症文献配伍：一类是抗抑郁科普读物，如《走出抑郁》（英国吉尔伯特）、《少有人走的路》（美国派克）；二类是抑郁康复者著作，如《别了，灰色的心灵风暴》（徐光兴）、《走出抑郁的泥潭》（木碗）；三类是励志作品，如《轮椅上的梦》（张海迪）、《拉我一把》（司晶）；四类是悲剧作品，如《活着》（余华）、《悲惨世界》（法国雨果）；五类是诗歌，如《毛泽东诗词》《睡去》（英国济慈）。①

阅读法治疗与音乐治疗相融合。音乐治疗是构建系统干预过程。读者通过音乐体验与分享，与唱者建立治疗关系，帮助治疗对象达到健康目的。现代音乐治疗集音乐、心理学等多种学科的理论与实践于一体，向着社会医学模式转化，具有应用性强、疗效突出、无副作用的特点，得到迅速发展。音乐伴随阅读，有助于调整心态、平和情绪、休闲放松，尤其是轻音乐、民族器乐、民族歌曲。音乐中的音节旋律和绘画中的构图色彩一样，让读者的丰富情感与作品丰厚内涵产生共鸣。

---

① 宫梅玲，丛中. 大学生抑郁症阅读治疗典型案例及对症文献配伍［J］. 山东图书馆学刊，2011（2）：37.

第三节　阅读教育研究

阅读教育就是通过阅读提高学生整体素质的一种教育，核心是培养学生的阅读能力和习惯。学校要建立健全完整的阅读教育体系，融入教育大系统。阅读教育实施关键在于教师，阅读也是教师接受继续教育最便捷的方式。阅读研究有两条基本脉络：一是作为学习手段、教学手段的形态，二是作为文化活动、教育活动的形态。

一、国外阅读教育经验

（一）芬兰中小学阅读教育经验

在国际学生评估项目测试中，芬兰学生阅读素养的分数一直都名列前茅。芬兰中小学生具有高阅读素养的原因主要包括国家资金投入、学校课程设置、教师素质较高、父母重视培养、学生乐于阅读这五个方面。2012 年，国际学生评估测试统计，在学生阅读素养方面，中国香港列第一名，芬兰和俄罗斯并列第二名。据统计，学生每天读报的占 61%，学生每月读报的占 85%，学生经常参与阅读书报、看动画片和卡通漫画的占 67%。每天下午 4 点放学后学生就可以自由阅读书报和杂志。据世界新闻协会统计，芬兰学生读报率高达 87%，居世界之最。阅读已经成为芬兰人的一种习惯，芬兰的学生都乐于阅读。芬兰中小学重视课程设置，培养学生的阅读能力。芬兰的《基础教育法》明确规定，在课程设置上优先保证培养阅读兴趣的课程。在芬兰中小学校中，从小学一年级起开设母语和文学课，并且占总课时的比例较大。在芬兰一至九年级学校中，母语和文学课每周 14 学时，注重培养学生听说读写的能力，提高他们的表达能力。开设的其他课，如宗教、伦理、历史与社会等也都会训练学生对所学知识的理解能力。选修课每周 13 学时，语言选修课每周 6 学时。芬兰基础学校每天除母语课之外还另设一节阅读课，约 1 个小时，让学生到图书馆进行自主阅读。这 1 个小时里，教师一般安排几分钟进行阅读指导，其他时间用于学生自主阅读或小组合作阅读及交流。将学生每天至少有半个小时的阅读列为家庭作业，其目的是培养学生独立自主阅读的良好习惯。每学年，中小学校都要定期举行读报周、杂志日等阅读活动，与当地图书馆一起举办介绍各类书籍与作家的活动或展示。据统计，41% 的芬兰学生认为阅读是他们爱好的业余活动之一，女生比例达到 60%。在高年级的学生中，每 5 人就有 1 人每天在图书馆的时间超过 1 个小时,这是纯粹为了享受阅读的乐趣而阅读。每个学生总会有一本属于自己喜欢阅读的书,并分享阅读心得。① 芬兰学生阅读达标率高,阅读成绩差异小。学校提供优质、均等的教育,学校间的低差异性是北欧国家的共同特点。《芬兰教育法》规定,所有教师必须具备硕士及以上学历,并且要通过教师资格考试才能申请教师职位。芬兰教师准入严格,免费提高,教学自主,待遇从优,职业崇高。在语文教学方法上,芬兰注重学生读和写的技能培养、思考理解能力培养,扩大学生的阅读范围和语种,增加阅读数量等。最重要的是用母语学习,提高自主学习的能力。

（二）以色列中小学阅读教育经验

以色列拥有长达 4 000 年的历史文化传统。以色列以犹太人为主,而早在中世纪犹太民族就几乎消灭了文盲,基本做到了"人人能阅读,人人都有文化"。阅读量数据表明,2013 年以色列人均每年读书 64 本,占人口 80% 的犹太人人均年读书 68 本。阅读成为信仰,社会阅读氛围异常浓厚。犹太人自古就与书结下了不解之缘,按犹太法律规定,《圣经》是每个犹太人都必须读的书。以色列通过《国家教育法》,将以《圣经》为主体的圣经学推崇到最高的地位,《圣经》内容纳入高中考试。"圣经学说"强调语言的文学性和理解性,培养以色列人对文字和阅读的敬仰和虔诚。阅读习惯是不需要强制的一种需要、一种力量、一种情趣的自觉行为,是阅读活动的首要前提和先决条件。以色列历来重视阅读教育,最早的是诵经课程及其设置的语言阅读教育课程计划,以基础教育改革为重点,逐渐建立起系统化、本土化的教育体系。系列计划明确以导向性的语言突出阅读教育课程的重要性,以教改计划明确阅读课程的核心地位。一年级开始设置常规的阅读课程"阿拉伯语阅读与写作基础",且要进行阅读考试。对于一年级阅读水平较低的学生,学校提供特别强化式辅导,为三至四年级的学生提供一对一的辅导,增加一至八年级学生的语言阅读教学实践。在继续教育中设置综合阅读训练课程,学员获得表达能力、综合阅读各 1 学分,才准予毕业。教育部规定,为教师增设课外培训项目,其中包括阅读疗法研究、语言编辑、儿童文学编辑等具体培训内容。以色列政府将阅读课程提到国家教育规划的高度,构建了自幼儿园开始,涵盖小学、初中、高中、大学、成人教育、职业教育等,各有侧重但又自成体系的目标明确的阅读教育课程。针对性强的中等教育、发达的高等教育体系、灵活自由的开放大学,使得重视读书的犹太人成为一个不断学习的民族,社会成

---

① 秦姣姣. 芬兰中小学生高阅读素养的培养及启示［J］. 教育与教学研究,2013（8）: 97.

为不断学习的社会。①

（三）美国阅读教育经验

20世纪20年代，西方开始分级阅读推广与研究，许多发达国家科学分析少年儿童生理和心理发展特征，在此基础上形成多种独具特色的分级阅读体系。20世纪60年代，美国开始阅读教育和阅读指导。20世纪90年代后期，阅读教育进一步成为美国联邦政府和整个社会关注的重点问题之一。2001年，美国政府颁布了《不让一个孩子掉队法案》，期望以此推动现代分级阅读教育，也使学校的阅读教学迅猛发展。美国分级阅读教育主要依据儿童不同年龄段的智力和心理发展程度，为儿童编制和提供科学可行的阅读计划。美国非常重视母语教育，阅读教育在中小学教育阶段得到相当程度的重视。"阅读"被列为教育学科下的一个专业，在大学本科及研究生教育阶段，有针对性地为中小学培养阅读教学师资力量。美国分级阅读课程的具体教学内容包括：音素认知、自然拼音、词汇学习、流利表达、理解能力。不同阶段的阅读课程针对不同年龄儿童的特征，在这5种能力的培养上侧重点有所不同。② 音素认知始于启蒙教育阶段；自然拼音法主要研究字母与发音的对应关系，这是以英语为母语的国家最为推崇的语音认知手段，也是美国儿童语言启蒙阶段所采用的方法；词汇指导主要通过构词原则、词汇破解、根据上下文信息判断词义等训练丰富学习者的词汇储备；阅读理解的指导是全面而详细的。为了确定儿童对于这5种阅读能力的学习与掌握情况，美国采用一个测评体系来衡量阅读的教育效果。该测评体系的手段形式多样，主要包括：适龄学生参加所在州的年度统考测试、较为随机灵活而没有过多量化标准的非正式测试、阅读专家与学生一对一的跟踪性测试等。如果没有达到适龄儿童阅读水平常量的儿童超过一定的比例，则说明学校阅读教育存在问题，这也便于教育工作者及早发现，及时采取相应的改进措施。美国的分级阅读教育在儿童阅读教育方面有着很强的优越性，便于家长和教育工作者为儿童选择适合的读物，更有效地促进儿童阅读能力的提高。美国阅读课程的教学模式是基于美国本土实际国情出发，创新、发展并完善的一套独特的教学模式。指导性理解训练模式包括：以教师为主导的整体示范活动、教师指导的小组活动、以学生为主体的实践活动、教师引导的教学反思活动。思维训练模式：教师的整个教学过程以多项选择题为教学目标，进行师生和生生互动，帮助学生实现从陌生到熟悉、由表及里、由浅入深地认识和理解事物及现象，其最终目的是提高个人和集体的核心素

① 范舒扬，何国梅. 以色列阅读教育及其对我国全民阅读的启示 [J]. 中国出版，2017（1）：17.

② 孙南南. 美国分级阅读教育及其中国可适性分析 [J]. 教学与管理，2012（5）：159.

养。课堂教学模式：美国教育的标准是不让一个孩子掉队。美国中小学课堂班额很小，一般是 20 人左右小班化教学，阅读在内的主科除了一个主讲教师外，几乎每所学校都有不同数量的阅读专家配合任课老师做小组活动，对学困学生单独辅导，对阅读障碍孩子单独、更有针对性地进行指导以便尽快跟上班级进度。

（四）西班牙阅读教育经验

西班牙巴塞罗那自治大学教育学院与巴塞罗那大学图书馆学与信息科学学院联合开设学校图书馆与阅读推广硕士专业学位。专业必修课程 33 个学分，包括 5 门课程："儿童与青少年读物""文化传播与获取方式""阅读计划""学校图书馆""社会阅读习惯与阅读推广"。专业选修课程 12 个学分，包括 4 门课程："数字媒体与图书馆""儿童与青少年作品解构""文献与信息组织""教育干预与教育心理学"。专业实践 9 个学分，学位论文 6 个学分。全部课程共计 60 个学分。该专业采用跨院校、跨学科、跨专业的联合培养模式，培养具有专业情怀、专业知识和专门技能的阅读推广专门人才。

二、阅读教育管理思考

阅读推广专业教育是落实全民阅读、壮大阅读推广人才队伍的必然要求，是促进阅读推广事业持续发展的重要保障，是实现从阅读推广人到阅读推广人才转变的重要途径，具备一定的办学条件和办学优势，具有广泛的社会需求和生源基础，是促进高等教育内涵式发展的需要。阅读推广专业教育放置在职业教育、高等教育、继续教育三类教育体系中最好。高等教育培养模式一般有两种：一种是苏联较为普遍的专才培养模式，另一种是在美国广泛使用的通才培养模式。中华人民共和国成立后，我国教育模式向苏联学习，探索专才培养模式；21 世纪后，逐步向美国学习，以通才教育理念为主导，展开通才培养，改革办学模式和课程方案。20 世纪 80 年代，欧美大学已经开设"阅读史"课程。目前，高等教育中的本科教育一般都是通才培养模式，课程体系大致包括公共选修课、专业必修课、专业选修课、跨专业选修课四类。培养方案灵活，知识面较广。研究生教育一般都是专才培养模式，多学习专业课程，培养目标更为专一。阅读教育从阅读推广人到阅读人才培养转变。

高等教育中实施阅读推广专业教育。图书馆学系主导开办阅读推广专业教育有两种方式：一种是在图书馆学本科教育中设置阅读推广相关课程，既能促进阅读推广专业教育的发展，也能提升图书馆学专业优势，学生掌握阅读推广相关知识能有效扩大就业渠道；另一种是在图书馆学研究生教育中设置阅读推广专业硕士学位，培养阅读推广高级专门人才。在专业硕士培养体系中，已有农业推广专业硕士。阅读推广专业硕士的培养也是时代的必然要求。培养目标：培养品德良好，学风严谨，敬业进取，掌握坚实的阅读推广基础理论、知识和技能，教学、科研和实践方面的阅读推广高级专门人才。研究内容包括：阅读史、政策、环境、资源、组织、设施、载体、方法、心理、行为、文化、活动与效果等。课程组织：一种是"核心课+任选课"模块，一种是"核心课+专业课程模块。"专业教学计划：五大模块分别是公共必修课程 8 个学分、专业必修课程 24 个学分、选修课程 16 个学分、专业实践 6 个学分和学位论文 6 个学分（见表 4-1）。

表 4-1 　　　　　　　　　　阅读推广专业硕士学位课程设置表

模块	课程	学分
专业必修课程（24 学分）	科学研究方法	2
	文化交流与传播	2
	阅读推广概述	2
	阅读学概述	2
	阅读史	2
	阅读文化与环境	2
	阅读载体与出版物	2
	阅读脑与思维	2
	阅读心理与行为	2
	阅读方法与文本	2
	阅读活动研究	2
	阅读效果评估	2
专业选修课（16 学分）	藏书史与文化	2
	全民阅读政策	2
	社会与私人阅读	2
	阅读疗法	2
	图书评论	2
	经典阅读	2
	数字阅读与新媒体	2
	家庭与幼儿阅读	2
	特殊人群阅读	2

表4-1（续）

模块	课程	学分
	信息检索与利用	2
	阅读组织研究	2
	图书馆阅读推广	2

资料来源：曹娟. 论阅读推广专业教育培养方案［J］. 图书馆论坛，2018（2）：70.

构建高校阅读教育体系。图书馆学、档案学、情报学和信息管理学等专业开设阅读教育方向，培养基础教育和社会急需的阅读专门人才。编制人才培养方案，参照阅读教育专业学位课程设置方案执行。高校着力培养"阅读+"复合型人才。师范院校将"阅读学"纳入公共必修课程，总计36学时，作为学生文化类必修课程之一。在教育学、小学教育、学前教育、特殊教育、文化产业、中文、历史等专业中，开设"阅读学"必修课程，总计54学时，培养"专业+阅读"多科性人才。实施主辅修制，设置阅读教育辅修专业，学生通过一组阅读课程学习获得辅修专业证书，从而培养基础教育战线所需的一专多能型人才。在全校性任选课程中，设置一组阅读类选修课程，供学生选读，如经典名著阅读、阅读学概论、阅读治疗、阅读方法论等课程，确定阅读学分，让阅读贯穿人才培养全过程。在教师职后培训中，通过国培计划、省培计划、专项计划，为农村学校培训阅读师资，开展阅读专题研修、专题研讨。成立阅读教育研究中心，设置阅读教育专家委员会，开展阅读国情研究、咨询研究、书目推荐、活动策划、阅读评估和师资培训。开展"阅读推广人"培训，设置"3+X"课程模式，即理论课程、实践课程、教学展示加上活动课程。理论课程包括教育学、心理学、人文素养、阅读方法、活动策划等。培训形式分为课程授课、观摩实践、水平测试。如果培训合格，就颁发"阅读推广人资格证书"。2014年12月，中国图书馆学会启动"阅读推广人"培育行动计划。2015年年初，启动培训教材编写工作。首批教材分基础教材、专业教材、理论教材三个梯级。2015年年底，《图书馆阅读推广基础工作》《图书馆经典阅读推广》《图书馆儿童阅读推广》《图书馆时尚阅读推广》《图书馆数字阅读推广》《图书馆阅读推广基础理论》6套教材问世。这是我国第一套阅读推广系统培训教材。[①] 建立阅读认证制度，学生可以通过完成学校规定的阅读任务获得学分，从而使阅读成为毕业认证资格要素之一。基本构成包括阅读目标、阅读内容、阅读过程、阅读管理、阅读成果、学分认定、毕业资格认定等。国内外高校中，韩国江原大学、我国西南大学有很好的经验。

---

① 周燕妮，聂凌睿，马德静. 书香社会［M］. 深圳：海天出版社，2017：222.

农村中小学强化阅读教育管理。当前，农村学校普遍存在阅读硬件条件不足、阅读方法不当、阅读氛围缺失等问题。国家应加强阅读教育制度建设，出台阅读教育课程设置标准、阅读教育师资培养计划、阅读教育教材开发计划等。政府主导，激发阅读热情，松绑阅读心理压力。可借鉴芬兰、美国等发达国家的经验。

一是增加母语课程课时，将阅读融入语言、历史和政治类学科课程之中，构建"学科+阅读"人才培养模式。

二是阅读课程管理，每天半小时至 1 小时阅读课，与课外活动时间联通，学生每天读报、读杂志、读新闻。选修课程中，设置课外阅读、名著欣赏、名篇导读等课程。活动课程中，开展课外阅读活动指导，组织丰富多彩的阅读主体活动。

三是开发校本阅读教材，开发本土文化元素，选择名篇佳作，编印《校本阅读辅导读本》。阅读课程设置以文化为内核，以学科方式渗透文化，阅读课程的设置必须关注读物的基本要素，关注"人、事、景、物"本身，关注学生读懂的能力和理解四者关系的能力。

四是专兼职阅读教育教师队伍建设。农村中小学将图书馆馆员列为专职阅读教师，教导主任、政教主任和语文、历史、地理、政治类教师列为兼职教师。一般学校有 10 个班以上，就应有兼职阅读指导教师。构成阅读教学团队，成立松散型的阅读教研室，建立教师每周集中学习 1 小时的制度，定期开展教研活动，研究教学大纲、教学计划、教学活动等。

五是坚持阅读教师培训，轮流选送教师到高校相关专业、图书馆进修提高，增强学术修养。要让学生养成阅读习惯，首先教师要养成阅读习惯，为学生树立良好榜样。我国的阅读教育多是一种自发行为，以推荐阅读书目、阅读笔记、阅读交流为主要形式。规范科学的阅读教育课程有待建立，目前并没有在我国教育界大范围统筹实施。这与我国传统的"读书是个人的事"这一根深蒂固的观念有关，也受到教育功利化的教育理念影响。开展阅读教育理论与实践研究，指导阶段性的阅读教育课程，重在阅读方法、阅读计划指导。开设整合性的阅读教育课程，增强学生阅读的自主性、自觉性和分享意识，进行阅读教育课程测试，并将其纳入学生综合素质评价体系之中。

六是教育主管部门成立阅读教育文化建设督查指导小组，常年在各校进行巡回指导、督查，每年开展一次检查验收。验收以"领导重视与经费投入""馆室建设与藏书""管理与使用""学生素质和能力提升"四个方面为重点，将督评与验收结果纳入教育局对各乡镇的年度绩效考核。每年评选表彰阅读优秀学校、最佳开馆学校、最佳进步学校、阅读活动开展最佳校长等，从而建立完善的阅读教育活动体系，培育特色鲜明的阅读学校。

七是群文阅读教学。这是一个新概念，相对于传统单文本阅读教学而提出，即在单位时间内围绕一个主题进行的多篇文本的群体性阅读，既有课内教材，又指导阅读课外读物。《全日制义务教育语文课程标准》（2011 年版）在"课程目标"中规定：第一、二、三学段的学生课外阅读总量分别不少于 5 万、40 万、100 万字；第三学段学生默读一般课外读物每分钟不少于 300 字。叶圣陶"整本书阅读"思想启发师生"读整本的书"。树立生本教育理念，满足学生对知识的渴求，实施以生命为本的教育。群文阅读教学是拓宽阅读教学的一种全新形式，其优势是既关注学生的阅读数量和速度，又关注学生在多种多样文章阅读过程中的意义重建。群文阅读是一种创新的阅读教学方式，强调在议题的统领下，选择一组文本，构成"阅读树"，乃至阅读课程体系，通过集体建构和寻求共识，提升学生的阅读素养和阅读品位。群文阅读组织"读、议、思、整、展"活动，师生共同搭建"自主研读—集体建构—寻求共识—拓展阅读"等环节。阅读的快乐让师生分享，感受阅读带来的自然美、人文美、艺术美、语言美与和谐美，向社会推广，发挥教育的辐射作用。

第四节　红色经典阅读

一、红色经典的含义

"经典"一词起源于拉丁文，多指"第一流"，特别是指古希腊、古罗马文学艺术典范，后来延伸为代表一种风格、一段记忆、一段历史、一代开创规范的文化成就。它是人类文化的精华，凝聚着一个时代的文化成果和生活价值。"经典"是经过时间挑选后留存的精品，是"打败了时间的文字"。它经得起若干时代、若干人群、若干角度的解读，每个人都能从中收获阅读体验。经久不衰的万世之作，经历史检验的最有价值、最有代表性、最完美的作品才称得上经典。经典之作，总是能够经受时代的考验，为历史所首肯，绝不辜负人的潜心研读。意大利作家伊塔洛·卡尔维诺在《为什么读经典》中指出"经典是一些产生某种特殊影响的书；一部经典作品是一本每次重读都像初读那样带来发现的书"。

"红色经典"指在 1942 年毛泽东同志《在延安文艺座谈会上的讲话》精神指引下，创作的反映中国共产党领导下的社会政治运动和普通工农兵生活的典型性作品。不同时期的作品都有基本理念、价值取向、创作范式、美学风格的同一性。产生或反映中国革命年代，歌颂党、歌颂祖国、歌颂人民的文艺作品，包括文学、影视、舞台剧和音乐作品等，称为红色经典。红色代表热情、勤奋、正能量和爱情；红色经典具有传统性、规范性、权威性、时代性和育人性。红色经典的意义在于代表活泼与积极、热情与爽快、先驱与名誉，是民族智慧的积淀，有利于增强国民自尊心、自豪感和自信心。

红色经典作为一种特殊的精神文化资源，在我国社会主义建设的各个历史时期都发挥出重要的历史作用。历史背景的独特性赋予它超越时代、超越时空的精神价值。红色经典在新时期和新环境中也展现出鲜活的生命力和丰厚的时代性。

第一，红色经典铭刻丰厚的中华民族奋斗史。它是中华民族历史革命遗产的重要组成部分。作者大多是革命历史的亲历者和见证者，如杨益言、罗广斌、曲波等。所讲述的既是故事，又是还原历史的真实。"红色"是此类书籍共有的底色和基色，打上了深深的时代烙印。这类读物生动而真实地再现了在中国共产党的领导下，中国人民抗击外侮、争取民族独立的历史，反抗阶级压迫争取民族解放的历史，以及艰苦奋斗建设社会主义新中国的历史。它是我国民族独立、民族解放、国家振兴这一伟大革命历史时代的缩影。因此，红色经典书籍是当代人认识、了解、回溯那个峥嵘时代的最生动的教科书。

第二，红色经典是建设中国特色社会主义核心价值体系的重要文化资源。其思想内涵、理想信念、核心精神和价值观认知等形成一个稳定的价值体系，影响了一代又一代青年人。体系包涵为国家富强、人民幸福而英勇奋斗的伟大理想，爱国主义精神，勇于牺牲的英雄精神。当今，我们正在建设社会主义核心价值体系，艰苦奋斗、团结友爱、善良诚恳、勇于创新、坚定果敢等优秀品质与之不谋而合。

第三，红色经典书籍是当代人不可或缺的精神资源。因此，红色经典文化既是对历史的传承，又是先进文化的集中体现，为社会主义核心价值体系的建设提供了重要的文化资源。红色经典是当代青年学生的精神源泉。

二、红色经典阅读调查

据调查，当代大学生中，66.7%的学生偏爱度最高的是校园青春励志类，依次递减为科幻异能类（62.3%）、侦探推理类（36.0%）、穿越类（32.6%），红色经典作品的现实主义题材类占据第五位，所占比例为 30.4%。青少年中，83.2% 的学生认为红色经典书籍可以激励自我，73.9% 的学生认为有助于树立"三观"，52.8% 的学生认为能够忆苦思甜，17.3% 的学生认为能以英雄人物为榜样。对《红岩》等 10 部作品，57.8% 的学生没有阅读过。学生们认为，其内容枯燥，有距离感，无共鸣。青少年对红色经典的认知来源集中在学校教育和影视剧。阅读率最高的《红岩》《林海雪原》，趣味性强，人物鲜明，容易产生共鸣，有历史代入感。①

据中学抽样调查统计，15%的学生喜欢红色经典图书，37%的学生较喜欢红色经典，只有27%的学生不喜欢红色经典。关于不喜欢的原因，40%的学生认为是政治说教，23%的学生认为故事不生动。关于鲁迅，38%的学生喜欢，41%的学生比较喜欢，14%的学生不喜欢。83%的学生阅读过《钢铁是怎样炼成的》，8%的学生阅读过《青春之歌》。可以见得，喜欢红色阅读的学生在逐步增加。20世纪50年代，《青春之歌》《红旗谱》《敌后武工队》《保卫延安》《林海雪原》《苦菜花》《烈火金刚》《红岩》《红日》《新儿女英雄传》《野火春风斗古城》《小城春秋》等一大批反映中国共产党领导人民浴血奋战的红色经典作品，受到国人的热烈欢迎。这些催人奋发的感人作品给人以极大的艺术享受，读者受到浓烈的爱国主义和革命英雄主义教育。这些作品弘扬歌颂革命英雄主义，传扬革命理想高于天，具有极大的思想震撼力和极强的艺术感染力和教育力，感动了一代又一代的读者。据调查，关于阅读的原因，40%的学生选择受电视和电影的影响而阅读，20%的学生选择教师指导，38%的学生选择同学间交流。课余时间，40%的学生看电视，14%的学生读名著，43%的学生读休闲作品。

时代呼唤红色经典，崇尚英雄的民族是有希望的民族。红色经典日月淘沙，经久不衰。一个重要原因就是这些作品充满英雄主义精神，塑造了一大批深受人们喜爱、有血有肉、感人肺腑的英雄人物。红色经典小说《高玉宝》那引起心灵震撼的一句"我要读书"激励了多少学子无比珍惜自己的求学机会！坚强的战士作家奥斯特洛夫斯基以自己丰富而火热的斗争生活为原型创作了小说《钢铁是怎样炼成的》。其中的名言"人最宝贵的东西是生命，生命属于我们只有一次！人的一生应当这样度过，当他回首往事的时候，不因虚度年华而悔恨，也不因碌碌无为而羞愧。当他离开这个世界的时候他能够说，我的整个生命都已经献给了世界上最美丽的事业——为共产主义而斗争！"让多少人热血沸腾。《红岩》中江姐面对敌人的屠刀"脸不变色心不跳"的大无畏英雄气概，让多少青年人心潮澎湃！红色经典是对人类社会的基本价值观念，如和平、进步、正义、友爱、善良、诚实等崇高德性的概括！艰苦奋斗、勇于牺牲、爱国主义、集体主义、勇于承担、脚踏实地、和谐友好等先进精神，字里行间包含着中华民族的精神。经典作品的人物精神品格，恰恰与中华民族传统精神相契合。今天，弘扬社会主义核心价值观，需要红色经典阅读来滋养。

---

① 吴茜. 青少年红色经典阅读调查及出版建议［J］. 中国出版，2017（2）：18.

延伸阅读：

红星闪闪照耀心灵

　　山东省安丘市锦湖小学，红星成为最亮丽的文化元素，红星文化已经成为该校的主体文化。学校充分挖掘、利用本土红色文化资源，打造红星文化课程体系，让课程浸润学生心灵，让阅读陪伴学生成长。学校红星课程管理体系分为红星先锋课程、红星修德课程、研学课程、科技创造课程、传承技艺课程和健美课程六大类100个种类。红星先锋课程由学校党支部牵头开发，设置中国先锋谱、寻找英模人物；通过阅读，引领学生树立正确的人生观和价值观，形成学先锋、赶先锋的良好育人氛围。红星修德课程将爱家、爱集体、爱国的情怀内化于心，外化于行。红色文化渗透到课堂教学全过程，培养学生立志报国的爱国情怀。学校构建以"问"为特征，以"学"为核心，以"活动"为载体的红星课堂教学模式，践行社会主义核心价值观。①

三、红色经典阅读策略

　　钱理群先生曾说："要用人类、民族文明中最美好的精神食粮来滋养我们的下一代，使他们成为一个健康、健全发展的人。"红色经典所表达的对困境的无畏、对信念的坚守、对祖国的热爱、对事业的无私献身精神是人类共同的精神财富，是人类崇高的精神品质，是不以时代变迁而改变的核心价值理念。如果没有红色经典的存在，我国的文学史画卷将缺少以艺术形象记载中华民族百年风云的部分。教师是学生成长道路上的导师，应当在孩子不同学习阶段推荐最适合其阅读的书籍。初中学生拥有纯正之心，正是树立正确人生观、价值观的黄金时期。阅读红色经典，对培养学生积极向上的进取精神，增强民族自信心、自豪感和凝聚力，具有重要的现实意义。

　　拓展丰富红色经典阅读书目。1942年以来，在毛泽东同志《在延安文艺座谈会上的讲话》精神指引下，文学艺术工作者创作的作品具有民族风格、民族做派、喜闻乐见等特点。"三红一创，青山保林"指《红岩》《红旗谱》《红日》《创业史》《青春之歌》《山乡巨变》《保卫延安》《林海雪原》8本书，它们是经典中的经典。柳青的《创业史》达到同类作品的最高峰，表现出史诗性模式的成熟。学生从中了解中华民族苦难深重的历史，感受志士仁人抛头颅洒热血的爱国

---

　　① 张振升，王维信，陈金波. 红星闪闪照耀心灵：山东省安丘市锦湖小学红星课程解读［N］. 中国教育报，2018-06-20（9）.

情怀，从而树立正确的价值观，获得精神成长之钙。阅读红色经典不仅是在读文学，也是在读历史；不仅是在学习语言文字，也是在获得成长的精气神。王树增创作的战争系列作品，值得推荐。《长征》《抗日战争》《解放战争》《朝鲜战争》是很好的红色经典系列。《长征》永不言败，《解放战争》展现人民的力量，《抗日战争》表现顽强的生命力。系列作品曾获"鲁迅文学奖""五个一工程奖"等国家大奖。《苦菜花》《迎春花》《山菊花》"三花"系列，展现血泪与苦难、屈辱与觉醒、抗争与辉煌，激励青年砥砺志向、陶冶心性、锻造精神、熔铸品格，要有博大胸襟、责任担当。阅读《钱学森传》《邓稼先传》等人物传记，充分感受一个个英雄形象。郁达夫曾说过："没有伟大人物出现的民族，是世界上最可怜的生物之群；有了伟大的人物，而不知拥护、爱戴、崇仰的国家，是没有希望的奴隶之邦。"

净化红色经典阅读环境。卡尔维诺说过："出于职责或敬意读经典作品是没用的，我们只应仅仅因为喜爱而读它们。"教师要把充分的阅读自由交给学生，将相互交流让给学生。学生自由地在书海遨游，写读书笔记，表达独到见解；定期召开读书讨论会，让学生自己表达、交流读书的感悟。红色经典的光芒一定会让每个少年的精神世界充满阳光！

红色经典阅读是学校教育的主旋律。学校教育需要正能量，红色经典阅读是对学生进行思想政治教育的重要途径。红色经典倡导艰苦奋斗、勇于探索等优良传统，与打造优良的校园文化氛围的思想是一致的。培育科学精神与人文精神的结合，营造校园文化氛围。在重要时间节点、重大节日活动，开展红色经典群文阅读。在建党节、建军节、国庆节和 9 月 30 日的中国烈士纪念日，策划红色经典阅读活动，将形式和内容结合，内化于心，寓教于乐。苏霍姆林斯基曾指出，教育的终极目标不仅是传授知识，培养能力，而且是让每一个学生都能够幸福地度过自己的一生。当一个人看得更多，明白得更多，了解得更多，内心变得通透，人生的幸福便蕴含于此中了。农村中小学图书馆可以开辟红色经典专题阅览区，精选红色经典图书，编辑《红色经典阅读书目推荐》，包括当代经典畅销书和习近平最新著作等。配置专业导读人员，打造红色经典阅读共享空间，加强读书指导，进行阅读展示、阅读沙龙、"书影随行"活动，推广"书评加影评"活动。拓展经典阅读的深度，开展思辨性阅读。成立红色经典读书会，组织红色经典知识竞赛、阅读分享等。讲好红色经典故事，精选 20 个红色经典故事，在每周一的升旗仪式上宣讲，覆盖一个学期，让全校师生受益。出版红色经典图书，如四川少儿出版社于 2011 年出版了《让孩子最感动的 100 个红色经典故事》。每学年 9 月 1 日 "新学年第一课" 上讲好红色经典故事，让红色文化充溢整个校园。培养学生崇拜烈士的情怀，如学习江姐、刘胡兰、邱少云等；培养学生崇尚英雄的情怀，如赞扬潘冬子、王二小、小兵张嘎等；延伸阅读《一歌一世界：红色经典背后的故事》《红色经典的背后故事》《英雄人物故事》等。

《闪闪的红星》是红色经典阅读中不得不看的小说、不得不看的电影。1971年，由李心田创作成小说。1974年，八一电影制片厂改编成中国儿童电影上映。故事讲述1930—1939年在艰难困苦的环境中成长起来的少年英雄潘冬子的事迹，电影主演是祝新运。

延伸阅读

《闪闪的红星》读后感

《闪闪的红星》影响了中国一代又一代青年。我出生于20世纪60年代，在人生履历中，真正意义上完整阅读的第一本书是《闪闪的红星》，我被少年英雄潘冬子深深感动。改编的电影《闪闪的红星》成为新中国十大经典电影之一。这是一部家喻户晓的优秀儿童片，几十年来，长映不衰。它以20世纪30年代在中国革命的红色摇篮江西的一个叫柳溪的山村为背景，讲述了一个还处在大土豪胡汉三统治下的几十户贫苦人家的故事。作品以一位年仅7岁的孩子——潘冬子为人物中心设置情节。在党和革命前辈的教育和帮助下，主人公逐渐成熟起来。潘冬子和主演祝新运成为一个时代的偶像。影片中的3首歌曲成为中国世纪经典歌曲，至今在中国大地久唱不衰。在人生长河中，我学会并完整歌唱的第一首歌是《映山红》，一个"盼"字是歌曲的"魂"，"夜半三更盼天明，寒冬腊月盼春风！"少年盼成长，青年盼成才，民族盼复兴，国家盼富强，人民盼幸福。歌曲抒情浓郁，清新凝重，节奏鲜明，昂扬向上。潘冬子父亲参加抗日，母亲也是抗敌积极分子，他从小立志参加红军对抗日军。母亲就义后，他决定为母亲报仇。主人公爱憎分明，不畏艰险，机智勇敢，纯洁质朴，成长迅速。他最终与父亲见面，戴上闪闪红星，成为真正的红军战士，重整行装再出发，咬定青山不放松，坚定信念不动摇。这部革命影片像导航的灯塔，照亮前进的路；如战斗的号角，催促我们奋发向上。它就是我心中永远的一颗星。红星代表希望，代表力量，代表砥砺前行的勇气。

红色经典阅读评价。韦伯说："学习和评价就像同一艘船的两只桨，应该齐头并进。"阅读活动体现出个性化、创造性等特征。面对红色经典作品，因为性格禀赋、阅读经验、人生经历的不同，不同的学生有不同的阅读进度、阅读兴趣点和阅读效果。红色经典作品以过程性评价为主，包括对学生阅读进度、参与度、整体感知、解释内容、反思自我、反思现实、艺术特色的再评价。阅读评价主要包括读书笔记、常规讲评、范文讲评和综合性学习活动的表现性评价等。其中，读书笔记评价是整个名著阅读过程中最基本、最核心的评价方式。坚持读写结合，每周写1篇读书笔记，并进行记录和评价。范文是学生写作的"最近发展区"，范文讲评是推进名著阅读、提升读写综合能力的关键环节。综合学习活动包括：读书感悟交流会、名著朗读展示会、名著推荐会、开展对联创作、配插图、制作主题书签、话剧展演等，让学生在名著阅读的过程中充分展示自己各方面的特长，对活动进行评价评分评比。建立学生红色经典阅读档案袋，记录学生阅读成长的历程，能够体现出学生评价的开放性、多角度、多层面，使学生感受到自己的进步，体验到成功，看得见进步。

表4-2为青少年红色经典阅读书目推荐。

表 4-2 　　　　　　　　青少年红色经典阅读书目推荐

序号	名称	类别	序号	名称	类别
01	红岩	小说	16	闪闪的红星	电影
02	红日	小说	17	开国大典	电影
03	红旗谱	小说	18	周恩来	电影
04	创业史	小说	19	焦裕禄	电影
05	山乡巨变	小说	20	义勇军进行曲	歌曲
06	青春之歌	小说	21	东方红	歌曲
07	保卫延安	小说	22	保卫黄河	歌曲
08	林海雪原	小说	23	没有共产党就没有新中国	歌曲
09	上海的早晨	小说	24	歌唱祖国	歌曲
10	太阳照在桑干河上	小说	25	唱支山歌给党听	歌曲
11	中华儿女	电影	26	党啊，亲爱的妈妈	歌曲
12	铁道游击队	电影	27	春天的故事	歌曲
13	烈火中永生	电影	28	我的祖国	歌曲
14	红色娘子军	电影	29	走进新时代	歌曲
15	英雄儿女	电影	30	白毛女	芭蕾舞剧

注：信息根据网络数据整理而来。

第五节 国学经典阅读

一、国学经典的含义

国学，是以先秦经典及诸子百家学说为根基，涵盖了先秦诗赋、两汉经学、魏晋玄学、唐宋诗词、六朝骈文、隋唐道学、宋明理学、明清实学等的一套完整的文化和学术体系。中国历史上的"国学"是指以国子监为首的官学，自"西学东渐"后，相对于西学而言泛指"中国传统思想文化学术"。一般来说，国学又称汉学或中国学，泛指中国传统的文化与学术。现代国学概念产生于19世纪，西学东渐之风吹来，张之洞等为了与西学相对，提出"中学"概念，主张"中学为体、西学为用"。国学是中国固有的文化学术，以先秦经典及诸子学为根基，涵盖后期的各类文化学术。国学是国家之学、国人之学，是中国历朝历代文化学术的总称。

国学，按《四库全书》分类法分为经、史、子、集四大类。"经"指古籍经典，如《易经》《诗经》《论语》《孟子》等；"史"指史学著作，如《史记》《汉书》《三国志》《资治通鉴》等；"子"指历史上创立学派或学说的人物文集，如《荀子》《庄子》《老子》《孙子》等；"集"指总集和文集，如《李太白集》《杜工部集》《昭明文选》《文苑英华》等。按内容属性分为三类：义理之学、考据之学及辞章之学。

国学经典指国学中最优秀、最精华、最有价值的典范性原创著作。它包含中华民族优秀传统文化，是文化传承创新的重要内容，对人才培养质量的提高起着举足轻重的作用，是我国无比珍贵的非物质文化遗产。国学经典的作用包括以下几个方面：

第一，传承中华优秀文化，提高学生人文素养。国学经典博大精深，是中华民族优秀文明的历史积淀。它蕴含着人们取之不尽、用之不竭的精神源泉和文化资源。阅读和学习国学经典，可以使青年学子把握传统文化的精髓，感受传统文化的魅力，真正认同我国传统文化，成为传统文化的继承者和传扬者。青年学子从中汲取营养，如春风化雨滋润心田，提高人文素养。

第二，修身养德，立身做人。教育的根本目的在于培养人、熏陶人。国学经典的教育作用也主要体现在修身做人。以《论语》为代表的儒学经典，其"仁爱"思想对后世影响深远。仁爱是道德准则、道德精神，至今仍闪耀着人类普世意义的光芒。儒家教育的一个基本目的，就是教人如何做人和君子。儒家经典中对君子人格有很多很具体的描写，如崇德向善、好学善问、慎言敏行、温厚宽容、见利思义、严以律己、勇于改过、安贫乐道等。经典阅读有助于人心人性修养的提升，是实现国学经典修身做人教育价值的重要途径。

第三，弘扬民族文化，坚守民族精神。国学经典具有神圣不可侵犯的地位。孔子说："君子有三畏：畏天命，畏大人，畏圣人之言。"对于经典要保持敬畏的态度。国学经典可谓是先天性的、与生俱来的，如同一个人的遗传密码，具有不可选择性、不可复制性。国学经典是我们区别于其他民族的文化基因，只能接受、呵护和继承。我们主张对于国学经典，应保持恭敬、诚恳、宽容和鉴赏的态度，去解读、领略、学习和传承。人们以一种温情的态度对民族传统予以体认，就是对民族精神的坚守，这应成为现代人基本的文化共识、文化认同。章太炎是清末民初民主革命家、思想家、教育家和国学大师。他一生致力于国学教育，在这个领域很有建树。他曾三次创办国学讲习所，以研习国学文化、造就国学人才为宗旨。他的国学思想的核心就是发扬国粹，以国粹传承汉民族的文化精髓。他的国学思想重在文字和文化层面。他认为，读书治学，既要求是，又要致用；不读史书，无从爱国。他提倡多读经典、增长知识。

第四，国学经典能够完善我国的传统教育，提高学生的审美能力、思维能力和理解能力。国学经典能够增强学生的人文素养、社会责任、创新精神和实践能力。

第五，国学经典是校园文化的重要资源。基础教育战线提倡"校校有文化、校校有特色"，打造农村校园文化，离不开对国学经典的挖掘利用，要充分释放其育人功能、导向功能、激励功能、凝聚功能、塑造功能、支撑功能和辐射功能。

《论语》是国学中的经典，不可不读。经典著作阅读史是历代读者对精神产品进行再生产、再研究的创造史。《论语》不仅是中华民族的精神财富，而且是世界人类的精神财富，被誉为"东方的圣经"。《论语》的古今中外流传过程就是一部悠久、丰厚、壮观的阅读史。《论语》从先秦流传到唐宋明清，从民国流传到新中国成立以来的 100 多年，汇聚 40 余部诠释《论语》的研究成果。杨伯峻的《论语译注》和钱穆的《论语新解》堪称"共性化通解"的范例。李零的《丧家狗——我读〈论语〉》可谓"个性化正解"的适例。于丹的《〈论语〉心得》则是"自由化阅读"的典型。《论语》早就传播到朝鲜、韩国、日本和欧美各国，成为"世界文章"经典中的宝典。阅读长河流淌不尽，滚滚滔滔。《论语》问世近 25 个世纪，解读本多达 2 000 余种，这是世界阅读史上绝无仅有的奇观。《论语》教学，是学校教育的一大内容。当前的教育现状是，部分学生对国学经典《论语》阅读兴趣不浓，阅读态度不积极，没有对《论语》思想持应有的尊重；教师教学《论语》指导处于放羊式无序状态，没有系统的学习指导工作。《论语》教学与阅读策略：得其趣，领悟《论语》的魅力，培养学生的诵读能力，师生共读，体悟内涵；知其意，提升思辨能力；拓其义，陶冶学生情操，可以采取主题讲座、读书报告、评点交流等课型；悟其神，丰富核心素养，通过写作增强学以致用的能力。

二、农村小学国学经典阅读策略

小学教育需要渗透国学经典。小学教育时期是继承我国的传统文化的关键期。国学经典继承，人人有责任。青少年从小去接触、体悟，能更好地传承和弘扬国学经典的文化。国学经典成为人们精神世界和知识结构中必不可少的一部分。初识经典，要让孩子喜欢阅读。阅读唐宋诗词，走进诗意世界。唐诗宋词具有独特的魅力，在中国文学史上独树一帜，源远流长。教育工作者有责任和义务，将这些文化瑰宝传承、发扬光大。在初级阶段，孩子一遍遍反复地阅读，引导他们读出诗的节奏和韵味，感受诗词蕴含的美好画面和情感。增加阅读量，创新活跃课堂。通过游戏形式，讲经典故事，开展成语接龙等。阅读国学经典，感悟一种教育情怀。"人之初，性本善，性相近，习相远"，《三字经》作为国学经典，被列为孩子们的第一本阅读书目。书中的故事让青少年们明白是非善恶、学会感恩父母、懂得为人的基本道理。低年级阅读《百家姓》《千字文》，高年级阅读《大学》《中庸》。阅读四大名著，见证历史变迁，人们称《红楼梦》蕴藏着一个时代的历史容量，是封建末世的百科全书。课前导读——以情激趣，以趣诱知；课中延趣——举一反三；课后留趣——内外结合，兴趣盎然。[①] 学习语文是对中华民族文化的继承和发展。小学语文阅读教学应该引入国学经典。"三百千千二四孝，幼学增广弟子规"，即《三字经》《百家姓》《千字文》《千字诗》《二十四孝》《幼学琼林》《增广贤文》《弟子规》。这些书成为各个小学国学课程的新宠。学校希望通过系列国学作品的阅读，能够提高学生的语文素养，激发学生自主学习的兴趣。学校适度、适量呈现阅读内容，科学合理引导阅读，"晨诵""暮省"，坚持不懈。每天早晨阅读 15 分钟，每天做国学知识卡片，展示评比。在 4 月 23 日"世界读书日"纪念活动中，策划国学经典诵读活动，营造阅读氛围，传承优秀文化。国学走进课堂，要选择恰当的读物。依据北京师范大学出版社 2010 年出版的《小学国学经典教材：国学》，小学低段：一、二年级主要选学

---

① 王家军. 论小学语文国学经典阅读 [J]. 当代教研论丛，2014（9）：19.

传统蒙学的内容，包括《弟子规》《三字经》《千字文》《笠翁对韵》四部经典蒙书。小学中段：三、四年级选学《论语》《大学》《中庸》《孟子》。小学高段：五、六年级选学《老子》《庄子》《史记》《资治通鉴》《历代美文》。本着循序渐进原则，小学国学教学的目标是识字、文义理解、知识积累、文化感悟。纵向上是低年级、中年级、高年级三层次，最低层次阅读蒙学经典、中间层次阅读"四书"、最高层次阅读子、史、集。这是根据国学经典的特点，结合学生的知识基础和接受能力做出的判断与安排。传统的蒙学阅读教学，强调"熟读成诵""晓文见意"，具体办法是5个字："讲、贯、读、背、温"。蒙学教学重背诵轻理解，重训练轻兴趣的现象比较普遍，训练方法程式化、追求形式、束缚思想。现代课堂经典教学方法离不开讲、读、背、温，读讲结合，诵读为主，情趣悦读，活记乐背，潜移默化。歌德曾说："高高兴兴学来的东西永远不会忘。"①

我国台湾台中师范大学教授王财贵博士，经过25年的深入思考和10余年家庭实验，于1994年1月在台湾正式公开向社会推广"儿童读经教育"，目前台湾有上千万学生参与国学经典读经。国学经典传播走出国门。美国、澳大利亚、新加坡、英国等国家有数家全日制的国学经典孔子学院，日本幼儿园小朋友会背《论语》。2018年，美国总统特朗普访华时，其孙女展示背诵《三字经》。孔子学院在世界各地设立，宗旨是推广汉语和传播中国文化。2004年，在韩国首尔正式设立全球首家孔子学院。迄今为止，中国已建立511所孔子学院，1 073个中小学孔子课堂，现有注册学员210万人，中外专兼职教师4.6万人，遍布140个国家和地区。400多年前，意大利传教士将《论语》一书译成拉丁文带到欧洲，孔子学说开始传到西方。而今，孔子学说已走向了五大洲。各国孔子学院的建立，正是孔子"四海之内皆兄弟"以及"君子以文会友"思想的现实实践。王财贵教授的《简易三百读经法》，就是"每天一百字，读一百遍，每人一百分"。要遵循儿童记忆及心理发展规律。12岁前是小学生语言学习、记忆力发展的最佳时期，是儿童文化素养、高尚人格形成的关键时期。国学经典阅读从幼儿启蒙开始，系统地、有计划地逐步储存在其大脑里。坚持每天20—30分钟，不要求讲解强记，只需反复朗读100遍便可记住。汉代刘向在《说苑·建本》云："少而好学，如日出之阳；壮而好学，如日中之光；老而好学，如炳烛之明。"若少而好学，一生都会阳光普照。少年的记忆，犹如刻在石头上；中年的记忆，犹如刻在沙滩上；老年的记忆，犹如刻在水面上。儿时的记忆终生不忘，在最佳的记忆年龄储存一生的记忆，一辈子享用不尽、受益无穷。

---

① 钱爱萍. 现代小学课堂里的国学经典教学［J］. 上海教育科研，2013（12）：79.

三、农村初中国学经典阅读策略

国学经典是一个民族心路历程的折射，其他任何东西无法替代对它的认识、教育和审美作用。千百年来，国学经典已经成了我们民族精神约定俗成的教科书，成了一种长效的民族素质滋养剂。于丹教授说："为什么我们要阅读经典呢？经典能告诉我们什么呢？我们能够从中学到的无非是一种态度，一种最朴素的、最基本的，从当下出发的、推己及人发现内心的这么一种态度。"《全日制义务教育语文课程标准》明确指出，语文是最重要的交际工具，是人类文化的重要组成部分，是工具性和人文性的统一。据统计，仅有11%的学生对经典作品有浓厚兴趣并经常阅读，有兴趣但不在乎无所谓的占45%，完全没有兴趣的占38%，6%的学生认为阅读经典是"浪费时间"。阅读率较高的《西游记》也仅仅占42%。14%的学生每天读书1小时以上，75%的学生每天读书0.5—1小时，11%的学生每天读书时间不到1小时。16%的学生有一定的阅读计划，坚持精读的占18%，做读书笔记的占23%。学生的阅读呈自主性和多样性。初中新课标推荐的10部经典作品阅读率只有28%。综合分析，初中生的课外经典阅读的状况不够理想。学校开发经典作品阅读课程资源，开设课外经典阅读课，每周一节，专时专用；实现网上阅读，在学校网站上开设阅读专栏，为学生提供优质资源。教师帮助学生拟出具体的读书方案，要求学生写读书笔记。每周一节的阅读课课型，如阅读指导课、阅读积累课、阅读推荐课、阅读欣赏课和阅读汇报课。开展读书故事会、佳作欣赏会、诗文朗诵赛、读书知识赛、读书笔记和读书手抄报展评、诗词朗读大会、我最喜爱的一首诗词、一部经典读书汇报会、读书经验交流等，设立"经典阅读优秀奖"。国学经典进课堂，要发挥学生的主体性，注重方式的多样性，提高内容的趣味性，与教材、教法和环境紧密结合。教师运用多层次分析法，激发学生的思辨意识；运用思辨性阅读，提升写作品质，发展思辨能力。教师坚持以读导读、以写引读、以动诱读，让学生感受经典作品的语言美、形象美、情感美和个性美。当经典阅读成为一种自主自觉活动，学生才能真正推开一扇观赏世界、走向世界的窗户。国学经典作为一个民族高雅文化的集中体现，让我们看到自己民族的历史，也为我们增强书写民族未来的信心。初中阶段是人生观培养的重要阶段，非常有必要将经典引入课堂学习。学生在经典的浸润中、启迪下，逐步养成优秀的人格和积极向上、充满诗意的情操品格。

构建国学经典阅读生态体系。国学是中华传统文化的深厚积淀，也是中华民族的精神命脉。应着力完善有效的国学教育生态认知，深刻把握国学教育的丰厚内蕴与整体性。在坚持以文育人的过程中，国学教育要致力于对学生国学价值观、国学情感和国学行为的培养与塑造，并注重以古为今用、推陈出新的方式，创造性地讲究"信、思、行、证"。① 国学经典阅读的课程设置应当遵循教育规律。国学经典阅读营造绿色生态课堂。绿色生态的课堂追求自然、和谐、平等、快乐的师生关系。课堂开放与灵动，学生在轻松和谐的状态中接受知识的熏陶和感染。加强国学经典阅读的生态环境建设，成立"国学经典讲习团"，成立丰富多彩的国学类社团，设立国学活动日。健全国学经典阅读的生态作用机制，建立国学教师库。重视诵读原著，使用通读法、吟诵法、背诵法、指导法。重视学问研修，包括学生自修、导师制度、坚持记笔记、强化写作等。以文育人，着力实行系列措施，不断提升国学教育的实效。

表4-3为青少年国学经典阅读书目推荐。

表4-3 　　　　　　　青少年国学经典阅读书目推荐

序号	名称	类别	序号	名称	类别
01	诗经	传统文化	16	水浒传	四大名著
02	菜根谭	传统文化	17	百家姓	诵读系列
03	周易	传统文化	18	弟子规	诵读系列
04	唐诗三百首	传统文化	19	三字经	诵读系列
05	宋词三百首	传统文化	20	论语	诵读系列
06	千字文	传统文化	21	山海经	经典丛书
07	孙子兵法	传统文化	22	资治通鉴	经典丛书
08	大学	传统文化	23	杜甫诗集	经典丛书
09	孟子	传统文化	24	李太白集	经典丛书
10	老子	传统文化	25	随园诗话	经典丛书
11	古文观止	传统文化	26	世说新语	经典丛书
12	史记	传统文化	27	儒林外史	经典丛书
13	西游记	四大名著	28	陶渊明集	经典丛书
14	三国演义	四大名著	29	四书五经	经典丛书
15	红楼梦	四大名著	30	春秋左传	经典丛书

注：信息根据网络数据整理归类而来。

---

① 陈娟，段绍斌. 高校国学经典阅读生态体系的构建 ［J］. 黑龙江教育：高教研究与评估，2016（7）：10.

第五章 阅读方法论

"书籍是屹立在时间的汪洋大海中的灯塔"，费希尔说："阅读永远是文明之声。"讲究方法的阅读，让精神得到慰藉，让内心得到充实，让灵魂更加强韧。

第一节 阅读方式研究

阅读方式大体分为传统纸质阅读和现代数字阅读两个大类。两大类阅读方式呈现并驾齐驱态势。

一、传统阅读分析

传统阅读多指在纸质阅读材料上的阅读，主要有图书、期刊、杂志、报纸等。几千年来，阅读一直是人们获取知识信息、提高自身修养、构筑精神境界的重要途径。随着社会科学技术的发展，人类社会的阅读载体经历了许多阶段。远古时代，人们在甲骨、木头、石头、青铜器上简单刻画。后来，人们在竹简、绢帛、纸张上尝试文字书写。印刷术的发明，开始了文字出版与发行。纸质图书具有实体性、永久性特点。读者感到安心，注意力集中，能从整体上把握阅读内容，进行深度思考。传统阅读现在仍有存在的必要性和合理性。在精读或深度阅读时，阅读者偏向于纸质阅读；阅读学术专著、传统名著时，许多读者依赖传统读物；篇幅长、信息量大、文字较多的读物，并需要记录或做笔记时，传统阅读的优越性就占了上风。学生学习教材，必须是纸质版本。

在英国，伦敦市中心有一条最著名的书街，街上有欧洲规模最大的弗伊尔斯书店和另外一家知名的书店，这两家书店均有着长达百年的历史。店内每天总是簇拥着大量的爱书之人。只要有新书推广活动，书店内外便排起了长龙。走在这条街上，满街是书，满街是人，每个人手中总是拿着两三本图书，顿感满街书香。

新书市场和旧书市场都有很多读者光顾，人气兴旺。每逢周末时，泰晤士河南岸举办大规模的旧书展销，都会有男女老少前去选购一本本尘封已久的旧书。在乘坐地铁或飞机时，很多人依然还会在包里装上一本书，习惯性地休闲阅读。在伦敦乘地铁和城际火车上下班时，英国人手中都会拿着当日的报纸阅读，即使在拥挤的上下班高峰也旁若无人地阅读，这构成了伦敦一大人文景观。英国书多，每年向世界提供 10 万册新书。有人说："英镑不是英国的货币，书籍才是英国的货币。"英国人读什么书？由于英国人很讲经验主义，注重实际，他们主要选择适合自己实际需要的实用类图书。阅读经典文学作品成为英国人的总体读书倾向。英国人擅长文字，给世界贡献了大量的诗人、作家和文艺评论家。《傲慢与偏见》《简·爱》《呼啸山庄》等经典文学作品仍是英国人的最爱。英国教育界人士认为，"阅读经典著作是获取知识的最佳来源"。

在印度，书店很多。每一个市场也会有一两家书店。印度是购买图书的好地方。首都新德里规模较大的书店和大型零售书店里以及街头的书摊前，总是挤满了看书和挑选书的人。各种图书都有人购买，图书销售十分火爆。印度新德里图书博览会是世界第三大图书博览会。每年举办博览会期间，世界各地参展商蜂拥而入，不少印度人从各地赶来阅读和选购最新出版的各类书籍和杂志。印度在全国范围推行"识字工程"，在全国 23 万个村庄建立"农村知识中心"，每个中心配备至少 1 000 本不同类型的图书，让村民获得知识从而改变自己的命运。在每年举办一次的新德里图书博览会期间，"农村知识中心"免费向孩子开放。

在德国，14 岁以上的人中有 1/3 坚持每天阅读，不管是在幽静的阅读环境，还是在飞速疾驶的火车上，人们都会手捧一册图书，聚精会神地陶醉其中。刚从建筑工地下班的工人，跑进地铁一坐下，就拿起书本啃起来。德国推出了"拯救文学运动"。德国人阅读倾向于选择名人传记类、文学类、经济类、医学类和法律类图书。每年 3 月，德国举行莱比锡书展，同步举行"莱比锡阅读"，约 1 500 名作家齐集博览会介绍新书，在橱窗陈列大型样书，推介作家和图书。

在俄罗斯，书店是一个和超级市场同样重要的地方。俄罗斯大书店之一的莫斯科书店位于阿尔巴特街上，每天依旧有大量读者前来光顾。个体书摊前也挤满了人。他们在书山卷海之中，选购所需要阅读的书籍。纸质图书的出版量不但没有减少，反而增加。地铁中，读书看报的人比比皆是。俄罗斯女性的包里，往往装着一本书。俄罗斯被称为"世界文学大国"。普希金、托尔斯泰、契诃夫、果戈理、屠格涅夫等一批文坛大师曾经撼动世界文坛，他们的名字在全世界广为流传、家喻户晓。"世界文学大国"这个称号至今依然让俄罗斯人引以为傲。热爱经典文学作品，维护经典作品的地位，成为俄罗斯人的传统与责任。[①] 俄罗斯人喜欢阅读中国古典哲学著作和文学作品，包括《四书》《道德经》《易经》《说岳全传》《中国经典诗歌集》等。当代俄罗斯人喜欢读与中国的武术、美食、中医、中药、建筑、家居设计等有关的当代书籍。

传统阅读是获取知识的主要途径。高尔基曾说："书是人类进步的阶梯。"这是高尔基的人生总结，也是人们崇尚读书的真谛。书籍是人类共同创造的精神财富，是思想文化的结晶。"耕读传家"在中华民族世代相传，追求有田种、有事业、有书读是人们幸福生活的真实写照。中国古代留下了诸如"凿壁偷光""悬梁刺股""孙康映雪""车胤囊萤""燃糠自照""追月夜读"的动人故事。美国有一位成功学家，有人问他："如果你的事业失败了，你干什么？"他说："阅读吧！"又问他："如果你失业了，你干什么？"他说："提升自己，阅读吧！"又请教他说："如果我失恋了，我怎么办？"他说："你阅读吧！"[②] 传统阅读能让人进行深入研读。在深厚而广阔的文字世界中，阅读者品味细节，严谨思维，从中获得自己真正所需要的知识。这是阅读所特有的优势，也正是读者坚守传统阅读这块阵地的真谛所在。

二、数字阅读分析

数字阅读指阅读的数字化，主要有两层含义：一是阅读对象的数字化，阅读的内容以数字化的方式呈现，主要包括电子书、网络小说、博客、网页等；二是阅读方式的数字化，即阅读的载体、终端是带屏幕显示的电子仪器，主要包括个人计算机、手机、阅读器等。在信息时代，数字信息传播呈现出多样性、大容量、快捷性等特点。传统阅读方式已跟不上民众对知识的需求。

数字阅读的特点：第一，数字阅读集海量存储与便捷多样的阅读方式于一体。一张超级存储卡的容量可以扩充到 32G，可装下文本格式的 120 回本的《红楼梦》16 000 套！电子书阅读器的内存一般会在 4G 以上，可存储 2 000 册以上的电子图书。因此，拥有一台平板电脑或电子书阅读器就如同拥有一个随身便携式的个人图书馆。支撑电子书阅读的智能手机，能够满足读者随时随地碎片化、快餐化、跳跃化的阅读需求，更能提供图像、声音、多媒体等多种形式的资源，使阅读方式多种多样，方便快捷。第二，数字阅读不受时空限制，便于个性化阅读，突出阅读的交互性及开放性，阅读工具便于携带。第三，数字阅读使出版周

---

① 王迎红，张杏. 六国国民传统阅读现状综述 [J]. 图书馆，2010（2）：29.
② 聂震宁. 阅读力 [M]. 北京：生活·读书·新知三联书店，2017：21.

期缩短，节约资源，实现"第一时间"阅读。阅读内容具有极佳的及时性、选择性、多元性和休闲性。第四，数字阅读受众广泛，电子图书有良好的经济性、环保性。在美国，2013 年电子书的销售额已经超过实体书，并形成了较为完善的数字图书出版产业链结构。在英国，2012 年电子书市场已有 2 亿英镑的市场规模。在日本，"手机小说"成为青少年的阅读新宠。2013 年，中国手机阅读用户数达 33 753 万人，环比增长达到 35.9%。2018 年，全球电子图书的市场份额将超过传统图书。① 电子有声读物的出现，成就了"听书"时尚。现代社会，图书世界已从纸质图书走向"纸电同步、纸电声同步"。2017 年，我国成年国民听书率为 22.8%，14~17 岁青少年的听书率为 28.4%。听书的流行建立在数字阅读潮流之上，阅读与生活在数字时代更加深度融合。

数字阅读的不足：阅读质量难保障，阅读效果不好，不便于深度研究，数字阅读多以浅阅读为主，缺乏传统阅读的韵味。数字阅读工具辐射强，影响读者视力，不利于青少年健康成长。数字阅读的版权和数字市场须规范。数字阅读属于读"屏"阅读、浏览式的浅阅读，缺少深度。网上提供的内容虽然知识面宽、信息量大、查询快捷，但内容严肃、深刻的读物不多，反而是虚假、无聊的信息，个人发表在博客、论坛上的言论不少，阅读这类文字会造成思维弱化。

数字阅读是社会发展的必然走向。20 世纪以前以传统的纸本阅读为主。21 世纪开启了一种新的阅读模式，给人们带来不同的阅读体验。数字阅读研究备受关注，在国家政策上，我国相继颁布《国家中长期科学和技术发展规划纲要（2006—2020 年）》《文化产业振兴规划》《关于发展电子书产业的意见》，这些重要制度均对数字阅读产业发展予以高度重视和业务指导。当今，最有影响的数字阅读品牌有：上海文新集团、浙江在线、中国移动的手机报和数字报，北大方正、中文在线的电子书库，商业在线工具书、中国数字出版网，数字图书、专业学术期刊数据库等。阅读形式主要有：网络阅读、电子阅读器阅读、手机阅读、平板电脑阅读和数字书店阅读。

数字阅读迅猛超常发展，究其原因：一是数字阅读顺应了人们生活节奏加快的现实需求，满足了人们在更短时间获得更多更快信息的愿望。二是技术的发展使得人们意识到，传统纸质阅读再也不是唯一的选择。数字化阅读以其便捷性、开放性，为满足人们的需求提供了更加广阔的空间。三是读者的低龄化，他们对阅读有了不同的体验，希望在获取知识与信息的同时享受"悦读"带来的快乐与享受。网络阅读是阅读方式的发展趋势，是人类阅读史上一场伟大的变革。

"后现代阅读"基本特征。20 世纪下半叶，后现代源自西方学者对现代性的

---

① 付光磊. 浅析数字阅读与传统阅读的现状及趋势 [J]. 贵图学刊，2014（2）：31.

反思和批判，他们质疑现代性的理性、统一性、确定性、连续性、普遍性。后现代以大众认识为中心，既是对现代性的否定，又是一种超越。后现代观念注重不确定性、异质性、无序、平面化，批判原则性、整体性、确定性、统一性、规律等现代性所重视的内容。它崇尚多元文化，追求个体差异性，富有创新精神。后现代阅读是一种全新的阅读方式，是信息时代和读屏时代所特有的产物，是一种以图画代替文字为主要内容，以超文本代替纸本为主要载体，以解构代替结构为主要方式来获取信息的一种阅读方式。① 后现代阅读体现出跳跃的超文本的非线性阅读、海量的浏览式的浅阅读、颠覆传统的消遣性阅读、交互的互动对话式阅读、多元时尚的充满不确定性的阅读特点。后现代阅读提供广博丰富的海量信息资源，具备迅捷方便的检索方式，提供图文声并茂的阅读手段和轻松自在的阅读体验，提供相对开放的阅读环境和相对低的阅读成本。后现代阅读以读者为中心。它所反映的是消费社会的特征，体现消费者主权意识，是一种个性化、主体性的阅读方式。后现代阅读是一种感性的、享受的阅读，体现多元化、时尚性，充满着不确定性。这种阅读方式是趣味指向、率性而为，完全打破了传统的审美模式。

三、传统阅读与数字阅读之比较

传统阅读非常追求系统性和整体性。人们在传统的阅读教育中常常涉及"4 个 W"，即何人读、读什么、何时读、为何读。传统的人文类书籍均有一套约定俗成、共同遵循的规范和标准，包括语言逻辑、表达方式等，影响和规范了人们的思维。我国阅读总结出"三步阅读法""五步阅读法"，同时，强调读书的问题导向、读物配伍、博精相兼和实践性原则等。在这样的系统性和整体性下，传统阅读使人们对阅读内容的掌握相当扎实。传统阅读方式得到的知识和信息，可以解决阅读主体的困惑，沉浸于阅读主体的思维方式，对其人生产生深刻的影响。总而言之，传统的阅读方式相当适合于阅读人类社会思想精华的经典名著。当然，传统阅读速度较慢，存取不易，查找繁难。

由于电子读物的迅猛发展，纸质书籍在文化传统中的主导地位有所降低，对人类思维方式的影响正在减退。电子读物具有强大的辅助阅读功能，可以帮助读者最大限度地理解读物的内容。如查阅电子版《新华词典》极为方便与快捷。人物索引、术语索引可通过百度网站数据库检索查询，阅读效率大幅提高。电子读物的出现，改变了单一的文字表现形态，能够对文字、图片、影像、声音等信息

---

① 张苏梅. 浅析后现代阅读方式［J］. 中北大学学报，2010（1）：28.

形态进行有机合成，超越了传统文本局限，提供读、看和听的阅读享受，实现阅读声、光、电的融合。数字阅读改变读者的购书和阅读习惯。网上书店可以建立客户档案，记录每一个读者的购书情况，并且定期分析其阅读喜好和关注的领域，定期为读者推送阅读图书。电子阅读不受文字习惯、文章结构和思维逻辑的束缚，一切由主题内容来主导，没有固定的阅读先后顺序。①

第一，从阅读的环境条件上看，数字阅读由于受到供电、通信、网络和计算机等诸多因素的影响，不便随时更换阅读场所。纸质阅读却不受上述因素的局限和影响，不受阅读条件的制约，读者可根据自己的需求，随时更换阅读场所。

第二，从阅读的文本来看，纸质阅读因为文本是规定的，所以阅读环境比较单向固定。数字阅读因为以文本片段、图像形式出现在屏幕上，电子超文本中的字体、色彩、声音、图像、动画等通常可以改变，所以阅读环境变得立体、互动，有很大的随意性。从阅读的资源环境来说，纸质阅读的空间是私人化的，具有私密性；数字阅读的时空是公共化的，具有开放性、交互性和广域性，更能实现阅读主体与文本间的动态交互。

第三，从阅读的具体方式看，传统阅读是平面媒介的阅读，翻阅比较便利。传统阅读也可称为精读，它注重阅读方式的循序渐进、由上至下、依次通读、逐字逐句、反复研读。传统阅读的过程更强调朗读、吟诵和咀嚼，从精读中获取精神养料，提高读写能力，阅读过程较为严谨、系统，并且具有连贯性。数字阅读是基于超文本、超链接的一种新的阅读方式，读者通过点击来翻阅、链接自己所需的阅读内容，有突出的漫游特性，很容易使读者倾向于通俗和流行，读者更多的是浏览和选择、快速跳跃性的泛读。

第四，从阅读的心理感知看，传统阅读是以接受知识、开阔眼界为目的学习型阅读，读者对其权威性形成依赖，且相信无疑。传统阅读多是人在一种谦卑、尊重和敬畏的心理状态下进行的阅读行为。而数字阅读，消遣和休闲是读者主导性的心理需要，阅读由过去的严肃和敬畏之心变为轻浮玩味的感官享受。这是当前数字阅读的一种普遍心理状态。

第五，从阅读效果看，传统阅读的知识信息经过正规出版社把关审核，具有真实性、权威性，能够控制读者的视域，有效地吸引注意力，有利于形成系统、深层次的阅读效果。数字阅读可以利用多媒体调动读者的阅读感官，有利于阅读效果的改善。垂直的屏幕阅读使阅读者随时可能受各种干扰，从而影响阅读效果。阅读方式选择主要受阅读习惯、阅读条件、阅读能力和阅读个性的影响。②

---

① 赵娟. 浅析传统阅读与电子阅读的利弊 [J]. 山西青年干部管理学院学报，2003 (5)：54.
② 赵燕. 网络时代大众阅读方式的选择 [J]. 图书馆学刊，2006 (4)：80.

在传统阅读中引入新元素，利用与新兴媒体的整合和互动来提升自身的价值。在数字阅读中回向传统阅读，引导读者回向传统阅读，让读者认识图书馆，从网站一站式服务开始，快捷引导读者开展传统阅读。数字阅读与传统阅读泾渭分明，但绝对不是相生相克、非白即黑、非此即彼的关系。这只是意味着宽泛的选择和不同的需求。两者的关系并非替代者与被替代者的关系，而是并存互补、共同发展、理性共存的关系。传统阅读与数字阅读呈现平衡关系、互补关系，提倡融合发展。坚守传统阅读，不能拒绝数字阅读；发展数字阅读，不能否定传统阅读，强力构建融媒体阅读模式。纸质阅读未必是"深阅读"，数字阅读未必是"浅阅读"，关键在于阅读者。南京大学徐雁教授提出："左书右网，并行不悖；前语后文，流畅对接。"

首先，以传统阅读为主体，以数字阅读为辅助。有人说："忙时读屏，闲时读书。"当今时代，社会倡导传统阅读。传统阅读更有书卷味，更有温度，更耐读。在深度阅读时，以数字阅读为辅助工具，协助查询、检索，丰富阅读行为。

其次，以传统阅读为媒介，以交流分享为主体。策划阅读交流与分享活动，围绕主题开展心得体会的交流分享，传统阅读是前提，纸质图书是媒介。2018年，"纪念改革开放40周年"，可阅读《邓小平时代》《历史转折中的邓小平》进行阅读心得交流。

再次，以数字阅读为主体，以传统阅读为主导。教师引导学生，组织专题式线上线下学习；以专业课程为中心，延伸性、辐射状学习，扩大学习面向，如"关于马克思主义理论的学习"等。

最后，跨媒介阅读。跨媒介阅读不应止于阅读浏览媒介信息，更要聚合思维和思想，吸收营养，形成新的跨媒介阅读知识图谱。成功的、良性的跨媒介阅读活动，植根于思维模式的深层次构建。如果仅仅是一种表面的形态改变，则难以改变学生的内在思维模式。我国推出的"VR诵经典"古诗词虚拟现实体验，深受青年读者喜欢。以数字阅读的多媒介互动展示和引人入胜的沉浸式体验，创新阅读方式。这种"VR+书"的跨媒介阅读场景正在逐渐泛在化推广。

国民必将坚守传统阅读这个阵地。一个国家、一个社会、一个民族，如果没有图书和图书阅读，这个国家和民族是不可能强大和发展的。清朝曾国藩有句名言"千秋邈矣独留我，百战归来再读书"，"再读书"勉励其兄弟，勉励天下后生，重视读书生活。

第二节 阅读方法研究

"方法"一词源于古希腊，原本指沿着正确道路前行和运动。方法就是用以达到目的的手段。阅读方法是理解读物内容，从中接收信息所采用的手段或途径，是将文本知识转化为个人知识，并科学地应用于实际的手段的总称。古今中外，阅读方法不胜枚举，大致可归为：①综合类，如朗读法、默读法、精读法、略读法、速读法等；②分项类，如解词法、释句法、文章结构分析法、文章中心思想归纳法等；③与思维方法结合，如分析、综合、比较、概括、归纳和演绎阅读法等；④按文体阅读，如散文阅读法、小说阅读法、诗歌阅读法、剧本阅读法、科技文阅读法等。法国哲学家笛卡尔说："最有价值的知识，是关于方法的知识。"英国哲学家培根说："没有一个正确的方法，就如在黑暗中摸索前进。"我国南宋理学家朱熹说："事必有法，然后可成。"阅读方法就是治学的主要方法，属于方法论范畴。

一、朗读法与默读法

朗读法，是一种心到、眼到和口到的阅读方法，是当今最流行的阅读方法。在朱熹的阅读"三到"中，心到最急，把握"口诵心维"，心维是最为紧要的特点。朗读可以"出之于口，入之于心"。清朝学者刘大魁在《论文偶记》中指出："积字成句，积句成章，积章成篇，合而读之，音节见矣；歌而咏之，神气出矣。"读出语势和声韵，品味内蓄情感，是朗读的基本作用。朗读是中小学教学中最常用的方法，采取齐读、轮读、角色读和个别读等熟读成诵，产生共鸣，记忆最佳。优秀的朗读具有强烈的感染力，口有所诵，心有所思，自然上口，久久不忘。朗读具有强烈的感染力，目的是传出文字的情趣，畅发读者的感情，感染读者的心境。我国历来重视朗读的作用，主张读书"需要读得字字响亮，不可误一字，不可少一字，不可多一字，不可倒一字，不可牵强暗记，只是要多诵数遍，自然上口，久远不忘"。中央电视台主持人董卿主持的《朗读者》就是新颖别致的阅读推广平台。朗读属于常速阅读，不是快速阅读。中央电视台新闻播音员的平均速度是每分钟305个字，人耳的接受程度是每秒7~8个字。[1] 朗读法遵循教育学上的"仓库理论"，脑子是存储信息的仓库，学习就是收获知识、运用知识、

---

[1] 白学军，闫国利，等. 阅读心理学 [M]. 上海：华东师范大学出版社，2017：3.

填满仓库，记忆是积累知识的最佳方法。

默读法，或称心读，是一种省去发声的阅读。默读能够有意识地克服来回浏览的毛病，运用默读技巧，顺畅阅读，迅速感知文字内容。默读能够较快感知文字内容，过渡到对内容的理解。默读省去了"符号—意义"的中间环节"声音"，但是要求读者具有相当集中的注意力，准确判断符号意义。加强对内容的理解和把握，检查阅读效果，重点记忆内容精髓，发挥快读、快想和快忆的阅读效果。朗读先于默读，公元前7世纪，古希腊只有5%的人识字，书籍极少，公共阅读只能是以听为读。最早的公共阅读始于古希腊，较高水平的识字人就是朗读者。我国阅读也是从朗读到默读的过程。孔子是强调口述、反对书写的哲学家和教育家。"述而不作"是他的信条。默读速度快于朗读，默读代替朗读，默读个体性越来越普遍。默读演变为普遍方式后，朗读就退位为一种辅助性的阅读方式。朗读作为一种大众阅读形式、一种艺术形式，为人喜闻乐见。

二、精读法与泛读法

精读法指逐章、逐节、逐字、逐句深入细致的阅读，目的在于全面、深入地掌握书中内容，将书中的基本概念、观点和理论学懂弄通、融会贯通。它是一种字斟句酌、边阅读边深入理解和思考的阅读方法，又称细读、研读、全读和慢读。它要求读得深、理解得透，是目标明确、咬文嚼字、细心玩味、含英咀华、自我意识很强的阅读方式。特点是在感知方面按照文字的顺序一字不漏地阅读，对不明了的字词要回视、推敲；在理解方面，要求深入分析和思考；在思维方面，通过分析、比较、联想等，深入思考观点，提出问题；在记忆方面，主要观点和基本内容要记忆。一般意义上，经典名著和学习教材需要精读，《诗经》《论语》《唐诗宋词》等，做到"熟读精思""切己体察"。精读的特点：一是有明确的、特定的目的；二是读的速度比泛读慢，甚至要反复读；三是大凡精读都要在书上做些勾画、批注或读书笔记。从精读操作上，可以分为画、批、摘、评四个层次。画，指确定重点、难点和疑点；批，指眉批、批注。批和评是关键。背诵是精读法中的一种重要方法。托尔斯泰曾说："背诵是记忆力的体操。"背诵按照理解—熟读—强记—复读的程序进行。抄读也是一种传统的读书方法，就是大段抄录所读文本，加深理解和记忆的方法。苏东坡、梁启超都很推崇此法。抄读可增强对脑细胞的刺激，对巩固记忆力很有好处。"三遍法"是我国传统的读书法，即第一遍泛读，第二遍精读，第三遍略读。第一遍从头至尾浏览，第二遍逐字逐句消化，第三遍对主要观点跳跃式重复，加深印象。我国作家茅盾很喜欢此法。

"SQ3R 法"是美国流行的五步法，由美国艾奥瓦大学创立。第一步 survey，指浏览；第二步 question，就是提问；第三步 read，即精读；第四步 recite，指复述；第五步 review，指复习。精读重在"宁肯少些、但要好些"。泛读和精读是阅读生涯中最基本的形式，贯穿于人生整个过程。精读演化为思辨性阅读，是为了获取真知、解决问题，提高阅读的准确性、明晰性和合理性。这与叶圣陶先生提倡的"整本书阅读"思想吻合。精读求深求详，泛读求广求略；精读是慢阅读，泛读是快阅读。慢读才能出学问，才能见功夫。"慢读"一词是在 1887 年由哲学家尼采率先提出的，他自称是"慢读之师"，当时提出慢读的目的是对抗快速阅读，希望人们更加用心地投入阅读活动之中。① 慢读主要用于精读，慢读可以激发写作欲望，探求新知。唯有慢读才可能精读和深读，才能享受"行到水穷处，坐看云起时"的审美状态。

泛读法，指广泛的、一般性的一种阅读方法。其特点是没有非常明确、特定的目的，速度比较快，阅读材料涉及的范围也比较广泛，对材料的理解掌握和探讨都不求深入。它的主要目的常常是扩大知识面，吸收对自己有用的信息，进行知识储备。快速阅读而不深入，又称为粗读或浏览，是一种浏览式阅读。鲁迅称其为"随便翻翻"，浏览一遍、略观大意。特点是对文字的感知常常是一目十行、全部扫及，不深入不仔细。在理解上，只掌握表层信息、大概内容，较为粗略；在思维上，速度快，难于深入思考；在记忆上，对主要观点、突出问题有印象。泛读先于精读，为精读做准备，对是否精读做选择；作为精读之后的复读，加大信息输入，迅速获取有价值的信息。快速阅读法是泛读中常见的一种方法，此法广为传播，是在第二次世界大战之后美国兴起的。列宁、毛泽东的阅读速度都很快。快速阅读法的特点体现为：思想高度集中、视线作水平移动、阅读时不出声、不重复阅读、紧扣主题主旨、边阅读边理解。陶渊明戏称自己是"好读书，不求甚解"。培根曾说："有些书可供一尝，有些书可以吞下，有不多的几部书应当咀嚼消化。"人的知识结构是以专业知识为核心的开拓性知识体系，专业知识精深，非专业知识开阔。高尔基说："书是社会，一本好书就是一个好社会。""读了一本书，就像为生活打开了一扇窗户。"精读求精、求质量，泛读求广、求数量，精读和泛读相融合，量质结合，相辅相成。

三、概读法与略读法

概读法就是概要式阅读方法。它通过对文本书名、标题、目录、序言、作者

---

① 白学军，闫国利，等. 阅读心理学［M］. 上海：华东师范大学出版社，2017：3.

介绍和后记等的阅读，了解读物的总体印象、主要内容、背景材料和结论，是一种了解梗概的方法。概读法一般包括四个步骤：阅读书名、了解作者、阅读目录、阅读序和后记。目录都具有论题或半论题的性质，阅读目录，对其讨论的问题就有比较明确的认识。阅读目录可以一目了然地掌握全书的结构布局、逻辑体系、行文脉络，能够关注到读物的主要内容和独到之处。概读法多在精读和泛读之前。读者第一次接触读物时运用此法，并决定是否购买、是否深度阅读，考量其对治学研究有无价值。

略读法是指有目的、有重点、有取舍的一种阅读方法。其目的在于调研、查找有关的信息资料，或现状、趋势，尽快抓出主旨脉络和所需内容。略读法包括跳读法、楔入式、错序式、逆读等。略读的特点，在感知方面不同于精读、泛读，对表达见解的重要之处，认真关注，寻找答案或依据；在理解方面，针对性理解重点句、中心词和关键材料；在思维方面，对重点内容进行分析、比较等思维活动。跳读就是抓定义、概念、论点、见解、焦点，选择性和跳跃式阅读。这正如古人常说的"提要钩玄"式阅读。楔入式从某处单刀直入，前后开拓，自由度大。错序式，从多处入手，错位阅读。逆读就是从后面往前阅读，是由果及因的阅读。略读法以"略"求速度、求数量、求重点。略读法，是有重点、有取舍、有跳跃的阅读法。这四类方法有内在逻辑，阅读首先是概读，然后是泛读，再后是精读，最后是略读。

四、个性化阅读方法

从古至今，许多读书上人形成了个性化、特殊性的阅读方法。特向读者推荐今人阅读方法和古人阅读方法。

（一）今人阅读方法

1. 读书不二法

读书不二法是指一段时间内专心致志地只读一本书。清朝时期，著名政治家曾国藩说："诸子百家，汗牛充栋，或欲阅之，但当读一人之书集，不当东翻西阅。"这种阅读方法，非常适合想练好基本功，并打下扎实治学功底的读书人。

2. 波浪渐进法

阅读一本书，不一定必须一气呵成，可以阅读一段之后放置一段时间再阅读。一部《昭明文选》，毛泽东上学时读过，20世纪50—70年代读了若干遍。

3. 垂直阅读法

垂直阅读法是指读书一目十行，像下楼梯一样，从上往下。因为有些书含金量太低，不必精读，只用浏览。更快的方法被称为"跳读"，就是抓住文章梗概，剪除背景、补叙等内容。这种方法可以有效地提高阅读效率，阅读一般的小说或快速浏览资料时可采用。

4. 字斟句酌法

字斟句酌法讲究读书要一字一句、字斟句酌、细细品读。优秀的读物信息量大，含金量高，必须边读边思考。散文家秦牧，读书先是"鲸吞"，大体看一遍；然后是"牛嚼"，仔细研究品味，像牛反刍一样。所以，人们说"用眼睛来读书只有眼见，用心去读书才有心得"，此法特别适合读经典。读书先别求"泛"，先专攻"精"。所谓的"精"其实就是专于某一领域。进入精读，打造个人核心力。先选定你读书的领域，或因工作、兴趣和生活所需。在选定领域后，制定一个读书周期，不要轻易改变精读的领域。

5. 精华提炼法

有些读物不仅要精读，还要总结归纳，提炼其中的精华。历史学家吴晗就特别擅长做读书卡片，做了几十万张卡片。他读书时，见到有用的句子就抄在一张卡片上。读完一本书，如果能够提炼出几句有用的话来，就算没有白读。时、速、用结合，制定具体执行的时间表、不同的阅读速度，将内容转化为己用。

6. 高山仰止法

高山仰止法是指读者以欣赏的眼光去读书，读出乐趣。宋代诗人尤袤有言："饥读之以当肉，寒读之以当裘，孤寂而读之以当友朋，幽忧而读之以当金石琴瑟也。"读一本好书，就是与一位高尚的人士交流与对话。态度越虔诚，收获就越大。这种方法最适合读哲学、政治与军事经典，如《易经》《孙子兵法》。

7. 居高临下法

居高临下法是指读者要站在高处去读书。这种方法适合读那些热门的"畅销书"，因为如果只是阅读而不加批判地去一味接受，就会像叔本华所说的那样："思想被别人用襻带牵着走。"

8. 多维研读法

多维研读法是指我们可以从多个角度去读一本书。数学家华罗庚发明"猜读法"——从猜谜的角度去读书，看了书名后先闭目静思，想象书中的结构与内容，然后再读。如果作者写的和自己猜的一样，就可以速读，还可以锻炼思维能力和想象力。

9. 举一反三法

读者如何将书读活？"我思故我在，我用故我能。""我思"的第一个层次是与作者交流，第二个层次是讲给别人听，第三个层次是写给别人看。"我用"的第一个层次是理论指导实践，第二个层次是发现新问题，找到新方法，创造出新理论。①

（二）古人阅读方法

1. 孔子"学思结合法"

这是孔子主张的读书方法，在《论语》中多处可见。"学而不思则罔，思而不学则殆。"（《论语·为政》）"敏而好学，不耻下问。"（《论语·公冶长》）"知之为知之，不知为不知，是知也。"（《论语·为政》）"学而时习之，不亦说乎?"（《论语·学而》）"温故而知新，可以为师矣。"（《论语·为政》）

2. 荀子"假物"读书法

这是荀子的主张。君子曰："学不可以已。"《荀子·劝学》写道："假舆马者，非利足也，而致千里；假舟楫者，非能水也，而绝江河。君子生非异也，善假于物也。"荀子把"假物"作为一个重要的学习方法，就是利用一切有利条件来学习。人们的先天条件没有多大差别，只要善于充分利用客观条件，勤奋学习就能成才。

3. 王充"精至"读书法

这是王充提出的读书方法，也就是用心专一的读书法。"伯乐学相马，顾玩所见，无非马也。宋之庖丁学解牛，三年不见生牛，所见皆死牛也。"（王充《论衡》）王充的"精至"观点，就是读书要读到入迷成癖的境界，才能学之"精至"。

4. 陶渊明"不求甚解"读书法

这是陶渊明的治学读书方法。主要精神是读书时要抓住重点、去繁就简、去粗取精、独立思考。明代杨慎说："陶渊明读书不求甚解，是不为两汉以来经书中的繁琐考证所左右，而能够保持自己的独立见解。"陶渊明的读书"不求甚解法"，就是不要被书中的琐碎枝节、不一定可靠的材料所左右，不可囫囵吞枣、一知半解。读者应该有目的、有辨别、有分析地读书。

5. 朱子读书法

我国南宋哲学家、教育家和文学家朱熹一生都在教书和读书，他提出许多精彩论述。他去世后，弟子们将其阅读经验归纳为六条，取名为《朱子读书法》。诞生于公元 12 世纪的《朱子读书法》，被收入清朝的《四库全书》，其学术成就被公认为是当时欧洲学者无法比肩的。朱熹读书目标明确，"穷理之要，必在于读书。读书之法，莫贵于循序而致精，而致精之本，则又在于居敬而持志"。读书法六条为：循序渐进、熟读精思、虚心涵泳、切己体察、着紧用力、居敬持志。

---

① 以上方法根据网络信息资源整理而成。

第一条"循序渐进",体现"量力而行"原则。"凡读书,须有次序。""学者当自博而约,自易而难,自近而远,乃得其序。"第二条"熟读精思",体现巩固性和创造性。他主张读书必须熟读成诵,熟读的目的是精思,"学原于思。"第三条"虚心涵泳",体现"有容乃大"原则。第四条"切己体察",体现"体验反思"原则。第五条"着紧用力",体现"勤奋向学"精神。第六条"居敬持志",强调"志存高远"的精神。① 朱熹还提出阅读"三到法":"要口到、眼到、心到。"

6. 韩愈"提要钩玄"读书法。

这是韩愈提倡的读书方法。"记事者必提其要,纂言者必钩其玄。"(韩愈《进学解》)旨在明主旨、抓要点、直探本源、提取精粹。韩愈认为要做到"钩玄""提要",对精华内容,必须反复涵泳,反复温习,才能把文章的妙义内化为己有。"提要钩玄",构成他卓有成效的独特读书法。

7. 欧阳修"计字日诵"读书法

这是欧阳修的读书方法。他统计应读的总字数,再分配为每天的字数,作为当日读书的进度。他精选了《孝经》《论语》《诗经》等 10 部书,总字数为455 865个字,然后规定每天熟读 300 字,用三年半时间全部熟读完毕。每天背诵150 字,只要七年时间就背熟了。他说:"虽书卷浩繁,第能加日积之功,何患不至?"这表明熟读背诵的重要性。每日定量计字、细水长流、积少成多,则是欧阳修实践过并且证明行之有效的读书方法。

8. 苏轼"一意求之"读书法

苏轼认为:"人的精力不能兼收尽取,但得其所欲求者尔。故学者每次作一意求之。"最大特点是"求一",即阅读经典著作,每读一遍,只围绕一个中心,侧重一项内容,抓住一条线索,解决一个问题。有人说,这样读书做学问,好像打仗一样,各个击破、化整为零、避免分散。这样定向而且专注的阅读法值得学习。

9. 蒲松龄"五要"读书法

这是蒲松龄从时、书、法三方面保证读书顺利落实的读书法。"五要":一要天天读。蒲松龄自己准备了一个本子,标上一天中读什么书,写什么文章。二要夜夜读。蒲松龄白天要忙于生计,夜里经常是一卷书、一盏灯,埋头苦读到深夜。三要老年读。到晚年,蒲松龄眼睛尚好,能派上用场,借以翻书阅读。有他的诗为证:"仅目一官能尽职,翻书幸足开心情。"他在《寂坐》诗中写道:"平生喜摊书,垂老如昔狂。日中就南牖,日斜随西窗。"四要抄书读。他以借书读、抄书读为幸。五要分类读。蒲松龄把书分成精读、泛读两类。读通的要求是自我

---

① 聂震宁. 阅读力 [M]. 北京:生活·读书·新知三联书店,2017:126.

疑问、自求解答、滤尽渣滓、尽得精华。有他的诗为证："读书析疑如滤水，务使滓尽清澈底。"

五、农村学校阅读方法教学

阅读是中小学教学的基本环节，是语文教学极其重要的组成部分。新课标指出，阅读教学是收集处理信息、认识世界、发展思维、获得审美体验的重要途径。同时阅读教学又是学生、教师、教科书、文本之间对话的环节。在整个阅读体系中，学生是主体，教师是组织者和引导者。

在小学语文教学中，在课文预习环节采用低声粗读法、默读求解阅读法、信息式阅读法。在研读阶段，采用圈点法、细嚼慢咽法、诵读点拨法。在巩固阶段，采用作品赏析法、交流法。阅读手段上，可采用朗读、默读、范读、单读、众读、欣赏读、分角色表演等，达到强化理解的目的。[①]《文心雕龙》云"操千曲而后晓声，观千剑而后识器"，这句话说明，只有无数次地练习，完成数量上的积累，熟练技巧才能形成。小学语文阅读教学从课堂内走向课堂外，拓展课外阅读面。每周安排一节语文兴趣课，开展"勇闯字谜乐园""成语大比拼""古诗词大会""文摘卡展评""故事大王比赛""童话剧场"等竞赛活动，让孩子有机会展示自己的阅读收获。教师以讲故事、聊家常的形式，向学生介绍贴近生活的课外书，如经典童话、有趣的动物世界、名人趣事等，有时甚至讲一半留一半，设置悬念，使学生对老师推荐的课外读物产生浓厚的兴趣，迫不及待地进行课外阅读。高年级教学中，可采用快速浏览法、快读法、筛选法，让学生写提纲、写读后感、续写故事，开展默写比赛等。设计"阅读提问卡"，让学生阅读每本书前能先作自我提问，目的是让每个孩子快速把握阅读的重点、难点。这样，阅读目标更明确，效率更高，收获也更大。推行"学分积累卡"+"阅读亮星卡"的综合激励评价模式，在学生的课外阅读过程中，根据年级要求，如果学生以较高质量完成一定的课外阅读量，便可以获得相应的学分；累计一定的学分，便可以获得 1~5 星级的"阅读亮星卡"。[②]《全日制义务教育语文课程标准》规定："小学生六年课外阅读量不少于 145 万字。"如果仅仅依靠 12 本教科书，大约有三四十万字的阅读量，让学生形成独立阅读的能力，几乎是不可能的。课外阅读是语文教学在课外的延伸，更多地采用浏览性阅读、品味性阅读、拓展性阅读、研究性阅读、积累性阅读。

---

① 韩萍. 浅谈小学语文课堂阅读教学方法［J］. 中小学教育研究，2017（1）：16.
② 高晓霞. 让阅读成为习惯［J］. 时代教育，2017（4）：149.

初中阅读教学中，关于"对话式"教学，我国最早可以追溯到春秋战国时期的孔子。从西方来看，最早采用的是古希腊哲学家柏拉图，他在《理想国》中着重强调在师生之间使用对话式进行教学。"对话式"阅读教学主要的一点就是教师和学生是平等的，有利于教师权威性的降低，有利于教学方式的转变。"对话式"阅读教学符合时代变化与要求，有利于最大化地释放学生的思维空间。初中阅读教学做到读出味、多思考、会比较，注重阅读体验、注重内心世界活动。具体方法有浏览法、注读法、疑读法、划读法、查读法、摘读法、拈词法和琢句法等。疑读法，就是教师引导学生提出问题，带上问题去阅读。拈词法和琢句法，就是对文中的关键词、短语和句子进行推敲、琢磨与阅读。复述式阅读是精读的方式之一，可以加深对材料的理解和感受；可以为演讲、思维、写作、科学研究等积累材料，提供范式；可以锻炼人的记忆力，经常这样阅读，无异于经常做"记忆的体操"。复述可分为大意复述和详细复述，复述式阅读法是掌握书本知识、储备知识的一种好方法。研究性阅读通常在以科学发明和发现为阅读目的时采用，只要以研究问题为目的，任何人都可以掌握和采用它。创造性阅读法，是以发现新问题，提出新观点、新见解为目的阅读。

第四节　阅读技巧研究

徐特立说："不动笔墨不读书。"阅读与写作有密切的联系，阅读讲究方法，阅读有技巧。阅读的方法决定阅读的实效和质量。阅读无论是哪种方式，它的目的是要解决三个问题：第一个问题，学得多，吸收；第二个问题，记得牢，储存；第三个问题，运用好，开发。阅读应当本着"先读诗，后读文；先读短，后读长；先读近，后读远；先读今，后读古；先读简单，后读复杂；先读同龄，后读成年；先读抒情，后读描写；先读记叙，后读议论"的原则。阅读的数量要有广度，阅读的质量要有精度。阅读的长度与阅读的质量、阅读的宽度与阅读的积累要成正比。阅读是写作的基础。阅读就是领悟、揣摩、积累、借鉴、吸收，写作就是输出、运用、变化、发展、改造。德国哲学家叔本华说："读书是走别人的思想路线，而写作才是走自己的思想路线，只有经过自己的思想路线把读书得来的知识消融掉，才会变为自己的东西。"可以见得，阅读与写作是互相关联的，是密不可分的，没有阅读的积累，写作无法拓展和延伸。阅读技巧是方法的延伸，包括读书笔记、摘抄、书评、影评和读后感等。

一、读书笔记

阅读完整流程包括选书、购（借）书、读书、记录和活用五个步骤。读书笔记就是记录读书过程中产生的记忆和感动，铭记这次体验，留下与书交流的证据，记录的步骤就是做读书笔记。读书笔记是读书时为了把自己的读书心得记录下来，为了把文中的精彩部分整理出来而做的笔记。在读书时，写读书笔记是训练阅读的好方法。记忆对于积累知识是重要的，但是不能只是依赖记忆。列宁具有惊人的记忆力，他却勤动笔，写下大量的读书笔记。俗话说："好记性不如烂笔头。"所以，俄国文学家托尔斯泰要求自己：身边永远带着铅笔和笔记本，在读书和谈话的时候，把遇见和获得的一切美妙的思想都记下来。做读书笔记的要点：记录读物精彩内容，记录时间顺序、日期出处，可速记或略记，可以粘贴。笔记把读过的书变为精神财富。读书笔记法要划重点、做记号、写笔记。做记号，一般采用"筛选程序"：通读，一边阅读，一边把有价值的那一页折角；重读，通读一遍后，再把折角的内容重读一遍；记录，将重点内容记载在册。读书笔记一般采用"摘抄+感想"模式，又称为札记。读书笔记寻找最具有代表性的语句，记录让自己心动的语句和最能代表本次读书体验的语句，并且有活用价值和保存价值。

日本人提出"葱鲔火锅式"读书笔记。取意为，葱段鱼火锅，葱为配料，鱼为主料。此法包含两个要素：以摘抄为主，以评论为辅。原文摘抄、书名、作者、日期均要记录。其格式如下：

［20080715］《决定人类未来的50件事》/威廉姆斯

自杀者中有三分之二是因为抑郁。（P180）

读者感言：世界上的自杀者比在战争中死去的人还要多。人类在战争年代会死亡，在和平年代也会死亡，真是不容易。[①]

读书笔记常用形式包括以下几种：

提纲式：以记住书的主要内容为目的，编写内容提纲，明确主要内容和次要内容。摘录式：主要是为了积累词汇，可以摘录优美的词语、精彩的句子，便于熟读、背诵和运用。仿写式：为了能做到学以致用，可模仿所摘录的精彩句子，进行仿写，达到化用目的。评论式：主要是对读物中的人物、事件加以评论，肯定其思想艺术价值，可分为书名、主要内容、评论意见。心得式：记下自己感受最深的内容，记下读了什么书，书中哪些内容对自己教育最深，联系实际写出自己的感受，即随感。

---

① 奥野宣之. 如何有效阅读一本书［M］. 张晶晶，译. 南昌：江西人民出版社，2016：92.

存疑式：主要是记录读书中遇到的疑难问题，边读边记，再分别进行询问请教。简缩式：为了记住故事梗概，读了一篇较长文章后，可抓住主要内容，把它缩写成短文。索引式：读书笔记只记录文章的题目、出处、出版年月等。

二、摘抄

摘抄指在阅读时，把语言优美、值得品析、值得学习的词、语句、精美段落记录到本子上，具有珍藏价值和利用价值。摘抄的目的是利用、化用。养成摘抄好习惯，从少年到老年，点点滴滴得到语言积累，对于学习和工作十分重要，从而汇聚成一生丰厚的精神财富，成为实现人生价值的不竭源泉。"胸藏万汇凭吞吐，笔有千钧任歙张。"如果积累了大量的句式、段篇，下笔时就能辞直义畅、奔驰放达、任凭吞吐。加强语言的积累，摘抄是一种行之有效的方法。教师还应指导学生进行摘抄，养成日积月累的摘抄习惯，积跬步以至千里，积小流以成江河。摘抄从小学三四年级开始，调动兴趣，有计划性地开展，循序渐进，教学相长，熟读背诵。摘抄可以巩固知识、积累词汇，要充分利用。学生在摘抄过程中增加阅读量，可制作专用笔记本，分类积累名人名言、好词好句，以便直接引用或者仿写。

延伸阅读

阅读名言

1. 书犹药也，善读之可以医愚。——刘向
2. 书卷多情似故人，晨昏忧乐每相亲。——于谦
3. 发奋识遍天下字，立志读尽人间书。——苏轼
4. 鸟欲高飞先振翅，人求上进先读书。——李苦禅
5. 书籍是培植智慧的工具。——夸美纽斯
6. 书籍是青年人不可分离的生活伴侣和导师。——高尔基
7. 读书是学习，摘抄是整理，写作是创造。——吴晗
8. 书籍是人类知识的总结。书籍是全世界的营养品。——莎士比亚
9. 读书给人以乐趣，给人以光彩，给人以才干。——培根
10. 理想的书籍，是智慧的钥匙。——托尔斯泰

三、书评

书评，就是对图书的评论，对一本书的价值判断，是评论并介绍书籍的文

章。书评以"书"为对象，以实事求是为原则，有见识地分析书籍的形式和内容。书评探求创作的思想性、学术性、知识性和艺术性，在作者、读者和出版商之间构建信息交流的渠道。书评是应用写作的一种重要文体，是运用语言文字对书籍的形式、内容、意义进行综合评价的过程。书评对读者起作用，首先在于其信息功能，它为读者选择图书提供参考，这就要求把图书的基本内容介绍给读者。其次在于其中介功能，读者在阅读行为实施之前，有一个心理准备，以使阅读具有针对性，这又要求它点明图书的精要所在。它是引导读者走向图书的桥梁。最后在于它的导读功能，一是为读者所读图书进行价值判断提供参考，二是向读者推荐优秀的图书，向潜在读者介绍书的内容。它必须准确地反映书的内容，并在众多的出版物中遴选介绍的对象。书评的目标受众是他人，基本功能是介绍。书评引发读者的阅读兴趣，激发读者的阅读热情，使读者在书评影响下产生阅读行为。一篇好的书评不仅能引导读者对图书的理解，而且能提高读者的阅读鉴赏力。书评是阅读推广的重要形式，是吸引读者阅读的重要手段，是营造阅读气氛的重要途径。

书评，也是一种创作。书评从形式上可分为独立性书评和文本性书评。前者意义来源于被评书籍，来源于书评者自身的社会阅历和素养，来源于书评者对被评书籍的感悟、升华，从而形成书评独立的思想性和价值感。它的直接表现是可以独立存在、独自成文、独有韵味，属于评价性书评。后者紧紧依附于被评书籍的走字行文，紧紧跟随作者的思路脉络、亦步亦趋、少有意趣和发现，属于介绍性书评。书评从内容上可分为思想型书评、情感型书评和描述型书评。思想型书评书评人迸射而出的独到锐利的思想光芒，应该成为一篇书评立足的根本。这种造诣，得自书评人的个人修为，得自书评人对被评作品的深刻理解，得自"山中方一日，世上已千年"的妙想。情感型书评书评人与原创作者情感上的强烈共鸣，形成贯穿书评全文的唯一或主要线索。它源于书评人对被评图书的直接情感体验。描述型书评书评人通过对被评书籍风骨和精髓的整体把握，比普通大众看得更深、更远、更准，实现由书而评的飞跃，引导大众发现更多的美。

关于书评内容，凡与作品、作者有关的都可以评。主要包括对作品的思想意义、艺术特色、社会价值进行分析评价，对作者的创作经验、人品学识、作品得失进行总结评述，对读者的阅读进行指导，结合作品的评论，探讨各种美学问题等。书评一般可以有这样三个步骤：介绍—评价—推荐。书评人对所评书的内容言简意赅地概括叙述，让读者有一个大概的了解。书评人总括全书，做鸟瞰式的评述。"评价"是书评中最重要、最关键的部分，也是最见功力的部分，从这里可以看出书评者的语言功底、思想水平、艺术素养、鉴赏能力等。推荐注重评价的科学性、见解的独创性、语言的生动性、情感的煽动性，表达好书"与君共享"的意思。书评具有通报、激励、控制、导读四大功能。

在阅读推广领域，学校组织策划每年的读书月活动，可以做新书推荐，让推荐人撰写书评，即"新书简讯""新书速递"。每一学期开学的时候，让学生感受阅读从现在开始，采用口头或书面书评的方式，向学生推荐书目。每年的畅销书、热点书和大众最喜爱的图书，组织推荐团队写书评、荐好书。在校园网和宣传栏，开辟《新书推荐》《阅读》栏目，以简短的书评向师生推荐。

四、影评

影评，也是文艺评论的一种形式，是对各类影视作品进行分析和评价的文章。观看电影、电视，也是广义的阅读，媒介为声、光、影。影评是对蕴藏在影视艺术中的审美价值、认识价值和思想意义的揭示、开掘，探寻创作规律，寻找出成功的经验、失败的教训。优秀的影评，既可为影视的发展、质量的提高提供反馈信息，又能帮助观众正确理解影视。影评可以起到推广与宣传作用，培养观众的艺术欣赏能力和健康的艺术情趣。

写影评，要善于捕捉感受点。一部影视作品涉及面广，需要品评的着笔点也很多。这就需要影评者反复回味思考，用心灵再度感受，把握住影片中最能动人的地方，并使之得到理性升华。立意要新，开掘要深。写影评要有新意，要有独到的见解，抓住要点，有感而发。抓住影片内容，结合社会现实；准确把握住影片的精神实质，挖掘影片本身所包含的深刻内涵。实事求是地分析评价。鲁迅先生说过，评论作品"必须坏处说坏，好处说好"，最好的是顾及全篇以及作者所处的社会状况。我们用全面的观点，不是顾其一点，而是观照全片，顾及编导的意图、表演的全部以及当时的社会环境、历史背景等，做恰如其分的分析与评价。不能强导演和演员所难，吹毛求疵，求全责备。重视对影视的艺术分析。影视作品通过艺术手段来表现主题、塑造人物、抒发感情，所以影评要重视对艺术的水准进行分析。这种分析应具体详细，由表及里，言之有物，观点鲜明。在艺术评析中，字里行间渗透出电影意识，尽可能恰当地运用名词术语，还需要有对影视艺术的深刻感受与理性把握。影评写作可长可短，可着眼于一部影片的一个镜头、现象。学生要对一部影片做出全面的评价比较困难。练习写影评，可从评论一个人物形象、一个情节、一个场面入手，可对演员演技、拍摄技巧、导演意图、影片风格等进行单一的评析。语言要朴实和个性化。写影评一定要讲真话，讲自己的评论，富有个性新意、叙议结合、突出评论，才会给读者带来清新的感受。近年，我国许多优秀的影视作品值得观看，如电影《战狼 2》《红海行动》《芳华》、电视剧《历史转折中的邓小平》《人民的名义》、电视专题片《辉煌中国》《创新中国》。这些作品更值得写影评，向大众推荐，让更多的读者分享。

五、读后感

读后感指阅读一本书或一篇文章，聆听一段音乐或观看一段视频后，把具体感受、启示书写而成的文章。读后感也被称为心得体会，是一种常用的应用文体，也是应用写作研究的文体之一。教师常写读后感，倒逼阅读与思考；写作成为阅读—思考—写作链条上的重要一环。英国哲学家培根说过："读书使人丰富，讨论使人成熟，写作使人精确。"美学家朱光潜说："思想就是使用语言。"我们要把写作视为一种基本能力。读后感的目标受众是自身和大众，基本功能是记录，强调联系实际，与自己的生活联系，有感而发。读后感中，阅读是前提，感想是目的。

读后感重在"感"，主要分为阅读领悟出的道理或精湛的思想，因内容启发而引起的思考与联想，因读书而引发的决心和理想，对丑恶现象的抨击、讽刺。读后感的表达方式灵活多样，基本以议论为主体，在读后的基础上引发感想。读后感要有体验、有感情、有见解、有新意。第一，精读原文。读后感的"感"是因"读"而引起的，"感"是"读"的必然，"读"是"感"的基础。只有精读作品，才能有所感悟，并且感悟深刻。第二，排好"感点"。一篇文章可以写成读后感的方面很多，只要是原作品的内容，有了感受，都可以写成读后感。选准"感点"多的部分进行筛选比较，以自己感受最深、角度最新、针对性最强的一个"感点"作为读后感的中心，然后加以论证成文。提炼感点，亮明观点。第三，叙述要简。读后感中的"叙"讲究简单扼要，只要求能引出事理，做到叙述、议论和抒情三结合，以感想为主体。第四，联想形式。联想的形式包括相同联想、相反联想、相关联想、相承联想、相似联想等多种。写读后感尤其要注意相同联想与相似联想这两种联想形式的交叉运用，联系实际，纵横拓展。培养学生训练读后感写作。学生必须整书精读，认真思考，抓住重点，重视感受，抒发真情实感。

延伸阅读

拜读《习近平谈治国理政》有感

我的案头常存放一本好书，时常捧读，时常感念，时常沉思。2014 年 10 月，

《习近平谈治国理政》一书正式出版，迄今已经发行 400 万册，翻译成 9 种语言，分赠参加亚太经合组织会议的 21 国元首，创下政治类图书发行量的最高纪录。2015 年，中图学会将其评选为 69 本"好书中的好书"之一。

大手笔，大情怀，大哲学，大作为。"雄关漫道真如铁，而今迈步从头越""长风破浪会有时，直挂云帆济沧海"，方显总书记的豪情壮志。2012 年 11 月 29 日，总书记参观《复兴之路》时提出"中国梦"，内涵是国家富强、民族振兴、人民幸福。中国梦归根结底是人民的梦，每人都有人生出彩、梦想成真的机会。一个国家要打好旗帜，走好道路，建好制度。实现中国梦要走好中国道路，弘扬中国精神，凝聚中国力量。2014 年 5 月 4 日，总书记在北京大学提出青年要自觉践行社会主义核心价值观，提出了对国家、社会和公民的价值要求。2014 年 11 月 1 日第十二届全国人民代表大会常务委员会第十一次会议确定 12 月 4 日为全国宪法日。推进国家治理体系和治理能力现代化，这被称为"第五个现代化"。坚持法治国家、法治政府和法治社会一体建设。举国上下正在实施依法治国、依法治省、依法治校方略，培养法治思维，倡导依法行政。

总书记视野宏阔，谋划深远，描绘蓝图。"人民对美好生活的向往，就是我们的奋斗目标"，是温暖而贴近民众的目标。"四个全面"属于纲领性的谋略。"一带一路"实现共赢。"亲诚惠容"理念亲和。"命运共同体"共建共享。"记得住乡愁"，这是精神家园之根。总书记坚定如山，知行合一，注重抓龙头、抓枢纽、抓关键。"一分部署、九分落实"，提倡落实、再落实。发扬"钉钉子精神""敢于啃硬骨头、敢于涉险滩""夙夜在公""一勤天下无难事"。优秀共产党人勤勉工作、敬业奉献、躬耕不辍的作风得以彰显。

这本政治理论著作，词汇上，出现频次最多的词是"人民、改革、法治"，将人民放在最高的位置。人民群众是我们的力量源泉，要像爱自己的父母那样爱老百姓。人民有信仰，国家有力量，民族有希望。语言上，朴实清新，生动鲜活，可读性强，如"打铁还需自身硬""踏石留印、抓铁有痕""APEC 蓝"。文风上，平实生动，善讲故事，旁征博引，娓娓道来，很接地气，如古语"功崇惟志，业广惟勤""学如弓弩，才如箭镞"、俗语"亲望亲好，邻望邻好"、古诗"浩渺行无极，扬帆但信风"、非洲谚语"河有源泉水才深"、新词新语"山水林田湖草是一个生命共同体""人的命脉在田，田的命脉在水，水的命脉在山，山的命脉在土，土的命脉在树"。

总书记最大的兴趣爱好是阅读。总书记尤好读书，读过许多俄罗斯作品。在延安当知青时，他就是有名的读书人。读书成为其生活方式，启迪聪明智慧，滋养浩然正气。咱们总书记是一名优秀的阅读推广者。

拜读文稿，深感咱们的领导具备深厚的文化积淀、丰富的生活经历。演讲词中，古语、古诗、民谚、俗语、新词信手拈来；古话显示厚度，俗语展示宽度，新词暗示气度。文本妙语连珠，雅俗共赏，思接千载，大气磅礴。领路人睿智风趣、谦和友善、魅力独特，具有不可替代的吸引力和感染力。我感悟到中国领航人的自信、深情、责任和担当。

我们要向总书记学习。一学他爱祖国、爱人民的浓厚家国情怀。他深深地爱着中国这片多情的土地。二学他好学上进、勇于攀登、奋斗不止。三学他求真务实、真抓实干、业精于勤。

心中有党，心中有民，心中有责，心中有戒。迎风迎雨向太阳，在实现中国梦的阳光之路上，我们不断追梦、筑梦和圆梦！①

第四节　阅读媒介推荐

一、网络阅读

网络阅读就是阅读主体与网络化、数字化文本相互交流信息与知识的过程，是阅读主体借助网络阅读工具开展实践活动与精神活动的一种体现。网络阅读是一种由文本的变化所带来的新阅读方式，专指网络文化语境中的阅读活动，即借助计算机、网络技术，开展线上线下阅读，是数字阅读的主体。网络阅读包括三要素：一是网络阅读主体是网民的组成部分；二是网络阅读客体必须是超文本或者超媒体形式的数字化阅读文本，是通过网络来获取、保存的数字化阅读文本；三是网络阅读主体和网络阅读客体必须发生交流，网络读者吸收客体的知识内容，网络阅读客体受到主体的影响。网络阅读特性体现为丰富、共享、互动、多媒体、结构开放、语汇时尚和技术依赖等。

网络阅读形式：第一种是实时在线阅读，阅读者利用互联网直接阅读所搜寻的各类网络资源，读者在阅读过程中始终依赖网络传输平台。第二种是下载离线阅读，将网络资源下载到另一种载体上，离开网络链接后进行阅读。网络阅读是一种发展性阅读，这是网络阅读不同于传统阅读的核心之处。网络阅读并未突破需求、获取、使用和反馈信息，阅读功能的实质与传统阅读是一致的，这是信息化时代的产物。网络阅读读者必须具备网络阅读的能力，掌握基本的阅读技巧，具有阅读理解的能力、评价阅读能力、记忆能力、提取能力和使用能力。网络阅

---

① 邹敏.拜读《习近平谈治国理政》有感［N］.乐山师院报，2015-05-15（03）.

读使阅读方式得以改变，获取知识的方式得以改变，呈现快速阅读倾向和浅层阅读倾向。网络阅读的特点表现为内容丰富、获取方便、互动性好、共享性高、时效性强等。网络阅读存在稳定性较差、权威性不够的缺点。有时一些好的资讯转瞬即逝，很难找回。网络阅读的优势在于阅读方式的虚拟性、阅读行为的共时性；弊端在于文本质量参差不齐、网络环境有限制。网络阅读不能简单等同于浅阅读。网络阅读是时代发展的必然趋势。

国外的调查也表明：大多数大学生都具备计算机应用技能，在中学就开始使用互联网。每天，学生大约要花一两个小时上网冲浪，对互联网的依赖在逐渐增长。对我国中小学生而言，网上阅读已成为一种时尚，越来越多的中学生加入"读屏大军""读网大军"。多数人认为是新潮、时尚。由于网络的普及及其优越性，越来越多的少年儿童开始接受网络阅读。网络阅读都存在一定的盲目性、随意性和计划性。学习型阅读群体所占比例明显低于消遣型阅读群体。学生网络阅读内容主要包括浏览门户网站、查看电子邮箱、阅读电子书刊、阅读网络小说、看视频等。青年学生喜爱网络小说、漫画及动画片，所占比例较大。其主要原因在于网络阅读的便利性、新奇性、交互性、新颖性。在线快速浏览式阅读，表现形式在于浅阅读、片段式阅读。引导学生健康阅读的关键，在于拥有一个丰富的绿色网络资源，发挥信息导航作用，加大优秀网站的宣传力度。建设校园网站平台，加强阅读引导，设置"精品书目推荐""名著导读""新书推荐""小读者书评"等。将校园网络平台建成教学平台、研究平台和阅读平台。校园网络平台进入阅读课堂，购置丰富的电子资源，方便学生开展自主阅读、阅读分享和阅读推广。学校开展信息素质教育、网络道德教育，建设特色数据库和专题信息库，引导青少年阅读。重视网络阅读教学，开展主题性网络阅读、延伸性网络阅读、交互性网络阅读、随意性网络阅读、创造性网络阅读。随着《中国诗词大会》的热播，夺得诗魁的"外卖小哥"雷海为成为搜狗输入法表达生态圈的"好诗替换"推广大使。"好诗替换"是搜狗输入法从功能层面带来的一份文化大礼。学生在写作过程中，只要输入一个普通的词语，点选该词语使用"好诗替换"功能，便会弹出一系列诗词歌赋，读者可选择自己喜欢的诗句一键代替。一时间，白话变为诗歌，传情变得优雅。"好诗替换"功能于 2017 年年底上线，包括古典诗词、现代诗、俗语、流行语、民谣、歌词 60 万句。表达范畴包括时间节序、自然风光、人生经验等大类。表达有料，不再词穷，不仅有好诗替换，而且有好词替换。这就是网络学习的妙处所在。

二、手机阅读

手机阅读,又称为移动阅读、手机移动阅读、移动图书馆。阅读是读者以手机等移动设备为终端,通过移动通信网络访问、接收、下载所需信息,并在移动终端上浏览、收看、收听的阅读活动。其技术实现方式随移动信息技术的进步而不断发展,从短信息、多媒体信息到无线上网。手机阅读是现代移动信息技术发展的产物。移动信息技术实现了人类随时随地传播和获取信息的梦想,它是基于无线或移动通信网络平台,通过手机等移动终端实现信息的双向传播。

手机移动阅读是读者对手机等移动载体上的信息内容的认识活动。它有三个组成部分:读者、阅读行为和读物。读者是手机移动阅读的主体。读物是手机移动阅读的客体。手机移动阅读的过程包括阅读需求、读物寻求和阅读利用三个阶段。手机阅读的特征:从时空环境看,突破了时空局限,人们可以随时随地进行阅读,读物可以随身携带,以手机等移动终端为载体,即时获取阅读内容。这在阅读史上是一次革命,给读者带来了前所未有的方便与快捷、快乐与享受。在阅读内容上,手机移动阅读以各类新闻、金融财经实时信息、体育实时赛况、影视剧播放等时间敏感性阅读内容为主。在阅读方式上,主要表现为快餐式阅读,时间短、节奏快、浏览式、自主性、跳跃性、碎片化是其阅读特征,呈现个性化阅读特点。移动阅读终端对应手机移动阅读大都为临时性阅读、浅阅读,并不能代替固定环境下的专门阅读、深度阅读,属于辅助性阅读。[①]

建设手机图书馆。我国图书馆通过手机开展信息服务,建成手机图书馆或移动图书馆。手机图书馆可以提供短信提醒、新书信息、讲座信息、阅读分享、书目信息检索、网上预约座位、预约借阅、电子图书下载等方面的服务。手机是"带着体温"的媒体,一个随身携带、方便小巧的工具,一个阅读的新载体,成为青年学生的最爱。手机报是目前手机阅读市场中最主要的一项业务。"手机+出版"模式扩充了原有的出版主体,具有极强的活力。上海图书馆的"微阅读"、湖南图书馆依托海量的数字资源,与公众号无缝连接,并为读者提供读秀、方正、中文在线、超星电子图书和博刊休闲期刊的阅读。江西省图书馆建设了"掌上赣图"。

农村学校手机阅读行为:学生对手机用途认知不一,手机阅读目的有偏差,手机阅读利用频率较低,手机阅读时长不一,手机阅读技能缺乏,阅读方法不当。学校和社会要不断满足学生的不同阅读需求,培养学生的自愿利用意识。在

---

① 茆意宏. 论手机移动阅读 [J]. 大学图书馆学报, 2010 (6): 10.

学校教学中,有的学校建手机袋,上课时将手机装入此袋,统一管理。有的学校学生手机由班主任统一管理,周末发放。构建多元手机阅读平台,提供针对性的手机阅读服务。建立图书馆微信,提供精准的阅读服务。学生登录图书馆微信可阅读文章,交流阅读体会。建设特色数据库,分为动漫版、图片版、完整版,集思想性、科学性、特色性、趣味性于一体。引进适合青少年阅读的商业数据库,开发网络资源,提供短小精悍的阅读产品,满足农村留守儿童的快餐式阅读需求。提供手机阅读指导服务,对阅读内容、方法、技能进行指导。

农村学校建设微信公众号。腾讯公司开发的微信公众平台,简称公众号,曾命名为"官号平台""媒体平台""微信公众号",最终定位为"公众平台"。它利用公众账号平台进行自媒体活动,就是进行一对多的媒体性行为。微信公众平台可以实现与目标群体的多形式便捷交流和信息共享。学校开展微推送、微活动、微宣传、微分享等,已经形成了一种微信互动管理方式。公众平台服务号是公众平台的一种账号类型,旨在提供服务。公众平台订阅号,也是一种账号类型,旨在为用户提供信息。2013 年 8 月 5 日,微信公众平台进行升级,将微信公众平台分成订阅号和服务号两种类型。它可以发布推送,可以群发文字、图片、语音、视频等。现代学生很喜欢新颖、少量、活泼而精致的资讯阅读。同时,微信公众平台也是现代学校的新型舆论阵地。"共产党员"微信订阅号影响力非常大。在智慧校园建设中,一卡通可以办理图书借阅手续,一卡在手,走遍校园,进出校园、考勤管理、上课情况、学校行为都可记录与查询。

三、电子阅读器

电子阅读器是一种浏览电子图书的工具,可显示不同文件格式的电子图书。阅读器屏幕的大小决定了它可以单屏显示字数的多少。电子阅读器为读者阅读数字资源提供了较为理想的阅读工具,也为图书馆提供了一种全新的数字阅读服务方式。电子阅读器在国内外阅读推广中广泛应用,当然也存在管理、版权、政策和技术等问题。2000 年,美国北卡罗来纳州立大学图书馆就尝试引进电子书阅读器。2008 年,我国国家图书馆开始尝试提供阅读器的借阅服务。

(一)平板电脑

平板电脑是一种小型的个人电脑,常采用触摸屏作为基本输入设备与显示器。触摸屏也称为数位板技术,是具有触摸识别功能的液晶屏,其显示方向可以随意旋转。主要功能是阅读,还可以浏览各种网站,查看新闻资讯,收发电子邮件,观看视频,欣赏音乐,以及拍摄数码照片等,极大地扩展了阅读的外延。平板电脑的液晶屏显示器通常小于 10.4 英寸，比较轻薄，可以随身携带。领先的设计思想、操作系统的高度开放性与兼容性、丰富多彩的阅读内容，适应浅阅读潮流。平板电脑具有完备的功能，但是缺点也很明显：辐射较强，容易产生身体疲劳；记忆效果不好，不利于深入学习，以浅阅读为主，不适合于深阅读；电池续航时间较短，售价相对较高。

（二）电子书阅读器

电子书的流通借阅一般都参照纸本书流通的模式，阅读器预装的书目和阅读器本身信息都直接进入馆藏目录，可以检索到馆藏地藏书状态，极大地方便读者的查询和借阅。电子图书下载机，收藏 2 000 余册畅销图书、期刊，每月更新一次藏书内容。读者可通过手机下载，便于手机阅读。电子读报机收藏每天全国各地报纸 300 余份，学生可以通过手指触摸、滑动屏幕在线阅读。

（三）点显器

点显器又名盲人显示器或点字机，能够将计算机上的信息用盲文同步显示，便于盲人摸读。通过与读屏软件配合使用，将读屏软件读出的文字通过盲文显示到点显器上。点显器上的盲文按点会自动凸起，盲人通过触觉来感受文字。在特殊教育设备中，点显器科技含量高，研发难度大。目前，清华大学自动化系语言文字信息处理研究中心研发成功，并实现了商业化，获得了国内外的一致好评。点显器已成为众多盲人图书馆、特殊教育学校多媒体教室的首选设备。盲文点显器对于盲生学习十分重要。在使用电脑时引入触觉，可以极大地改善盲生学习效果，加深对学习内容的记忆。同时，摸读速度大于听读速度，有利于盲生更高效地掌握所学内容。盲文点显器成为特殊教育设备的亮点产品。有条件的学校，每台盲人电脑上都可以配备一台盲文点显器。

（四）听书郎

听书郎是一款支持电子书朗读、MP3 播放的多功能便携硬件终端设备。除此之外，听书郎还带有语音菜单导航、通用 U 盘、收音、录音、复读等多种功能，可以储存大量有声读物。盲童可以通过听书来达到阅读目的，享受阅读的快乐。

（五）朗读亭

朗读亭伴随着中央电视台大型文化情感节目《朗读者》的筹划而生。《朗读者》节目的使命是让"朗读亭"打通线上与线下的距离，走近每个朗读者的身边，将一段 60 分钟的客厅文化转变为一场最具热点的全民文化活动。朗读亭连接起品牌、媒体、受众与全民阅读活动的完美纽带。其宗旨是让人们于步伐匆忙的日子里稍作暂停，走进朗读亭朗读名篇片段，用简单的方式呈现内心中最想表达的情愫，用发至心灵的声音朗读人生梦想，感受文字力量。朗读亭可建在图书馆，也可建在公共场所。3米高、占地约2.5平方米的亭子，外观古朴别致，内部有摄像机以及一套完整的录音设备，全天候开放。朗读者只管对着麦克风念出自己准备的内容，忘情朗诵。新一代朗读亭储存大量阅读素材，可供点击阅读和朗读。朗读水准可以与原音比对评分，与自己过去的录音评分，还有外语阅读功能。朗读亭已经成为阅读空间、朗诵空间和语言空间，深受广大青年学子的热捧。

（六）教育机器人

教育机器人是机器人应用于教育领域的典型代表，是人工智能、语音识别和仿生技术在教育中应用的典范。它以培养学生的分析能力、创造能力和实践能力为目标。教育领域的机器人可增强、延伸教师的表达能力、知识加工能力和沟通能力。学校中的机器人将成为智慧学习环境的重要组成部分。教育机器人可以作为教师助手，也可以作为学习伙伴，形成一种新型的教学形态。教育机器人可以陪伴学生唱歌、阅读诗词、学习英语、练习对话；未来还可以为学生借阅图书等。教育机器人或许能作为同伴或辅导教师成为"家庭一员"，协助"在家教育"。高等教育中，有的高校已经开设机器人专业，形成全新研发团队。农村教育中，教育机器人能解决农村教学点教育资源和师资问题，推动阅读教学，辅助教学，为学生提供支持服务，传输优质教育资源。我国中小学纷纷开设机器人课程，开办机器人大赛。将教育机器人纳入校本课程，促进学生创新思维、计算思维。教育机器人将成为未来教育的新高地。

第六章 阅读推广论

阅读，就是在别人讲述的道理中预见自己的人生，在自己的人生中践行人们诠释的道理。阅读，就是将自己的人生代入别人的人生中重读，阅读是回味自身的沉淀。阅读推广包括三要素：主体、对象和客体。

第一节 书香校园建设

一、书香校园概说

古人为防止蠹虫咬食书籍，在书中放置了一种具有清香之气的芸香草，夹有这种草的书籍打开之后清香袭人，故称为书香。古代的校书郎，又称为"芸香吏"，唐代白居易曾做过这个官职，有诗云："前年题名处，今日看花来。一作芸香吏，三见牡丹开。""书香"是个充满温馨浪漫气息的词，反映古人以读书为美的文化观念。人们将世代习尚读书的人家称为"书香门第"。如今的"书香校园"中的书香，则有了更多的表征，它不仅体现在书页之间带有的墨香味，更体现在书香味萦绕下人人都有的文化气、书卷味。

"书香校园"是指作为教育实践活动的学校在实现其基本职能的过程中，对书籍与教育实践活动主体生命发展之间、书籍与学校自身发展之间关系的一种科学把握与体现。我国"书香校园"理念最先由阅读推广人朱永新提出，"书香校园"通过创设浓郁的读书氛围，推荐优秀的阅读书目，开展形式多样的阅读活动，培养师生强烈的阅读兴趣和良好的阅读习惯，使阅读成为伴随人终生的生活方式，从而为建设书香社会奠定基础（朱永新语）。"书香校园"是一种阅读创建活动，有助于学校办学理念的创新和人才培养的改革。概念的外延在于书籍与教育者、受教育者，书籍与学校的和谐关系。"书香校园"的特征表现为主观性与客观性的统一、相对性与绝对性的统一、抽象性和具体性的统一。[①] 书香校园注重研究，始终保持发展活力激发兴趣，让师生始终保持阅读习惯循序渐进，让师生逐步提升阅读能力。书香校园的创新与发展是学生成长、教师发展、学校内涵提升的内在需要。建设学习型社会，倡导快乐阅读、科学阅读。营造书香校园既是一种理念，也是一种方法，更是一种持续的行动。书香校园以"读好书、读书好、好读书"为主旋律，书香校园建设是全民阅读可持续发展的枢纽环节。

苏霍姆林斯基的教育理论与实践的重要组成部分包括读书思想和书香校园建设。其内涵有："读书是学校教育最根本的任务、教师专业成长最根本的途径、学生精神发育最重要的源泉、教育最本质的活动。"书香校园建设功能带动学校文化建设，促进教师专业成长，激发学生的学习兴趣。其思想的特征为科学性、系统性和终身性。苏霍姆林斯基心中的"书香校园"包括营造读书氛围、鼓励教师读书、开展读书活动。他所在的帕夫雷什中学就是一所"书香校园"。建构"书香校园"是苏霍姆林斯基教育核心理论——培养个性、全面、和谐发展的人实现的有效途径。[②] 书香校园建设的原则是基础性与发展性的统一、科学性与人文性的统一、经典性与时代性的统一、民族性与世界性的统一、层次性与整体性的统一。建设书香校园的积极价值在于：学生作为国家未来的栋梁之材，需要书香文化来充实精神力量；教师需要增强科学文化底蕴，培养优秀的教师人格品德，提高教学水准，丰富教学生活，推进课程改革，凝练教学特色，推进学校育人工作；能够构建学习风气浓郁的校园环境，凸显出学校办学特色和办学精神，打造学习创新型的校园文化。建设书香校园，就是创设读书环境，引领学生学会阅读，培养学生阅读能力，养成读书的习惯，培育"风声雨声读书声，声声入耳；家事国事天下事，事事关心"的精、气、神。曾国藩认为，阅读最重要的是"恒、勤、专"，坚持不懈，持之以恒。"人生唯有常是第一美德。""穷经必专一经，不可泛骛。""一句不通，不看下句；今日不通，明日再读；今年不精，明年再读。此所谓耐也。"

二、书香校园建设策略

书香校园建设可从三个方面构建：装备、管理和阅读。装备，就是提供书香校园建设的硬件条件与环境、设备设施、丰富图书；管理，就是构建适合中小学

① 闫震普."书香校园"概念解读 [J]. 太原大学教育学院学报，2013（6）：3.
② 朱永新，丁林兴. 苏霍姆林斯基与"书香校园"建设研究 [J]. 集美大学学报，2005（3）：11.

生阅读的创新机制体制；阅读，就是引领和推动师生阅读，培养学生的阅读能力，养成阅读的习惯。阅读是核心，管理是关键，装备是基础。

（一）书香校园的装备

图书馆"泛校园化"。书香校园构建，要充满时代气息，顺应中小学生身心健康发展的需要。书香校园建设的原则：校园处处有图书，可读书；学校年年有新书，学生天天好读书。图书馆装备要以书香校园的思想为指导。图书馆装备的"泛校园化"，即整个校园就是一个实体资源与虚拟资源共存的图书馆。图书馆的各类书均可开放、流通在校园每个角落。图书馆藏阅咨研一体化，图书馆应延伸到校园每一处公共空间与班级，使校园成为一个大的阅读空间，即泛校园化图书馆。这是促进书香校园建设的有效平台和特色内涵。在每个班级装备图书角，在校园的公共空间环境中装备图书亭台、书吧之类的开放式微型图书馆，使之成为校园文化的载体与风景，成为学生课余读书与交流的场所。实现校园处处有图书、处处可读书的建设目标。"校园建在图书馆中"，网络阅读装备融入有图书的空间，创新网络数字阅读平台，使校园处处能阅读。听书、听音乐与看多媒体视频，是中小学生阅读的全新时代模式，也是信息化时代阅读的必修课。构建"读书、新知、生活"的公共空间环境，推进学校书香校园文化建设。开展各类主题阅读活动，使整个校园的每一个读书空间都有一种书香弥漫的氛围。

朱永新等阅读推广人倡议，建立阅读节，建立开放式阅读广场，阅览室全天候开放。硬件建设是营造校园文化环境的基础，学校要通过改善基础设施来营造书香环境。广东一所学校实施"三百文化工程"，聘请书法名家挥毫书写从《唐诗三百首》《宋词三百首》《元曲三百首》中精选出来的唐诗、宋词、元曲分别100首，经裱糊和红木框包装以后，悬挂于办公楼走廊上，供教师和学生欣赏和阅读。此文化工程汇集思想性、艺术性和观赏性于一体，受到师生的一致好评。

（二）书香校园的管理

图书馆工作的核心是如何利用、管理图书，这也是书香校园建设的核心内涵。管理的目的是产生绩效，不是为了简单保存好图书，不至于丢失。图书的管理理念应以促进大众阅读为目的，不以资产保护为终极目标。图书馆藏书是手段，利用是目的。图书馆是读书楼，不是藏书楼；"重藏轻用"应转变为"重用轻藏"。因此，基于书香校园的图书管理工作理念，可概括为：简分类，大流通，借还自由，快捷方便。图书管理的理念从以资产管理为目的转变为以促进阅读为目的。图书作为一种精神文化资源，不使用就没有一点价值。建立良好的制度与政策，构建科学合理的考核评估指标体系，使推进书香校园建设有制度保障和有机制推动。学校可以尝试学生阅读考级，编印《学生阅读成长册》，其中有课外阅读量表、考级办法、必考必读书目和推荐书目等。

阅读案例推广。案例，就是人们在工作生活和学习当中所经历的典型而富有意义的事件陈述。它是人们所经历的故事当中有意义的选择。案例对于人们的学习、生活、工作和研究等具有重要借鉴意义。基于案例的教学是通过案例向人们传递有针对性的教育活动。案例有个例、实例、个案等几种提法。案例的特点是故事性、戏剧性、意义未尽性。案例三要素是真实复杂的情境、多个问题呈现、典型的解决方法。阅读案例则是有计划、有组织、有策划、有主题、有典型的大型阅读活动，是既有深度，又有广度的群文阅读活动，可资借鉴与推广。2015年，我策划题为"建特色馆藏，助特殊教育"阅读活动，参加首届全国高校图书馆阅读推广案例大赛。2015年3月申报方案，4月经过专家通讯评审；5月在重庆大学参加西部9省市高校阅读案例大赛西部赛区分赛展示、陈述和答疑，以第3名成绩获一等奖；2015年10月16日，在华中师范大学参加首届全国高校图书馆阅读推广案例大赛总决赛，荣获三等奖。

延伸阅读

"建特色藏阅，助特殊教育"案例

2012年，党的十八大报告中明确指出，"支持特殊教育"。2010年，我校正式设立特殊教育专业。2012年，四川省教育厅和四川省残联批准我校为四川省特殊教育人才培训基地。国家支持特殊教育师资培训基地大楼建设。2014年，特殊教育专业成为全校唯一的免费师范生招收专业。2015年，批准设置教育康复专业。2015年，实施残疾人高等教育，面向全国招收聋人学生200名。特殊教育师资培养、特殊人群阅读推广成为图书馆事业的新视角。

目的和意义：一是为专业建设提供优质服务，为特殊教育师资培养做贡献。二是为残疾人高等教育提供优质服务。三是面向社会开放，满足弱势群体的文化需求。四是实现图书馆特色发展和转型发展。

基本思路："以学习者为中心"成为支持理念。实现"两个融合"：实体资源和虚拟资源建设，包括专业图书、外文原版图书、特殊教育特色数据库。新媒体推广：建设"智能书架"，包括盲文图书、盲人视听资源、盲人计算机、盲文软件、盲文智能阅读器、盲文点显器和听书郎等助听设备。

创新点："专题式书架"建设。新媒体的建设与推广，拓宽了阅读推广的新领域。开发的特色数据库，是四川省第一个特殊教育专门数据库。

建设情况：外文原版书籍82册；订购中文版特殊教育专业图书950册，盲文图书和音像资料159套。建设"智能书架"，添置盲人计算机4台，配置盲文软件、盲文点显器、盲文智能阅读器和听书郎等。

运行情况：2013 年，考察南京特殊教育职业学院。召开恳谈会，与教科学院领导共商建设大计。"特殊教育资源平台建设"被列为 2013 年度校级教改课题。2014 年 3 月 13 日，特教系教师在此进行教研活动。5 月 6 日，自贡卫技院领导前来参观。4 月 29 日，四川省高校图书馆建设与发展研讨会在我校召开。与会馆长对特教区建设给予肯定。11 月，构建"书香班级"，提出"读一本好书，关爱一位残疾儿童"活动。12 月，"信息检索与利用"课程师生在此体验与阅读。"国培计划"和"省培计划"开展专题培训与研究。"盲文"课程小组进行学习体验与实践。2015 年 3 月 12 日，四川省教育厅《教育导报》以"乐山师院图书馆设特殊教育馆藏区"为题予以报道。3 月 28 日是世界自闭症关爱日，特教学院各班班长、学习委员共 30 余名学生进行专题学习，馆员推送资源，乐山《三江都市报》予以报道。4 月 9 日，乐山电视台以"沫若图书馆为盲人敞开大门"为题，进行专题报道。特教藏阅区能容纳 40 余名读者阅读，入座率很高。教科学院残疾学生孙江舟是常客，他曾被评为校级"自强标兵"。本着"以赛促建"的原则，我们将 9 月确定为"特教阅读推广月"，开展"图书馆馆员学手语"活动，编印《图书馆服务手语手册》，四川省教育厅《教育导报》予以报道。乐山市特殊学校校长、老师和聋人学生来馆参观学习。四川省教育厅特教专员熊壮先生来馆指导工作。他认为，现代阅读是声、光、电手段的融合，项目建设具有时代性、示范性和推广性。2015 年，图书馆为特教专业订购的近 5 万元图书，极大地满足特教类师生的阅读需求。

相关度情况：有机处理好资源、服务与读者的关系。资源逐年增加，提倡推送服务和专题服务，以特教类师生为主，以自助阅读为主。

活动启示：介入特殊教育，是非常富有爱心的事业。为专业建设做贡献，这是我们的责任和义务。引入新媒体，这是我们的价值追求。①

编制《学校年度阅读报告》。学校一个年度的阅读工作，以质量报告的形式加以记录，并向上级主管汇报，向师生呈现。主要内容包括：全年各班借阅量统计、各班进馆人数统计、全校借阅排行榜、全校进馆排行榜、借阅读物分析统计、新书质量分析报告、阅读大事记等各类阅读排行榜。这是一种别样的形式，以数据说话，既有规范图文，又有微数据图表，深度反映、记载和评价阅读工作，从而提高阅读推广的质量和层次。建立常态机制，多方协调、规范标准；树立"读者至上，服务第一"理念，强化责任、拓展宣传。

① 邹敏. 建特色藏阅 助特殊教育［M］//陈进，李笑野，郭晶. 高校图书馆阅读推广案例精编. 北京：海洋出版社，2016：357-359.

评选校级"阅读之星"。树立阅读榜样，交流阅读经验，传承阅读文化。"阅读之星"评选，以年度阅读报告为基准，以个人年度进馆次数和借阅次数为标准，客观而公正地产生。学校组织"阅读之星"经验分享，组织"阅读之星"颁奖活动。

建阅读专题档案。档案，记录学校的发展历程，记录人才培养过程和文化传承过程。档案具有存史、资政和育人功能。在营造书香校园的过程中，学校要留下阅读推广的轨迹，在《年鉴》中反映学生的借阅情况和进馆情况。在档案体系中，开辟"书香校园专题档案"，将建设计划、活动方案、资源建设、资源利用、阅读案例和年度报告等载入史册。

（三）书香校园的阅读

阅读，是书香校园建设的特色标志、终极目标和基本内涵。它包括师生的阅读行为与活动。阅读的目的在于增长知识、开阔视野、学会学习、养成阅读习惯和培养阅读能力。书香校园的阅读可从三个方面入手：一是以管理为手段，推动学生阅读；二是以引导为方法，开展丰富多彩的活动；三是以育人为要求，将阅读能力培养与学科教学深度融合。建立"书香俱乐部"，开展主题读书活动，设立"书香校园行动计划专项基金"，开展样板实验。搭建读书平台，拓展读书渠道。营造良好校园读书氛围的关键在于搭建立体、动态的读书平台，拓宽可视、可触的读书渠道。学校开展"读、写、绘、演"系列活动。"读"，学校可开展晨诵、午读和暮省等活动，每天早上课前30分钟组织各班学生进行文学诵读，中午辅导时间让学生选择自己喜爱的书籍自由阅读。定期举行读书节、晒书会、图书漂流等形式的校园阅读活动。教师协助学生成立读书社团，组织学生交流阅读技巧、阅读收获等。"写"包括写字和写作两方面，学校要把中华汉字中蕴含的传统文化艺术融入校园中，注重对学生汉字书写能力的培养，将写字纳入课程体系中。以阅读带动作文写作，由写作提升阅读能力。阶梯性写作就是把习作要求按照不同年级划分。低年级阶段偏重于字、词、句的训练，稳固基础。中年级阶段偏重于片段的训练，形成清晰的条理，言之有序。高年级阶段偏重于整体篇章的训练，掌握多种表达方法。"绘"，绘本是以图像为主，配以文字叙述出一个故事。"演"，指戏剧表演。角色意识是一个人必要的精神需求。随着时空不断变化，人的角色也会发生变化。表演能够帮助学生树立角色意识，培养良好的思想品质和行为习惯。学生在掌握读书技巧的基础上，学会沟通和交流，保持积极向上、乐观开朗的健康心态。开展新生阅读月活动。每年新生到校时，围绕新生开展阅读活动，为新生推荐校史校情类图书、综合素质类图书、心理健康类图书，组织参观活动、书上寻宝活动、新生共读活动等。开展毕业季活动，包括图书捐赠、毕业寄语、借阅历史回顾、成果展览、纪念品赠送等。

大型阅读活动，以时间节点为序。在重大节日，可以策划歌颂党、歌颂祖国的活动，如诗歌朗诵、征文比赛、"最美的中国梦"演讲比赛、故事比赛。在传统节日，可以策划以家国情怀为主题的活动，如国学经典诵读、美文赏析、成语大赛、汉字书写大赛、作文比赛。在校报、宣传橱窗、广播站和校园网，开辟书香校园专栏。阅读与创作融合，将读、诵、用融为一体，让青少年参与到阅读创作中来，在接受优秀文化熏陶的同时，发挥个体主动性。学生在参与创作的过程中推动阅读，以创作成果来激发阅读热情。帮助青少年独立阅读、主动阅读，有效增强他们的阅读兴趣。学校阅读活动要从教室向宿舍延伸，从语文阅读课内向课外阅读扩展，从有组织的阅读向自主自觉的阅读发展，让校园处处飘溢浓郁的书香。

"读书俱乐部"，又称校级"读书会"或"读书圈"，指由一群人定期聚会，针对一个主题或问题，进行有计划的学习交流。它是由有读书意愿的一群人主动组成的读书团体。社团性质的组织机构，是师生开展读书活动的基本组织形式。其职能是：组织指导各班开展形式多样的读书活动，为读书活动提供导读、评价等服务，促进班级读书群体之间的交流和联谊。读书会主要有三种类型：专业型读书会、兴趣型读书会、社团型读书会。专业型读书会通常有较明确而系统的阅读书目，对象固定，规模较小。兴趣型读书会一般自发组织，主要是交流思想、结交朋友、自由参加。社团型读书会是一种学生社团组织，目的是营造校园阅读氛围。读书会最直接的功能就是帮助人们建立与阅读的关系，即视、听、言、动。"视"就是读书，可以是一个人的事。"听"和"言"只能发生在读书活动中。"听"相对被动；"言"包括主持、主讲、讨论，深度参与。"动"指在最后有所感，有所悟，有所行。"读书会"因阅读而形成的聚会习惯古已有之。如孔子办学课徒，先后有 3 000 人聚集到门下拜师求教、寻求交流、寻找伙伴，这就是一种为阅读的聚会。全民阅读的标志之一就是读书会的建立，北京有 200 多个，深圳有 100 多个。英国剑桥大学有一个叫作"使徒社"的大学生读书会，每周定期探讨一本书和一个话题，从中出现过许多杰出人才。深圳的后院读书会，成立于 2009 年 10 月，是一个自发民间阅读兴趣小组。每两周开展一次活动，读书会的口号是"岁月如书、后院读过"。深圳的爱好读书会，口号是"爱读书的就是好孩子"。人民出版社读书会的服务项目有"把书读出来"。这三个典型的读书会，后院读书会采用读书与现场交流结合模式，爱好读书会采用读书与社会荐书模式，人民出版社读书会采用为读书提供公益性第三方服务模式。学生可以在读书会获得好书信息，与读书孤傲人交流，享受"听君一席话，胜读十年书"的人生快感，提振读书信心，形成自己的阅读力。深圳是全球唯一获联合国教科文组织颁发"全球全民阅读典范城市"的城市。阅读为这座年轻的城市注入沁人心脾的诗书之气，为城市的发展注入后劲，创造了一种高尚的城市文明样式。我国台湾地区有各类读书会上万个，每年举办大型的读书博览会，主要有成果展、活动观摩、实务座谈、专题讨论等，受到广泛重视。

开发课程资源。课内自主阅读，培养阅读习惯。"新课程标准"规定："小学生的阅读总量要达到 145 万字"。如果没有课内的自主阅读指导，几乎不可能完成。教育工作者要延伸课本教学，扩充阅读知识。小学语文课堂都是以课本教学为主，教师的职责不仅是教好课本知识，还应该针对课本知识进行相应的扩展，满足学生学习需求，增加阅读量，指导阅读，提高学生阅读能力。每周一次的导读课程，教师带领学生共同欣赏古今中外的文学作品，提高阅读鉴赏力。教师利用课前 5 分钟，向学生推荐名篇或名著片段，长期坚持，帮助学生不断积累写作素材。每学期学生做到阅读一本散文、一部小说、一册诗集，学生完成"美文警句""读后感""内容简介""诗句集锦"等形式的书面作业。开发书香课程体系，打破以往各学科设立的局限，使课程内容之间的联系更加紧密，使课程内容更加丰富多彩，吸引学生由被动接受学习变为主动探索。增强教师的课程研究意识，为学生提供更加优质的教育资源。建设"万卷书"特色课程，学校可以开展经典诵读课程、经典启智课程、书香德育课程，包括常规养成教育课程和主题性特色修身课程，尝试"阅读微课程"。① 开发"书香童年"校本课程：阅读启蒙课——营造阅读兴趣，试图向着"创设情境—情趣识字—试读文章—体验成功—产生兴趣"的教学走向，让学生喜爱阅读。读物推介课——唤醒阅读期待。阅读交流课——分享阅读成果。童话习作课——激发习作热情。乡村学校建设成为乡村文明中心，承继陶行知"生活即教育""社会即学校"的思想。乡村学校传承乡村优秀传统文化，培育文明乡风、良好家风、淳朴民风。亲近母语项目，母语是妈妈说的话、祖辈唱的歌谣、乡音土语、民族共同语，传达来自人类精神本源的共同语言文化。母语教育是一个民族文化传承发展的"根"和"花"。现代学校追求"小班小校"趋势、"小而美"发展定位。开发特色校本课程，为每一个儿童提供适合的课程和个性化的教育。整合退休校长和教师投入乡村教育中开展支教活动，培育一批认同乡村、热爱乡村、致力于乡村建设的教育人，建设新乡村学校，实现新田园教育梦想。

新教育实验，由著名教育学者、中国全民阅读形象代言人、阅读推广人朱永新发起，其核心内容就是"营造书香校园"。

---

① 龙雪英. 创建书香校园的探索与实践［J］. 现代中小学教育，2017（10）：10.

延伸阅读

案例：新教育实验模式

新教育实验是由教育专家朱永新发起，在长江三角洲兴起的新教育行动改革，是以教师发展为起点，以六大行动为途径，帮助新教育共同体成员过一种幸福完整的教育生活的教育实验。2000 年，新教育实验启动。2002 年，教育在线开通，实验于江苏省昆山市玉峰实验学校启动。2005 年，全国 20 多个省市 200 多所学校参与实验，挂牌学校 87 所。新教育实验核心理念是过一种幸福完整的教育生活。六大行动：营造书香校园，出版《中华经典诵读》；师生共写随笔，包括教育故事、教育日记、教育案例分析；培养卓越口才；聆听窗外声音；构筑理想课堂；建设数字社区。经过多年实践，形成"专业阅读+专业写作+专业发展共同体"的教师专业发展新模式。学生形成"晨诵、午读、暮省"，回归朴素的生活方式。

"书香校园"评选指标体系遵循原则：全面性与系统性、可行性与操作性、独立性与灵活性、定性与定量、前瞻性与持续性。该评价指标体系可以创新教育评价机制，丰富教育评价内容，是教育管理中的一个全新尝试。国家和行业都没有现成范例、规范，有研究的必要性、现实性。"书香校园"评选办法可采取逐级申报、逐级推荐、逐级展示的程序。"书香校园"可从资源投入角度入手，思考组织领导、阅读设施、阅读资源、阅读服务、阅读活动、阅读保障等维度。评选标准研制如下：

（1）书香校园构建纳入规划和计划；

（2）书香校园系列制度建设；

（3）书香校园投入逐年增长；

（4）图书阅读环境越来越好；

（5）年均借阅量逐年增长；

（6）每年新增图书生均 2 册以上；

（7）阅读推广人培养培训；

（8）阅读课程建设情况；

（9）世界读书日等系列活动；

（10）阅读重要成果和荣誉。

2008 年，中国阅读学研究会宣传阅读理念，广播阅读种子，评选"书香校园"，四川省泸州市忠山小学获此殊荣。

延伸阅读

案例：四川省泸州市忠山小学概况

四川省泸州市忠山小学规模不算大，却以书香校园的独特形象，享誉酒城。这所书香校园通过购书经常化、读书经常化、年级引领化、方式多样化来全力打造书香校园，教师具有深厚文化底蕴。学校开展大阅读活动，培养广泛兴趣爱好，塑造书香教师和书香学生。学生的知识得以丰富，精神得以陶冶，智慧得以启迪。读书成为师生生命的一部分。2008 年 4 月，该校被中国阅读学研究会授予"书香校园"铭牌。近年来，忠山小学的每一名师生都能捧起一套经典，用最静心的阅读来充实自己比天空更广阔的心灵。①

第二节　书香班级建设

一、书香班级概说

"书香班级"以"阅读点燃智慧，好书引领成长"为活动理念，倡导阅读推广活动；依托网络平台、博客载体，整合丰富的阅读资源，提倡班级阅读，旨在营造阅读氛围，创建书香校园。

班级是校园的基本组成和学生活动的载体。如果说校园是一条线，那么班级就是其中的一个个点。因此，班级是校园的根本，也是极为重要的部分。创建书香校园最重要的是打造好班级的阅读文化，由点到面、点面结合，扎扎实实做好阅读文化。营造好班级阅读文化的氛围，能够更好地带动校园风气，学校才能真正弥漫浓厚的书香氛围。从广义看，书香班级是书香校园的一部分；从狭义看，书香班级建设有特殊意义。班级营造好自己的班级阅读文化氛围，从小处出发，从细节出发。校级活动是"面"，班级活动是"点"，根据各班的特性，配合学校的大活动，点面结合，才会真正让阅读落到学生的心中。因此，扩大阅读面，增加阅读量，提倡多读书、好读书、善读书、读好书、读整本书，鼓励学生自主选择阅读材料。落实书香校园创建，营造班级阅读文化氛围是关键。

---

① 徐雁，李海燕. 全民阅读知识导航［M］. 南京：南京大学出版社，2016：83.

二、书香班级建设策略

建设班级图书角。苏霍姆林斯基说过:"我们的教育应当使每一面墙壁能说话,每一块石头会唱歌。要让学生视线所到的地方,都带有教育性,让每一个景点都给人以启示。"他非常重视环境的影响作用。他认为,学生所接触到的一切,对其精神面貌的形成具有重大意义。一个良好的学习环境,能够让人在自我激励中不断地发现,努力获取所需的知识与技能。班级教室是学生每天所在时间最长的场所,任何一处布置都将对他们产生潜移默化的影响,更应该是一个经典世界的熏陶场、磁性场。关注教室布置,创设书香之"场",很有必要。每个班级建设图书架,或称流动图书室,也可称为"书香园",将学校图书馆的图书有序流动到各班级,针对各年级各班级特征而配置相应图书,以 100 本为宜,以一个月为流动时间点。3 人组成"班级图书管理小组",自主管理好书架,护书员、图书登记员、外借员轮流当班,各司其职,负责图书借阅的正常流转。图书角供学生自主阅读,教师引导课堂内外阅读。创设良好的阅读环境,条件好的学校,可特意在教室的后部分隔出一片小区域,铺上软绵绵、颜色鲜艳的泡沫或地毯、小桌子、盆栽。学生们在这里看书,可坐、可躺。实行图书漂流,学生自己购买的图书,阅读后可以在此区域交流与分享。每人捐赠 4~6 本闲置书,教师为其颁发"爱心章"。班级也可以自购部分图书,实现人人共读、人人共享。以借书、献书和购书"三种形态",学生感受到阅读是幸福的,乐意走进书的世界。打造书香教室,开辟班级书香栏,创设具有浓郁书香氛围的班级环境,让学生置身于书海,与书为伴、与书结缘。在教室墙壁上开辟书香栏,内容可以为"好书推荐""读书随想""阅读快递"等;将古诗词贴在教室墙上,种下古诗树和名言警句林,从而触动学生心灵,引起学生读书的兴趣。展示读书心得、书画作品、精彩手抄报、小巧的手工制作等。构建诵读走廊,美化文化校园。制作《弟子规》《名人传》《三字经》文化墙。文化长廊的布置,让学生处处有书读,让校园处处有文化。学校可以给孩子制定各个年级段的经典诵读书目,循序渐进,步步推进阅读,让班级的经典诵读有科学的推进依据。

制作阅读卡。每张阅读卡上就有阅读信息、阅读心得。每阅读一本书,就填写一份阅读卡,并且开展阅读卡比赛。从读、画、写、录全方位刺激阅读,学生会越来越有成就感,而且喜欢上阅读,从而培养每一个农村学生,走好全面发展之路。每位学生为自己设计读书格言,如:"与经典同行,打好人生底色。""读经典的书,做有根的人。""最是书香能致远,腹有诗书气自华。""亲近书籍、与书为伴、与经典为友、与博览同行。""读书破万卷，下笔如有神。""安居不用架高楼，书中自有黄金屋。娶妻莫恨无良谋，书中自有颜如玉。""三日不读书，便觉言语乏味，面目可憎。""阅读是为了活着。"多样诵读，引领孩子们在玩中、乐中诵读经典。如何让学生被经典吸引，真正做到"乐读美读"呢？班主任可以精心设计活泼有趣的活动，如集体读、自由读、领读、引读、接龙读、师生配读、男女生对读等。学生可以从中感受祖国语言文字的形态美、意态美、节奏美和韵律美。班级定期开展丰富多彩的读书活动，如"经典故事大赛""好书大家读""经典文学知识竞赛""经典美文演讲大赛""古诗大赛"。

引导学生课外阅读。《全日制义务教育语文课程标准》要求"积累在课外阅读和生活中获得的语言材料"。建立"三级书库"：一是学校的图书馆，定期让学生借阅优质图书，借阅做到定人、定时、定点"三定"；二是"班级自助书吧"，图书来源于教师送、学生捐、班级买，学生可以自助借阅；三是"家庭书架"，建议家长半个月与孩子逛一次书店，根据班级推荐书目自主选购书籍。教师加强课外阅读指导，可以采用圈点勾画法，教会学生用相对固定的符号圈点文章，用波浪线和直线分别标注描写得精彩或论述得好的句子。采用摘抄评价法，将读物中富有教育意义的警句格言、精彩词句、摘录评价积存进自己的"采蜜集"中，并加以背诵，就能储备丰富的语言积累。教师精选内容生动有趣、语言生动形象的传统文化经典，分段推荐课外读物，分层指导阅读方式。优化读书笔记，感悟阅读之美。开展好书推荐会，分享阅读成果，突显趣味性，让学生体验快乐阅读，如一盒可爱印章、一张个性奖状。设计多层次展示学生阅读能力的平台，包括学校、年级和班级三个层面，感受阅读成长。班级诵读形式包括专题辩论赛、好书推荐会、模拟书店、课前3分钟谈天说地、班级办刊、为诗配画等。通过背、唱、演、画等形式，学生可以展示自己阅读的成果，激发自己的阅读兴趣。开展评比活动，丰富阅读生活。举行阅读竞赛，让书香弥漫校园，如书签和手抄报制作展览、以"我读好书，我诵经典"为主题的故事比赛，让读书本身成为一种快乐，让读书变成一种享受，才能真正丰富学生的精神世界。

营造书香班级文化。班级阅读文化是以阅读为核心，形成的班集体内部的独特行为取向和共同拥有的兴趣、认识、作风、行为准则。阅读的兴趣培养是班级阅读文化的基本内容，也是班集体形成发展的动力源泉。在班级阅读文化建设中，班主任是引领者、领头羊。学生是主体，教师是主导；学生是演员，教师是导演。班主任开设阅读指导课，不仅点燃了学生的读书热情，而且还教会了孩子读书的方法。师生共读，营造宽松氛围阅读，是一种精神生活、成长过程。共读就是建立一种拥有共同记忆的生活方式。教师课堂教学要引导学生读书，开出课外阅读书目，将课堂延伸到课外，将阅读延伸到课外。教师讲解《论语》，以国学滋养童心；家校联手，读写结合，提升读书效果。推行值日生记日记活动，记录当天发生的有趣事情、教师的思想、学生的感想和班级活动，逐渐积淀成丰厚的"班史"，让其成为学生难忘的记忆。让班级课前演讲成为一张名片。建立"读书成长册"，让学生进行个性化栏目设计，主要内容包括个人小档案、读书计划书、家校联系卡、读书笔记、获奖记载等，重视学生读书成果的积累。

有一位初中语文教师坚持早自习训练学生演讲，从初一到初三。初一，训练学生自选材料诵读；初二，训练学生背诵材料；初三，训练学生脱稿，自主即兴演讲。长期积累的阅读活动，养成学生的阅读习惯，成就学生的阅读品质。在"大教育观"指引下，坚持以发展课外阅读为主线，挖掘地方特色文化资源，传承家乡文化为辅线，"书香"是载体，特色是抓手。校本课程、班级特色和教学改革相结合，铸造学生独特个性和多彩人生。班级读书会是一种有组织的集体阅读活动，有其特定价值观和优势。班级读书会由自主阅读到互动阅读、深度阅读到情趣阅读。班级读书会以儿童文学作品为主要阅读材料，以导读、讨论、欣赏为多种类型，以情境体验和活体交流为结构类型，以学生为主体。情境体验分为整本书系列场景、细节画面、留白画面等。① 班级读书会策略包括共读、话题、分享。共读建立话题环境，话题寻求对话支点，分享提升阅读品质。班级读书会带领人是阅读者、爱心使者、组织者和聊友，是一种值得向往和拥戴的角色，在平凡中播撒书香、传递美好、温暖当下、奠基未来。

书香班级建设评价。阅读评估很难量化。重视评估，源自尊重学生对文本的自主评价，基于学生个人的独特审美体验。当代阅读理论强调，阅读就是对话和回应。阅读应由审美感知、理解交流到阅读能力形成。开展表彰性活动，每月评出"阅读之星"，展示评选理由、读书格言等。为学生树立典型，学生以此为榜样，在班级里形成你追我赶的阅读氛围。设计经典墙报是一项综合性的活动。学生自己动手设计制作黑板报，每月定期刊出。根据学生的特点，设计《与书共舞》《我阅读，我收获》栏目，以及介绍经典作品的《赏析栏》、展示自我的《魅力栏》、推动宣传的《百花栏》等。开展书香特色班会，这是一项总结性的活动。每月定期开展一次读书主题班会，开展"我与名家有约定""好书推荐会"等主题班会。学校"优良学风班"评选、"文明班级"评选中，班级阅读应该是核心指标和重要观测点。

关于"书香班级"评选，教育系统没有权威的统一标准和办法。在构建书香班级过程中，有必要研制评判办法和标准。学校评选"书香班级"可采取班级自

① 徐雁，李海燕. 全民阅读知识导航［M］. 南京：南京大学出版社，2016：61.

荐、老师推荐、学校审批的办法。评选标准做如下编制：

（1）班集体全年借阅量名列全校前茅；

（2）班集体全年进图书馆人次名列全校前茅；

（3）建有班级图书角；

（4）图书角每月流动图书 100 册以上；

（5）学生自主管理班级图书；

（6）图书漂流、图书捐赠统计；

（7）阅读卡制作、书香园展示；

（8）参与校级阅读活动；

（9）班级阅读系列活动；

（10）集体阅读成果荣誉。

第三节　书香家庭建设

一、书香家庭概说

书香家庭泛指有知识、有品德、有修养的传统家庭，且家庭成员喜爱阅读，具有良好读书习惯，能够学以致用，阅读学习氛围浓厚的家庭。

家庭是社会的细胞，是微型或微小社会。家庭是人生的第一所学校，家庭文明是社会文明的基石，其精神思想风貌决定社会的精神风貌。在我国，"耕读传家"和"书香门第"一直是传统家庭建设的重要方向。"耕读传家"，"耕"指勤奋地劳作，"读"是指读书和教化。丰衣足食、养家糊口、安身立命，为生存之本。"读"，可知诗书、达礼义、修身养性、以立高德，为教化之路。"耕读"，是在求生存之余读圣贤书，接受潜移默化的熏陶；"传家"则是指"耕读"为家庭传承的重要内容和方式。[①]"耕"是物质建设，"读"是精神建设。"半榻暮云推枕卧，一犁春雨挟书耕。"我国古代倡导"耕读传家"，倚重"书香门第"，追求"书香世代"。如今，"耕读传家"日益成为中国人精神上难以接续的田园梦幻。要构建以阅读学习为核心的家庭文化氛围，家庭精神的建设是家庭发展的第一要务。家庭价值的核心在于家庭精神财富的累积、成员的现代思想、精神高度。家庭的核心竞争力在于家庭人力资源的软实力。俄罗斯是一个非常热爱阅读的民族，非常重视家庭阅读研究，在许多公共图书馆和少儿馆都设有家庭阅读研究机

---

① 陈智慧. 打造书香家庭 ［J］. 湖南人文科技学院学报，2014（4）：104.

构。20 世纪 90 年代中期起，"家庭阅读课程"成为俄罗斯大学一门独立的课程。

二、书香家庭建设策略

营造书香家庭物质环境。建设书香中国，核心在于建设书香家庭。著名教育专家陈鹤琴先生在《为幼儿创设良好的环境》一文中指出："要孩子学会阅读，我们的家庭、我们的社会，必定要先有阅读的环境。"美国威斯康星大学经济系教授高希均先生在《构建一个干净社会》一书中也提倡："家庭中应以书柜代替酒柜、书桌代替牌桌，转移上咖啡馆与电影院的金钱与时间来买书、读书。"因此，家庭必须设置书房，藏书、书桌、书柜、电脑和网络是家庭阅读环境的硬件。图书是家庭最漂亮的装饰品，以书和字画为主题的家庭布局、摆设为家庭书香氛围增势添彩。家庭需要投资书本、教育、阅读和行走。我的女儿，3 岁前每周末上游乐场游玩，3 岁起每周末上书店阅读，并购买 1 本图书，从《白雪公主》到《十万个为什么》再到《文化苦旅》。伴随孩子的成长，家庭书房逐渐充实，也见证其成长轨迹。

营造书香家庭的文化氛围。构成以书为核心的亲子互动关系，让书的话题成为家庭的核心话题。阅读是高层次学习型家庭的联系方式，是高水平的沟通情感的方式。看书、读书、谈书、爱书，让书成为家庭思考和交流的起点、重点、交点、落脚点。在交流分享中，思想得以碰撞，情感得以交流，见识得以增进，素养得以提升，家庭得以和谐。历史上，建安父子、苏门三父子、曾国藩家族，家庭成员之间的彼此影响颇为明显。曾国藩家族 240 人，教授级的就有 90 多人，曾氏家族买书、藏书、读书之风很有影响。家长要规定每天读书活动的时间，让读书活动成为常规活动，制定家庭的读书评价制度，收集整理展示阅读成果。打造书香家庭，核心是家庭成员阅读品格的养成。只有每一个家庭成员自身成为具有阅读兴趣、阅读习惯、阅读能力、阅读意愿的自觉阅读者，阅读才可能真正成为家庭成员生活的一部分，成为家庭的一种生活方式。激发孩子的阅读兴趣。兴趣是最好的老师。兴趣以需要为基础和前提，又与认识和情感相联系。满足孩子的阅读需求，就要了解孩子的阅读心理。营造"以书为乐，人人阅读"的家庭氛围。读书的习惯是一种条件反射，其养成并非理性所能决定，而是取决于一种经验的感受。这种习惯是在幼年和家庭氛围中自然而然获得的。家长要让孩子抓住一切的机会阅读，带领孩子参与各项阅读活动，为孩子创造展示的机会。书香家庭构建中，孩子阅读兴趣和阅读习惯的培育是重点，孩子尚小时，家长是榜样，孩子是追随者；成长过程中，家长是主导，孩子是主体。

　　家庭教育常指家庭成员之间的相互教育，通常指父母或其他年长者对儿女辈进行的课外教育活动。古人对家庭阅读非常重视，北宋颜之推所著《颜氏家训》，是中国家训之祖，分20篇，其中6篇与阅读有关。家训是指记载古人齐家训子的文献，包括家族规约、俗训文献和乡约文献。古人对阅读行为尊重，对"书香继世"家风向往。古代家庭阅读思想体现在：读书修身、勤学苦读、持之以恒、知行合一、广博专精、读书为乐。翁森所著《四时读书乐》云："读书之乐乐如何？绿满窗前草不除。读书之乐乐无穷，瑶琴一曲来薰风。读书之乐乐陶陶，起弄明月霜天高。读书之乐何处寻？数点梅花天地心。"古代家庭阅读方法：幼教为先、善学好问、手抄口诵、循序渐进，读书章法注重看、读、写、作综合培养。①

　　建立书香家庭阅读档案。这是一个全新的概念，即家长和孩子阅读完一份读物，就填写一张阅读记录卡，阅读书目、阅读时间、阅读摘抄、阅读感想、阅读收获等信息都一应记录下来。长期坚持与定期回顾，留下全家共同学习成长的足迹，留下家庭成员永久的文化记忆。建立家庭阅读档案对孩子的积极意义最大。它有助于其阅读和写作能力的提高以及终身阅读习惯的养成。孩子是家长的影子，全家人一起阅读，互相交流故事和心得，一起分享读书的快乐，一起品味亲情的温暖。在阅读过程中，家长确定每学期的读书单，家长也填写阅读记录卡，与孩子一起建立独具特色的家庭阅读档案。一本本精美的阅读档案，让图书深入每个家庭成员的心中，给家庭生活开辟一个新天地。经常回顾阅读档案，体会阅读带给家人的乐趣。家庭阅读档案填写内容涉及阅读时间、读物信息和阅后收获三个方面。读物信息可只填书名、作者、出版社、内容梗概以及图书的性质或类别等信息。阅后收获以填写内容为重点，摘选好词好句、令人印象深刻的段落，对读物的理解、感想与体会。孩子可以对书中故事进行改写、续写等再创作，开展读写分享活动。阅读档案积累到一定数量后，可以装入档案袋保存，在档案袋上贴上封面，注明袋内档案的时间、书名等简要信息。可以用画插图、贴小照片等方式对封面进行美化，使阅读档案更加精美。装袋后的家庭阅读档案一般采用纸张型，有条件的家长也可以把档案内容录入电脑，实行纸质版和电子版"双套制"管理。档案通常采用卡片或表格样式记录。② 书香家庭阅读档案建设以娱乐和鼓励为主，家长带头参与、定期回顾。家长和孩子共同阅读，一起创建和使用家庭阅读档案，充分调动全家人的阅读积极性，不断提高家庭的阅读水平和能力，促进全家人的学习、进步与成长。

　　书香家庭藏书建设，也可称为家庭图书馆建设。"藏书"是我国古代文献收

---

① 熊静，何官峰. 中国阅读的历史与传统［M］. 北京：朝华出版社，2017：151.
② 廖志江，高敏. 建立家庭阅读档案 营造美好书香家庭［J］. 山西档案，2014（1）：76.

藏的总称，是一种古已有之的文化现象。"藏书"一词最早见于《庄子·天道》："孔子西藏书于周室。"家庭藏书也称私家藏书，与官府藏书、书院藏书和寺庙藏书共同构成我国古代四大藏书体系。"藏书楼"出现晚于藏书，发源于私家藏书。"藏书家"具备四大条件：数量、质量、整理、应用。我国古代藏书楼文化源远流长，有一个共同特征——封闭性，典型的"重藏轻用"。现代家庭就是要继承和发扬光大"耕读传家久，诗书继世长"这一传统，积极加强家庭藏书建设。这有利于书香社会建设、国民素质提升和子女教育。

书香家庭藏书体系构建：一类是经典阅读基本藏书。经典图书具有传统性、典范性和权威性，是经久不衰的万世之作和人类文化的积淀和结晶。一个民族都爱读的典籍，应作为家庭藏书的重点。古人说"半部《论语》治天下"，每个人不同时期阅读《论语》，都能悟出深刻的道理。二类是工作和研究所需藏书。家庭成员的职业性质，决定这类藏书的系统性、完整性。三类是子女教育系统藏书。子女成长的不同时期有所侧重，藏书因兴趣而定、因学习需要，一般包括工具书、参考书和课外读物。子女教育类藏书不可或缺，属于必藏图书。四类是家庭成员业余爱好藏书。北京大学王余光教授认为，"家中藏书不必多，而必须精"。他认为普通家庭藏书应该包括中外经典著作、儿童读物、生活实用与适用类书等三类。南京大学徐雁教授强调"书香充盈家庭的重要性"及其对全民阅读推广工作的支撑，并提倡家庭应拥有一定数量和质量的"基础性藏书"，建构自己的"读物结构"。家庭藏书注重持续性、系统性、畅销性，制定清单，以用为主，善加管理。书香家庭图书馆化建设是公共文化服务的又一个逻辑起点，是延续优良传统文化的重要方式和文化共享的落地根基。家庭图书馆的核心运行方式就是家庭文化的"共享"与"共赢"。家庭成员通过共读产生思想与心灵的共鸣，形成共同语言、共同文化，增进情感与关系，促使家庭小微文化的延续与维系。家庭书屋体现个体化与公共化的复式融合、生活化与知识化的渗透融入、艺术装饰性与实用功能性的有机统一，实现家庭文化传承功能、社会交际功能。家庭图书馆的阅读沙龙实质为一种小范围的社交方式，"邻里间以书会友，围炉夜话的大书房"的家庭图书馆比"社区图书馆"更亲近，更具情感交流和关怀优势。现代，悄然兴起一种阅读形式，叫作家庭读书会，它以一个家庭为中心，小朋友们每周末聚在一起，阅读、交流、分享，家长负责组织、引导和点评。这种形式很受在校学生喜欢。家庭读书会的要素就是"读""书""会"，每周确定阅读主题，每周一位主讲人，设计话题，吟诵分享，分享心得，参与讨论。

探索体验式家庭共读。我国现代著名教育家陶行知提倡"生活即教育"，美国著名社会心理学家、教育家大卫·库伯则提倡体验式学习。体验式家庭阅读倡导用手工去创作、用脚步去丈量、用身心去感受，鼓励家庭成员共同参与，有助于提升儿童生活体悟与心智发展水平，增进家庭成员沟通交流。一是手工制作。亲子手工是家庭阅读的重要形式，可以围绕不同的阅读主题，以深入浅出、生动有趣的方式最大限度地发挥书本的力量，带着孩子一起去感受生活，体验和品味成长过程。二是角色扮演。读者扮演文学作品、动漫或游戏中的角色，参与者表演作品中的某一个角色。扮演者按照自己的理解、角色的设定和情节的发展再现书中情节或自创情节，由其余的参与者或欣赏者记录并评价角色扮演者的表现，加深参与者和欣赏者对作品的思考和挖掘，这是一种"深阅读"方法。三是自然观察。博物学在中西方都有久远的历史。《诗经》里很多诗歌来自民间，那些"草根诗人"对于动植物的描述与吟唱，是很好的博物观察内容。19 世纪，西方的博物学发展最为光彩夺目，无数博物学家去世界各地进行探险，采集、描述了大量动植物标本，撰写了大量著作。四是文化行走。游学是古今中外传统的学习教育方式之一，对人格养成和知识形成有重要作用。孔子周游列国而后整理修订儒家经典，司马迁足迹遍天下而著《史记》，郦道元游历秦岭淮河以北和长城以南广大地区而撰《水经注》，达尔文环球考察而催生《物种起源》，他们皆在游历中了解异域风土人情，汲取各地文化之精髓，深思积淀终成鸿篇巨制。①

培育阅读推广人，开展阅读推广研究。"阅读推广人"是一个崭新的社会身份，指个人或阅读机构，通过多种渠道、形式和载体向公众传播阅读理念、开展阅读指导、培养阅读兴趣和阅读能力的专业和业余人士。深圳作为最早提出"阅读推广人"概念的城市，从 2012 年开始承办培训班，"阅读推广人"通过严格考核获取资格后才能持证上岗。阅读推广组织和人员借助教材编撰深化家庭阅读研究，开展家庭阅读调查，培育家庭阅读推广人才。学校成立指导委员会，做好家庭阅读理念的普及与推广，提供家庭教育交流平台。开展阅读品牌活动，通过好爸爸俱乐部、好妈妈俱乐部等诸多形式，创建特色家庭品牌。图书馆应经常在俱乐部借助妇女节、感恩节、父亲节和母亲节等契机，举办感恩父母大型亲子教育活动，让更多的孩子与父母接受心灵的洗礼，有利于孩子成长、发展。

探索"图书馆+家庭"阅读推广。这是开展家庭阅读推广的双赢选择。家庭既是公共图书馆的活动对象，又是活动的参与者、合作者。公共图书馆优选适宜的家庭，指导和支持在家庭开办微型图书馆。公共图书馆负责提供图书资源，并开展业务培训。家庭图书馆面向附近居民提供一定的借阅服务，附近居民通过图书交换的方式自行增加"馆藏"资源。在家庭中收集其他家庭的图书，建立家庭共同借阅的场所，能改善邻里关系，还能满足阅读需求。以点带面，有效推动家

---

① 肖容梅. 创新开展图书馆家庭阅读推广［J］. 图书馆建设，2017（12）：13.

庭阅读和书香家庭的构建。

养成家庭阅读习惯，让孩子终身受益。日本"绘本之父"松居直在其《幸福的种子》一书中主张开展家庭阅读。现代家庭不能全依赖学校，要增强自身社会责任感。孩子人格构建的最初6年是关键，家长的养育成果在青春期得以显现。一个好读书的家庭，就会有好家风，有爱读书的风气。家风不一样，行为举止也不一样，这就是"环境决定论"。儿童早期阅读教育理念越来越受重视，关键在家长。美国国家阅读委员会一直积极提倡亲子阅读，认为家庭里的孩子诵读是"孩子小学毕业之前都应该保持的一种习惯"。家庭阅读中，"陪伴是最好的教育"。6岁以下的孩子喜欢重读一本书，喜欢读图画书、童话书。有一本绘有一百层楼的图画书，每层楼有独特内容。有的小孩专注每一层楼里的东西。每层楼各式各样的楼梯都吸引小孩去发现、观察。父母要做细心的观察者、耐心的倾听者、乐此不疲的共读者，培养未来的"阅读种子"。亲子共读，构建健康的生活方式。坚持倡导以传统阅读为主，完整阅读优秀书籍，较早开始亲子阅读，形成家庭阅读模式。"习惯"就是习性、惯性，是一个人心性的自然向往、自然而然的行动和一个人的内在需要，不是被动、勉强、迫于外力的行为。阅读力有赖于阅读者读书习惯的养成，阅读习惯是一个人阅读力的基石。习惯影响着阅读的成效，终身阅读习惯影响着一生的阅读效果。习惯形成性格，性格影响命运。

评选书香家庭。近年来，我国已经评选了四届"书香之家"，约2 000个家庭获得"书香之家"称号。家庭阅读、亲子共读，正在成为一种新的社会风尚。在学校中树立阅读榜样，弘扬家庭文化。评选办法可以采取家庭申报、班主任推荐、学校审批等程序。书香家庭评选标准是一个难点，值得研究。

书香家庭评选标准编制如下：

（1）建有家庭书屋，有一定的阅读空间；

（2）建有专用书柜，配置电脑和网络；

（3）有较为丰富的藏书量，分类合理；

（4）每年购置新图书，满足家庭成员的阅读需求；

（5）家长作为阅读推广人的工作亮点；

（6）每天保证固定阅读时间；

（7）亲子共读的活动记录；

（8）家庭阅读沙龙活动记录；

（9）阅读成果和荣誉展示；

（10）书香家庭的档案建设。

第四节 书香乡村建设

一、书香乡村概说

"书香乡村"指在农村地区倡导全民阅读，推动社会主义新农村文化建设。"书香乡村"的概念，在学术理论界很少提及、研究借鉴不多。此概念的外延指区域性乡镇，与"书香社区""书香城市"相对应。"书香乡村"建设有利于科教兴农，加快农村经济发展，全面提高农民综合素质，丰富农民精神文化生活，有利于留守儿童的健康成长。

现代农村文化建设着力于两个点：文化站建设、农家书屋建设。据调查，条件较好的县域在完善乡村两级文化基础设施建设。文化站的面积一般为200~1 000平方米，农家书屋一般一村一个，座位30~50个，藏书2 000~10 000册。基本实现区域内公共文化基础设施全覆盖，全国农村逐步建立起"供书、读书、管书、用书"的长效机制。但实际运转情况不容乐观，文化站热闹，图书馆冷清。书籍种类少而老旧，无法满足农民的不同阅读需求；管理不到位；图书阅览室利用率有限；缺少专业管理人员。究其原因，受"以经济建设为中心"的发展战略影响，广大村民逐渐形成了"重经济、轻文化"的思维定势。受功利主义价值观影响，农村居民对阅读失去浓厚兴趣。农村文化建设资金投入严重不足，农村文化建设工作人才稀缺。

大众参与、人人受益，将"书香乡村"建设纳入基层政府的目标考核体系。推进全民阅读立法，使其形成常态化机制，即对一项事业通过一种经常性、行之有效的运行制度加以管理或约束。建立一套符合农村实际需要的公共文化服务体系。学习发达地区的经验，建设汽车流动图书馆，以集市和村社农家书屋为流动借阅点，定时定点发班，并安排专职服务人员随车出行，为老百姓提供阅读服务和指导。定期在集市或村社农家书屋举行阅读活动、科技知识讲座；适当调整延长文化站或农家书屋的开放时间，使其尽量与大部分农民的休闲时间保持一致。夜晚是农民参与文化活动的最佳时机，要吸引他们走进书屋。井冈山、桂林阳朔的农民晚上参与红色实景演出，丰富了精神世界。充分发挥乡村知识分子的引导作用，因为在传统的中国农村社会里，知识分子是很受村民们欢迎的，正如费孝通先生在其《乡土中国》所说："我之被邀，在乡民看来是极自然的，因为我是在学校里教书的，读书知礼，是权威。"① 完善公共文化基础设施建设，拓宽资金投入渠道，加强基层文化服务队伍的建设。

二、书香乡村建设策略

农家书屋，也可称农村书屋，是为满足农民文化需要，在行政村建立的、农民自己管理、能提供农民实用的图书报刊和音像电子产品，具有阅读视听条件的公益性文化服务设施。2007 年 3 月，全国范围内实施农家书屋工程，这是中央五大惠民工程之一。2007 年 8 月 27 日，新闻出版总署主持召开农家书屋工程建设领导小组第一次会议，标志农家书屋工程建设进入全面实施阶段。2008 年，国家颁布《农家书屋工程建设管理暂行办法》，提出"每个书屋图书一般不少于 1 500册，品种不少于 500 种（含必备书目），报刊不少于 30 种，电子音像制品不少于100 种（张），并具备满足出版物陈列、借阅、管理的基本条件"。按照"政府组织建设，鼓励社会捐助，农民自主管理，创新机制发展"的思路组织实施，把各部门、各地区在农村文化建设中的类似项目结合起来，相互补充，同步推进，实现资源整合。广泛动员社会力量参与，鼓励国内外各界采用多种形式、多种渠道进行捐助。按照农民自主管理、自我服务的模式进行管理和运行。具备条件的书屋，政府将鼓励支持其开展出版物经营活动，通过经营收入进一步支持农家书屋的良性发展。农家书屋工程的主要任务是为广大农民普及科技知识，传播先进文化，提供精神食粮，体现人文关怀。建设目标：到 2015 年，基本覆盖全国 64 万个行政村。我国办有《农家书屋》杂志，图文并茂，关注"三农"现状、科学发展、小康生活和乡土文化，坚持高品位、高质量的内容导向，贴近变化中的社会生活。中国农村传媒网是国家文化工程"农家书屋"专属新媒体平台，隶属《农家书屋》杂志社。其宗旨是"指导农家书屋的建设和管理、推进农村文化发展、传递农民致富信息、丰富农民文化生活"。农家书屋建设理念是营造"农民自己的精神家园"，努力为农村和城市架起沟通的桥梁，为农民提供一个展示自我和提升自我的舞台。据统计，我国已建成同一标准的"农家书屋"60 万家，投入资金 180 多亿元。

农家书屋环境建设。农家书屋担负着提高农民素质的重任，其建设和发展受到广泛关注。少数民族和边远地区农家书屋的建设更关系到我国和谐社会的健康发展，应加大资金投入和增加图书配备，完善书屋的基础设施。建设有地方特色

---

① 邱铁鑫，方纲."书香乡村"建设困境与对策研究：以成都市 PD 区农村为例［J］.新世纪图书馆，2017（12）：43.

的农村书屋和专业书屋，如"非遗文化读物""计生书屋"。加强农村电子图书馆和网络农村书屋的建设，建立网络农家书屋，全国建立与普及"三农"科技网络书屋。加强乡镇青少年书屋建设，主要是为了服务那些父母亲不在身边的青少年，即 16 岁以下的"留守儿童"。① "农村书屋"工程的建设模式：合作社或家庭农场形式，采取"合建、共建、改建、新建"等形式。此模式运用政府和社会的双重力量，选购农村实用图书，建成一个综合性的图书室，将其和乡村学校、留守儿童活动室及老年聊天室等结合在一起发挥其功效。

"农家书屋"可持续发展。坚持以政府投入为主体，政府主体与市场推动相结合；坚持以市场为导向，与当地实际相结合；坚持以社会效益为目的，精神文明传播与农民受益相结合。四川省攀枝花市实施"大地书香新农村家园工程"，建成 44 个乡镇图书室、352 个村图书室和文化信息资源共享工程基层服务点，实现所有乡、村都有现代化图书室的目标。资源保障常态化，市、县图书馆开通图书流动服务车，定期为乡镇、村图书室送书、送设备。培训辅导周期性，定期举办"农村基层图书管理员培训班"，对各区县图书馆馆员、乡镇文化站领导、文化专干、村图书辅导员统一进行培训。此工程项目荣获全国第十五届"群星奖"，并被纳入第一批国家公共文化服务体系示范项目。江苏常熟古里镇是传承"书香仁风"的"华夏书香"第一乡，努力守护丰厚的藏书文化资源，夯实"学习型组织"的文教基础。古里镇 17 个行政村，镇文化站藏书 3.5 万册，17 个村级图书室藏书 2.5 万册。江苏张家港市永联村素有"小镇水乡、花园工厂、现代农庄、文明风尚"之称。永联村图书馆始建于 1995 年，被称为"中国第一乡村图书馆""华夏书香地标"全国第一牌。云南腾冲市和顺镇，建有和顺图书馆，馆内珍藏丰富的抗战文献。和顺镇被评为中国首批"魅力名镇"。

留守儿童补偿教育，即为文化处境不同的儿童设计个性化的教育方案，以补偿其幼年缺乏文化积淀的环境，减少其课业学习困难和增进课业学习能力。《国家中长期教育改革和发展规划纲要（2010—2020 年）》指出，"学前教育对幼儿身心健康、习惯养成和智力发展具有重要意义"。补偿教育的重要意义在于能提高儿童的学习能力，使其形成良好的学习习惯，弥补监护人在教育能力上的不足。美国的"提前开端"和印度儿童综合发展服务计划都是世界上著名的补偿教育计划。我国"特殊教育行动计划""教育优先区计划""乡村教育振兴计划"都可视为我国补偿教育的代表性国家政策，可见补偿教育对于我国当前农村留守

---

① 崔艳. 农村书屋研究综述及展望 [J]. 南阳师范学院学报，2011（8）：97.

儿童尤为重要。① 留守儿童多处于中西部，信息接触源单一，存在亲情缺失，其监护人能力有限，基础文化设施配套不足。调整农村书屋资源结构，充实补偿教育资源，为农村留守儿童多配书、配好书；以资源共享促进补偿教育资源循环利用，设立寒暑假专题阅览室，建立联合教育体系。受耕读文化影响，20世纪50—60年代，我国曾开办"耕读小学"，这是农村小学教育的一种过渡性教育体制，对困难学生实行"半耕半读"制度。这一做法可以延伸到当代的留守儿童教育、留守妇女教育。"耕为本务，读可荣身。"构建"农村书屋+"社会合作模式，使农村书屋发展成为留守儿童假期活动中心，聘请乡村干部、在职和退休教师任馆员。积极与政府、学校、媒体、民间阅读机构等合作，共同推进少儿阅读。推广"农村书屋+电商"服务站，建成集提供图书外借、电子书下载、电商知识培训、代购、快递收发等服务于一体的服务站点。

农村书屋图书构建。第一，依据农村现实情况，重点增加农村种植养殖、加工制造、医疗卫生、科普知识、法律法规等图书；要将专业类、教育类、大众类图书兼顾配置。第二，针对各地的生产实际和地域差异，在配书细节上因地制宜。根据农民对农时、农事、农技的实际需要，宣传推荐专题技术书籍。给技术人员提供与电焊、机床、缝纫、烹饪、电器维护及修理、家政等相关的技术书籍。第三，适当购置一些引导农民提高生活质量的书籍，如生活类、文体类、休闲类图书，丰富村民生活，提高其生活质量。第四，购置能提高农村中小学生文学素养的文学书籍，鼓励中小学生多读文学名著、传统文化类图书。第五，购置乡愁类图书。收集非物质文化遗产资料、家乡掌故、家乡画册、家训家谱、年鉴档案等，让百姓记住乡愁、记住故乡。

创新服务管理模式。建立"农家书屋建设基金"，尝试开展"租、借、买"三合一制度。在书屋管理制度上，开放时间、借阅登记要尽可能考虑农村实际，结合农活时间，尽量给以农民群众方便。在服务上，积极探索，结合实情，提供个性化服务。可定期向农民群众预报书目，分季节、按作物种植分类满足农民群众的阅读需求。比如，北京市平谷区黄松峪乡，建有益民书屋，设网络阅览室、绘本馆读书会、读书沙龙，长期开展好书推荐、书评笔会、诗歌朗诵会、知识讲座等。其特色在于将阅读与农家旅游相结合，在农家院设立书架，供村民和游客阅读，为旅游者提供一片绿色友好的环境。② 北京农民工聚集区，建有"绿孩子读书会"，招募种子故事人作为义工，陪伴农民工子女开展阅读。公共图书馆要

---

① 邓李君，邓倩，杨文建. 基于农村书屋、乡镇图书馆、学校的留守儿童补偿教育模式研究[J]. 国家图书馆学刊，2013（5）：20.
② 聂震宁. 阅读力［M］. 北京：生活·读书·新知三联书店，2017：172.

关注六大类特殊人群，包括残疾群体、阅读障碍群体、老年群体、外来务工人员及其子女、监狱犯人、医院病人群体。农村要特别关注弱势群体，包括留守儿童和老年人。全面建设养老服务体系，引导他们进行人文阅读，真正做到老有所乐、老有所"读"。英国图书馆百分之百满足老年人的阅读需求，定期上门服务，开展回忆活动是其一大特色，通过图书、写真、音乐、录像、幻灯片和历史性录音等形式进行。我国第六次人口普查数据显示，我国 60 岁以上老龄人口已达1.77 亿，占人口总数的 13.26%。改善老年人阅读状况，建立专门场所，提供健康培训、阅读推广和送书上门等便利服务很有必要。

第七章 幼儿阅读论

阅读促进幼儿的成长，是其终生发展的根基。伴随文化和教育的发展，幼儿阅读已成为人们越来越关注的话题。阅读始于幼儿。

第一节 幼儿阅读概况

一、幼儿阅读概念

幼儿阅读是指 3~6 岁学前儿童与图文书面符号互动的过程。它是一种以幼儿感官机能为基础，幼儿生活经验中的内在体验与外在表达相融合过程。幼儿阅读以"听赏"为接受方式，以"读图"为理解路径，以"体验"为审美特性。在我国，3 岁以下的儿童通常称为低幼儿童，3~6 岁的儿童称为学前儿童，6 岁前统称为幼儿。0~3 岁是培养儿童阅读兴趣和学习习惯的关键阶段，3~6 岁侧重于提高儿童的阅读和学习能力。阅读是儿童认识世界的源头，阅读能力是儿童学习能力的核心要素。阅读是学习的基础，应该重视早期阅读，培养幼儿的阅读能力。幼儿阅读素养的构成主要包括三个维度：阅读情意、阅读经验、阅读技能。阅读情意指幼儿的阅读兴趣、阅读动机及阅读情感体验；阅读经验指幼儿的阅读经历与经验；阅读技能指阅读的操作方法、阅读习惯和阅读能力。幼儿读物以印刷型资料为主，多媒体、玩具、学习性游戏器具和计算机网络资源是辅助资源。幼儿阅读方式分为读图、听读、影视阅读三种。读图，也称"看图"；听读，也称"听文本"；影视阅读，也称"声光色影"。幼儿阅读的主要载体是绘本，主要任务是阅读习惯养成，主要的途径是亲子阅读。幼儿阅读调用的器官最多，他们看电视、动画片、幼儿栏目《大风车》，是阅读。他们听讲故事、听儿童歌，是阅读。他们玩游戏，也是一种别样的阅读。儿童阅读推广在我国已有 10 年历史，主要任务是引导儿童阅读，让儿童尽早养成良好的阅读习惯。幼儿阅读的核心理念就是尊重儿童选择读物的权利。

二、中外幼儿阅读现状

(一) 我国幼儿阅读教育

我国的幼儿阅读教育从晚清时期蒙养院就开始起步,早期识字曾经成为我国儿童早期教育的主要任务和代名词。20 世纪 80 年代,我国从最初关注西方幼教界儿童早期阅读,引入国外早期阅读教育理念,到重视将幼儿阅读与家庭教育相联系。我国倡导、建议人们思考学前儿童何时阅读与怎样阅读等问题,再到明确提出学前儿童阅读或幼儿阅读、幼儿早期阅读教育等概念。我国走过了从家庭教育、儿童文学等视角对相关问题的初步探讨。到 20 世纪 90 年代,学科领域活动依然是幼儿园课程的主要形式。阅读作为学前儿童语言教学领域的一部分,以文学阅读为主。它的宗旨在于通过语言活动的重要载体,对幼儿进行道德和认知教育。我国才真正将具有现代意义上的幼儿早期阅读研究作为独立研究领域,此时的研究主要集中在介绍国外早期阅读的研究成果。21 世纪以后,伴随着社会价值、教育价值取向、个人文化素质等方面的发展,人们对幼儿阅读的理解更加开放而多元。我国幼教界以前所未有的热情关注、推广早期阅读教育理念,开展各种各样的早期阅读研究。从教育学与社会学研究视角,展开幼儿阅读的研究更为丰富,既有对外国既有理论的引进与分析,也有对现实教育问题的实践探索。[①]

我国幼儿阅读现状。2007 年,我国将每年的 4 月 2 日定为"儿童阅读日",在全社会推广早期阅读教育,使广大幼儿家长及相关组织机构重视幼儿阅读的开展。2009 年被定为"儿童阅读年",2010 年被定为"亲子阅读年"。2013 年全国国民阅读调查显示:2013 年 0～8 周岁儿童图书阅读率为 66%,较 2012 年的 64.5% 提高了 1.5 个百分点;人均图书阅读量为 5.25 本,比 2012 年的 3.85 本提高了 1.40 本。亲子阅读是家长和幼儿借助各种方式共同分享幼儿读物的一个过程,这些方式可以是家长讲、幼儿听,也可以幼儿讲、家长听,还可以是手工、涂鸦、表演等。2013 年全国国民阅读调查显示:我国 0～8 周岁有阅读行为的儿童家庭中,有陪孩子读书的习惯的家庭占 86.5%;家长平均每天花费 23.87 分钟陪孩子读书;家长平均每年带孩子逛书店 3.4 次;近四成的家长半年内至少会带孩子逛 1 次书店。儿童图书的发行量每年有 4.6 亿册,未成年人人均拥有图书 1.3 册,是日本的 1/40,是美国的 1/30,世界排名第 68 位。其中,30% 的城市小读

---

① 苏敏,魏薇. 回顾与反思:我国幼儿阅读研究三十年 [J]. 山东师范大学学报 (人文社会科学版),2017 (2):109.

者拥有 80% 的儿童读物，70% 的农村小读者只拥有 20% 的儿童读物。① 我国幼儿阅读状况有所好转，与发达国家相比却差距甚大。儿童阅读主要有以下问题：分级意识不强，功利性和娱乐性强，读物同质化，拥有量少，城乡差别大，发展不均衡。

（二）国外幼儿阅读教育

日本致力于幼儿阅读推广。日本是一个有着高识字率和高阅读量的国家，致力于开展"儿童读书年""儿童读书周""儿童读书日"活动。首届"儿童读书周"活动发起于 1959 年 5 月，此后将每年的 5 月 1 日至 14 日定为"儿童读书周"。1999 年，日本确定"儿童阅读年"，将儿童读书周延长为 3 周。2001 年 12 月颁布的《儿童读书活动推进法》，将每年的 4 月 23 日指定为"儿童读书日"。

美国推行"从出生就阅读"计划。美国的儿童阅读量是中国儿童阅读量的 6 倍之多，反映美国幼儿阅读工作的突出。1995 年由美国的基金会、图书馆、医疗照护机构携手合作，提供儿童与读写能力相关的知识及有关资料。它的宗旨是提升儿童读写能力，使父母认识和了解其在儿童早期阅读与读写能力发展进程中所扮演的重要角色和关键作用，做好孩子的第一任老师。此外，美国的"亲子阅读之夜"也是一个很有特色的亲子阅读项目，由美国图书馆、学校、文学机构共同举办，在每年 11 月的第三个星期四举行，活动形式活泼多样。

英国首创"阅读起步走"计划。英国向来是一个崇尚阅读的国家。1992 年，英国公益组织发起了全世界第一个婴幼儿免费全面赠书活动"阅读起步走"计划。到 2004 年获得英国政府全面经费资助，该项读书运动已从一个地方性读书运动上升到由英国政府主动参与推广的全国性读书运动。

新加坡政府提出"天生读书种，读书天伦乐"计划，从 2001 年 11 月开始。新加坡在婴儿出生时，将"如何读书给婴儿听"一项作为在医院护士叮嘱产妇注意事项中的规定项目。

第二节　幼儿阅读教育

一、亲子阅读教学

亲子阅读又称亲子共读，特指家庭情景中父母和孩子共同阅读故事书或图画

---

① 张利娜. 国内幼儿阅读状况、突出问题及促进措施研究［J］. 图书馆，2015（5）：99.

书的一种阅读活动，是展开讨论、交流的一种分享性、个别化的阅读活动。亲子阅读作为幼儿早期阅读的重要形式之一，强调亲密、舒适、和谐。3~8 岁期间是人的主要阅读能力形成阶段，并遵循一定的规律性。亲子阅读具有很强的自发性、经验性、随机性特点。亲子阅读有助于增进亲子之间的感情，有助于培养幼儿学前阅读能力，有助于发展幼儿语言能力，有助于发展幼儿想象能力，有助于丰富幼儿社会情感体验。亲子共读是最适合幼儿的早期阅读方式。家长为幼儿声情并茂地朗读，以动作和表情为辅助，以吸引孩子的注意力，培养他们对阅读的兴趣。幼儿参与到阅读中去，这样才能体会和感受到阅读的乐趣。幼儿进行角色扮演，以幼儿跟读、复述、绘画和游戏的形式，增强幼儿阅读的趣味性。持之以恒，是达到阅读效果和养成阅读习惯的关键品质。教师和家长应有充分的耐心，去促进孩子的发展，鼓励孩子微小进步，期待孩子潜能的发展。亲子阅读让孩子和父母在一起，在心中种下喜悦种子和世界相遇。童年早期，爱的最重要变量是陪伴。亲子阅读的指导原则是以身作则、了解儿童，关键是撩拨孩子的阅读兴趣。亲子阅读的重点是儿童主体、阅读本位、文本中心。

二、绘本阅读教学

绘本，源于日本，英文称 picture book。现代意义的绘本诞生于 19 世纪后半叶的欧美，凯迪克、格林纳威、波特是最早期的杰出代表。20 世纪 60 年代，绘本开始在韩国、日本兴起。20 世纪 70 年代，中国台湾地区开始绘本阅读。近年，中国大陆地区逐渐掀起绘本阅读热潮。顾名思义，绘本就是"画出来的书"，指一类以绘画为主，兼附有少量文字，甚至完全没有文字而全是图画的书籍。它是"为幼儿创作的图书"。日本学者松居直对绘本的形象注解：文字+图画=带插图的书，文字×图画=图画书。① 绘本是图画的艺术、文字的艺术、视觉的艺术、听觉的艺术，它的趣味性、开放性吸引着幼儿的目光。绘本图大、图多、字少，画面唯美，排版独特，细节丰富，形象可爱。绘本以故事为主线，图画具有"欣赏性""讲述性"和"生活性"。绘本具有美的意境、美的语言、美的韵律、美的情感。"儿童性"是绘本的基本属性。绘本是儿童的恩物，是教学资源，但不是教材，不必过于专业化、课程化和功能化。绘本最大的特点是文学性和艺术性。绘本中的图画一般是手绘作品，讲究绘画的技法和风格、精美和细节，是创造性的艺术。绘本强调文与图的内在关系，文字与图画共同担当讲故事的重要角色。

幼儿阅读遵循从"图画到文字"的过程，阅读方式以亲子阅读为主。亲子阅

---

① 任萍. 亲子绘本阅读的特点与教育指导策略［J］. 鄂州大学学报，2016（5）：81.

读具有一个重要的特性——持续性，坚持每天开展绘本阅读，不仅可以营造一个温馨和谐的家庭氛围，而且还可以促进幼儿阅读兴趣的培养、阅读能力的提升、阅读习惯的养成。开展亲子绘本阅读的第一步始于营造温馨愉悦的阅读环境，包括物质环境和精神环境两方面，创设多样化的情境。应着眼于幼儿的最近发展区，应注重对幼儿个性的影响。绘本是国际上公认的最适合幼儿的读物，无疑也是亲子读物的最佳选择。创设良好的家庭环境，增强幼儿阅读意识，树立科学阅读观，增强阅读的互动性。苏霍姆林斯基曾说过："孩子的阅读开始得越早，阅读时思维过程越复杂，阅读时对智力发展就越有益。7岁前学会阅读，就会练就很重要的一种技能，即边读边思考边领会。"绘本包含很多信息，指向孩子能力发展，有助于提高孩子观察力、注意力、理解力、想象力、思考力和创造力等。

绘本教学。我国朱静怡老师主张"幼儿自主阅读为主，教师引领为辅；生生互动为主，师生互动为辅"这一绘本教学理念。她总结出绘本教学的5个基本阶段，即"进入式阅读—理解式阅读—分析式阅读—提升式阅读—应用式阅读"。自主想象：细致观察，猜测内容；自主翻阅：充分翻阅，发现奥秘；自主表达：尽情介绍，讲述内容；自主讨论：热烈讨论，补充纠正。"手不离书，眼不离本，用图引出文字，用文字补充图意"，遵循互动性和提升性的教学原则。绘本阅读的核心经验包含阅读兴趣、阅读习惯、理解能力、体悟情感等。亲子阅读和集体阅读中，最适合幼儿阅读的方式是互动式的分享阅读。抓住幼儿一日生活契机，激发幼儿绘本阅读的兴趣，以集中教育活动实施绘本教学，在创造性游戏中渗透绘本阅读。老师善用"悬念法"指导，运用"猜测"和"遮挡"的手段，让幼儿的阅读过程充满悬念。利用"图谱法"教学，引导幼儿自主阅读。图谱法教学是将图书中复杂的表述分解成较简单的图谱形象，利用其生动、有趣、直观的特点来突出表达词与相关事物的关系。图谱的制作分别以词、句、段为单位，将较为复杂的语言分解成若干较简单的图谱单位，突出事和物，体现具体化、形象化、趣味化。创设幼儿园公共区域的绘本墙，充分利用幼儿园走廊、楼梯、空中悬吊等空余的大面积墙面进行绘本阅读墙设置，创设浓浓的绘本阅读的氛围。开辟班级阅读区，建立图书角。皮亚杰认为，幼儿的成长是在相互交流相互作用之间实现的。他们之间交互作用越积极、主动，发展就越快。

绘本阅读教学活动力图回归"儿童本位"。"绘本之父"松居直认为"让幼儿厌烦看书的主要原因，是成人在幼儿阅读后立即抛出不恰当的提问"。确立以关注儿童内心感受和内在体验为核心的教学目标，追求儿童与绘本之间的互动、对话、探究、游戏等教学过程，注重价值引领、氛围营造，以情为主导，多元表达。① 回归"儿童本位"的绘本阅读教学活动应具有如下特质：主体张扬、灵动有序、审美愉悦。师生共同构建自主阅读、互动交流、师生共读和游戏体验活动模式。多样化培养幼儿阅读力，包括典型画面的导读、完整故事的试读、自主交流的共读、耐心细致的深读、反复回味的品读。肢体语言，对幼儿来说是很形象的教学手段。"看图讲述"是语言教学的一个重要部分。多媒体教学，调动幼儿多种感官参与阅读也是一种很直观的教学方法。遵循儿童阅读过程的脑活动规律，合理设置阅读目标。这一阶段的阅读教学目标应该设定为培养儿童的语音意识以及形—音对应规则能力，重视语音解码通路的训练，以产生清晰的语音表征，培养儿童的阅读能力。

幼儿阅读兴趣激发。儿童时期是激发阅读兴趣、培养阅读习惯的关键时期，也是人生发展的重要阶段。儿童在听、说、读、写、玩中培育基本素养。基于阅读活动特点，培养幼儿的阅读兴趣与习惯。兴趣是一种无形的动力，兴趣表现出自觉与自愿的特性。兴趣具有4种品质：稳定性、倾向性、广度和效能。幼儿阅读兴趣指幼儿对阅读活动、阅读材料表现出喜欢倾向的个性心理特点。教师科学阅读指导观的建立以幼儿阅读心理为基石，尊重幼儿，以儿童为主体的观念是阅读指导观的核心。绘本阅读突出幼儿的"读"，不强调教师的"教"，在这个过程中凸显幼儿的主体性，尊重幼儿的选择，允许幼儿对绘本的观察和理解与老师不同。教师的主要角色是导演、引路人。教师引导幼儿正确阅读绘本，提供阅读材料，使幼儿养成阅读习惯。教师培养幼儿养成良好的阅读习惯，利用规则加以规范，而规则具有适宜性、递进性和恒久性。

幼儿阅读的习惯养成。美国心理学家威廉·詹姆士说："播下一个行动，收获一种习惯；播下一种习惯，收获一种性格；播下一种性格，收获一种命运。"习惯可以决定一个人的命运。幼儿期是习惯养成的关键期，早期阅读被教育界称为"终生学习的基础""基础教育的灵魂"。早期阅读的本质就是培养一种良好的阅读习惯。良好的阅读习惯，能发展幼儿的观察力、想象力、迁移力及表达力，更重要的是能培养幼儿良好的非智力品质。幼儿阅读养成的原则：环境熏陶、循序渐进、在"做"中学、家园一致。② 在教室建小书角，在家庭建小书房，在多元阅读活动中，养成幼儿好阅读、会阅读、能阅读的习惯。教师组织有趣的阅读活动、常态化的故事表演活动，也是观察评价幼儿阅读理解能力的一个有效途径。每天20分钟的亲子时间，营造一种宽松、温馨的阅读氛围，有助于幼儿养成良好的"倾听习惯"。在幼儿文学作品中，儿歌是幼儿最喜欢的文学形式。它

---

① 陈英姿. 回归儿童本位的幼儿绘本阅读教学实践［J］. 学前教育，2015（5）：56.
② 胡颖. 多元阅读中幼儿阅读习惯养成的实践研究［J］. 天津市教科院学报，2011（8）：84.

篇幅短小、形象具体、内容生动，非常适合幼儿朗读。注重一日环节渗透，多层次强化阅读习惯。习惯是由于重复练习而巩固下来，变成自觉需要的方式，是一种要完成自主化行为的需要和倾向。

三、幼儿阅读资源建设

幼儿图书馆建设。科学创设早期阅读环境，实现幼儿早期阅读的目的，遵循需求性原则、情境性原则、整合性原则、交际性原则。幼儿图书馆在阅读推广中准确定位于绘本收藏者、阅读指导者、组织推广者。在幼儿园内建立幼儿绘本阅览室，为幼儿创设一个绘本阅读的小环境。选用适宜的色彩，营造温馨的阅读氛围，多采用柔和的暖色调，或适当选用浅蓝色、黄绿色等冷色调，保持幼儿安静、专心的状态以培养幼儿良好的阅读习惯。图书室还可以为幼儿提供各种造型可爱和舒适的小椅子、小沙发、软垫等，并装饰一些青葱的绿色盆栽，使幼儿在舒适、温馨的环境中尽情享受阅读的乐趣。幼儿园图书馆可以利用桌椅、书架、纱幔等巧妙地将图书室分隔成不同区域，以满足幼儿不同的阅读需求。在"分享阅读区"摆放幼儿或老师从家里带来的好书，并简单写出推荐的理由；在"新书推荐区"可以摆放一些新购置的好书，以激发他们的阅读兴趣；在"表演区"，可以为幼儿提供一个读后创作表演的空间，支持幼儿运用毛绒玩具等道具表演自己喜欢的故事，拓展幼儿对阅读的兴趣；在"电子阅读区"，幼儿可以戴上耳机，阅读电子图书和有声读物。为了鼓励家长与幼儿进行亲子共读，幼儿园图书室还可以建立"亲子阅读区"，为家长提供或推荐亲子读物，或允许家长借阅。建立总分馆模式，公共图书馆、高校图书馆、乡村学校图书馆和农家书屋建立总分关系，联合开展幼儿阅读活动。

挑选适合幼儿阅读的绘本，符合幼儿身心发展的特点，一般包括以下原则：一是人物数量少，控制在3个为最佳，这样幼儿对故事的兴趣也会更浓。二是主题贴近幼儿真实的生活。熟悉绘本中的话题，会使幼儿产生亲近感，对角色有认同感，更容易集中注意力。三是故事情节简单，具有可预测性。整个故事中只涉及一个主要事件为最佳。四是图画清晰，会更有利于故事的呈现。可通过购买、捐赠和自制三种途径来丰富藏书。0~3岁的幼儿，选择时尽量挑选纸张较厚的书籍，或者是布质书，可满足幼儿翻阅的需求。书的边角设计最好采用圆弧形，如《小熊宝宝》系列、《幼幼成长图画书》和《可爱的鼠小弟》。3~4岁的幼儿，主要选择主题与生活经验相贴近，故事情节简单而重复，书的图案要清晰优美、色彩鲜艳，人物形象生动有趣的绘本，如《青蛙弗洛格的成长故事》《玛蒂娜》《不一样的卡梅拉》《神奇校车》《小兔汤姆系列》。4~5 岁的幼儿，可逐渐增加图文并茂、情节连贯、关注人际关系主题的绘本，如《海豚绘本花园》《聪明豆系列绘本》。5~6 岁的幼儿，绘本逐渐过渡到情节较长、复杂的故事，内容可选择科普类、认知类和幻想类的图书，以满足儿童想象力的发挥，如《法布尔昆虫记》《第一次发现丛书》《有趣的数学探险》《五味太郎益智游戏书》。童书畅销榜多被外国引进绘本占据，要让孩子爱上中国绘本，坚持走民族原创之路，以创新方式表达优秀传统文化内核。以故事打动孩子，让其接受中国传统文化的熏陶，用孩子的眼光再现传统故事。新出版的《中国绘本》多姿多彩，童真有趣，值得推荐。帮孩子选书，是父母的社会责任；选择经典图书、品牌图书、精品图书，让孩子跳一跳能看懂的书。父母要让孩子爱上阅读、学会阅读，从阅读中学习，走向"自主阅读"，这是一个幼儿不断成长与发展的必然过程。

幼儿图书类型，还包括玩具书、儿歌、桥梁书、儿童诗、寓言、童话、民间故事等。玩具书有书的形态或功能，又有玩具的属性，也可以是一类特殊的益智玩具。欧美称玩具书为立体书、可动书。玩具书造型奇特，可转动，可翻转，声光电结合，立体再现故事场景；可以互动，满足儿童好奇心理、探索精神。玩具书是最好的智力开发玩具。儿歌是专属于儿童的歌谣，是幼儿早期接触的文学作品，其特点是音乐性。儿歌分为催眠歌、游戏歌、逗趣歌、绕口令等，其中绕口令是游戏儿歌的雏形。儿歌优美的旋律、和谐的节奏、真挚的情感给儿童以美的享受和情感熏陶。桥梁书为儿童阅读过渡的专门读物，以幽默有趣的故事形式，帮助孩子从喜欢阅读开始，逐渐适应文字，转入独立阅读。儿童诗是以儿童为主体接受对象，适合于听赏、吟诵、阅读的诗歌。寓言带有讽刺或劝诫性质，是一种体型微小、具有启发性的故事，大多简短，将深奥的道理从简单的故事中体现出来，有鲜明的哲理性和讽刺性，多运用夸张、拟人的手法。童话是儿童文学体裁之一，通过丰富的想象和夸张、象征和拟人等手法塑造形象，多以民间故事的口述传统为素材。民间故事从远古就在人们口头流传，以奇异语言和象征的形式，讲述人与人的关系，是充满幻想的叙事体故事。①

幼儿阅读活动。朱永新曾说："阅读不能改变人生的长度，但可以改变人生的宽度；阅读不能改变人生的物象，但可以改变人生的气象。"阅读在本质上是一种生活方式。每周的"新书播报活动""图书推荐榜"，鼓励幼儿向老师、伙伴推荐自己看过的好书。"图书漂流"活动起源于 20 世纪 60 年代的欧洲，读书人将自己拥有的但不再阅读的书贴上标签放在公共场所，以便他人拾取或阅读；读完后再放回原处，再将其漂流出去。图书漂流的核心是给书真正的自由，宗旨是

---

① 徐雁，李海燕. 全民阅读知识导航 [M]. 南京：南京大学出版社，2016：14.

分享、信任、传播。这种形式已经风靡全球。"图书漂流""晒书会""图书小市场"活动通过家庭图书共享，让幼儿体验分享的快乐，增进社会交往能力。"晒书"是我国传统习俗，是藏书史上的重要文化活动，本意是将文献置于干燥的环境中晾晒，降低湿度，后延伸为"分享"，将个人的图书和思想与他人交流分享。"我的照片书""自制书签""自制图书"评选活动让幼儿亲历图书的创作过程，其想象力和创造力得到发展。"小小木偶剧场""我最喜欢的故事表演活动""故事大王比赛"等主题阅读活动可以让幼儿的阅读与表达能力得以展示并获得认可。陈鹤琴先生曾经说："幼儿教育不是家庭或幼儿园哪一单方面可以胜任的。"家庭环境、父母阅读习惯对孩子阅读能力的培养有很大影响。以园所为依托，加强家园阅读交流，在"书香家长义工""书香妈妈"活动中，请家长为幼儿带来精彩的故事。在"家庭童话剧"的展演活动中，孩子和家长通过扮演故事书中的角色，加深对文学作品的理解，增进亲子间融洽的情感。通过集体阅读活动、相同图书阅读活动、讲读图书活动、单面单幅图书阅读活动、单页多幅的图书阅读活动，盘活社区资源，拓展幼儿的阅读。组织家长和幼儿参观特色书店，幼儿、家长和老师一起体会淘书、借书、购书、读书、藏书的乐趣。只有将阅读活动从图书室延伸到班级、全园、家庭与社会，才能真正实现阅读改变幼儿人生的宽度与深度的根本目的。[1] 举办教师读书和家长读书会，爸爸讲故事、儿歌、童谣比赛等。推广"故事三编"活动，即故事续编、仿编和创编。开展制作活动，如小画册、小图书等小制作，培养孩子的思维能力、理解能力和表达能力。

讲好童话故事。世界上有很多著名的童话作家，如安徒生、格林兄弟等，《安徒生童话》和《格林童话》脍炙人口。中国的童话大王郑渊洁，在全世界都有影响力。1985 年，他创办《童话大王》月刊，专门刊登他一个人的作品。1988年，《童话大王》最高发行量超过 100 万册。1991 年，台湾《童话大王——郑渊洁作品月刊》创刊。1992 年，创办了郑渊洁少儿用品开发有限公司。《童话大王》是皮皮鲁、鲁西西、舒克、贝塔和罗克的家，创办 20 年来在海内外影响颇大，是中国发行量最大的纯文学月刊。这种由一人作品支撑，持续 20 年大发行量的幼儿文学月刊，在古今中外文学史、出版史、阅读史上尚无先例，成为一种独特的文化现象。《童话大王》是一本适合全家所有人阅读的刊物，老少咸宜。

---

① 李玉莲. 幼儿园图书室建设及其教育功能开发 [J]. 学前教育研究，2012 (8)：72.

第三节　农村幼儿阅读

一、农村幼儿阅读现状

早期阅读是指学龄前儿童凭借色彩、图像、文字，借助成人形象的朗读和讲述来理解，以图画为婴幼儿主要读物的阅读过程。家长和教师都有义务和责任帮助幼儿做好早期阅读，使他们迈出走向"终身学习"的第一步，让他们快乐地享受阅读。调查结果显示，80%以上的家长尚没有早期阅读的概念。我国农村地区，尤其是中西部民族地区，图书资源匮乏，早期阅读观念缺失，幼儿阅读状况相当严峻。阅读方式不合理，阅读过程不科学，阅读内容不全面。

农村幼儿阅读突出问题。第一，幼儿阅读"小学化"倾向。幼儿园在家长的要求下和社会环境的压力下，将小学阅读内容提前至幼儿教育中。首先是阅读内容小学化，幼儿阅读的材料多来自小学课本。其次是教学方法小学化，以老师领着幼儿读、背为主，幼儿机械地复述老师所讲的内容。最后是教学评价小学化，评价时主要关注幼儿是否记住、会不会复述，而对于幼儿阅读体验及阅读兴趣的激发缺少客观评价标准，也缺乏具体操作指南。第二，幼儿阅读"精英化"。少数原本阅读素养较高的幼儿能体验到更多参与和成功的快乐。第三，家庭不良环境对幼儿阅读的影响。[①] 原因在于：政府重视程度不够，宣传力度不够，图书资源匮乏，留守儿童数量逐年增加。从我国第六次人口普查资料中抽取的 126 万人口样本推算：全国农村留守儿童数量高达 6 102.55 万人，占农村儿童数量的 37.7%，占全国儿童数量的 21.88%。其中，学龄前儿童占总体的比例为 27.05%。农村地区交通不发达，每一个村庄都应有一个小型的少儿图书馆，可与农村书屋联合、与乡村学校联办。

推进乡村幼儿园阅读活动的开展。我国推行"一村一幼"建设，尤其注重幼儿园图书室建设。一是教师转变观念，从思想上高度重视，将阅读纳入每日的教学活动中，贯穿教学始终，开展多样化的阅读活动；二是提供优秀的幼儿读物，鲁迅先生就特别强调"要给儿童提供有价值、有趣味的文学作品"；三是创建适宜的阅读环境，为儿童营造一个宽松和谐的阅读氛围，使儿童能够按照意愿进行阅读活动。对家长进行阅读指导，让家长正确认识到幼儿阅读的重要性，从而与孩子一起阅读，分享阅读的乐趣。指导家长正确引导孩子阅读，举办形式多样的

---

① 孙诚. 试论幼儿阅读素养的构成及其培养 [J]. 南京晓庄学院学报，2014（3）：40.

读书活动、故事会和亲子表演，吸引家长和孩子共同参与。组建专门的幼儿阅读推广小组，开通咨询服务热线。实施基层文化人才队伍建设规划。我国台湾地区有一群特别的"故事妈妈"，她们是专门给孩子讲故事的妈妈志愿者。台湾各地都成立了专门的故事妈妈读书会、故事妈妈协会等组织，并建立了十分完善的讲故事人才培训体系。①

二、农村幼儿阅读策略

家庭是幼儿学习和生活必不可少的环境。良好的家庭阅读氛围可以极大地激发幼儿的阅读兴趣，养成幼儿良好的阅读习惯。目前，我国对农村家庭早期阅读教育的研究相对较少。据调查，许多家长认为，早期阅读教育的重任在于老师而非家长。家庭早期阅读教育开展的时间晚，将家庭早期阅读教育活动等同于一般性识字学习。关于幼儿在家庭中的阅读情况，农村家庭幼儿的阅读时间每周超过2个小时的仅为11%。喜欢阅读，愿意主动阅读，有阅读兴趣的幼儿少之又少。农村家庭幼儿早期阅读形式单一，仅局限在亲子阅读活动和邻里间交往性阅读活动中。家庭都没有为幼儿设置一个专门的阅读区，也没有适合幼儿专用的书架和书桌。家长自身重视阅读，有阅读习惯的不到2%，难以起到以身作则的良好示范作用。农村家长忙于生计，家长对幼儿的阅读活动没有热情和耐心，不能够积极地参与到幼儿的阅读活动中去。祖辈对留守儿童的阅读指导无能为力。幼儿阅读量普遍偏低，5~6岁的幼儿家庭也仅为4本。

农村幼儿家庭中亲子阅读的普及程度偏低。许多家庭亲子阅读时间在10分钟以内，农村幼儿家庭亲子阅读的陪读对象为祖辈家长。农村幼儿家庭亲子阅读的指导方法上，家长多是给孩子讲故事、读故事，常常使用的方法是朗读法，孩子主要任务就是"听"。讲故事最常用的方法就是描述图画法。农村家长对于亲子阅读的引导更多地属于自身的经验。影响农村幼儿家庭亲子阅读的因素：农村特殊的地域环境制约了农村亲子阅读环境的创设。师资力量不足、质量不高、队伍不稳定是目前我国农村教育最突出之特点。教师缺乏正确的儿童观，家长的素质决定了孩子对阅读的认知。单一的家庭结构造成了孩子对亲子阅读的知识来源的缺乏。家庭收入制约了家长对孩子的阅读书籍的购买。农村幼儿的智力发展制约着亲子阅读的开展。促进农村幼儿家庭亲子阅读，社会要营造良好阅读氛围，加强师资培训，避免幼儿教育小学化，同时家长应该通过多种渠道学习和掌握亲子阅读的科学方法。国际社会倡导"合作式"亲子阅读，建立成人与幼儿的良性互

---

① 周海霞. 农村地区幼儿园阅读现状及策略分析［J］. 科技情报开发与经济，2015（18）：50.

动关系。家长是孩子的第一任老师，我们应该正确认识孩子的心理、情感、智慧和童心，进入孩子的内心世界，从而产生"共鸣与同感"。在亲子共读中"融情"，在亲子互读中"启智"，在亲子轮读中"激趣"。儿童早期阅读就是找到一种自己喜欢的与孩子交流的方式，为孩子提供一个有很多图书的硬环境和软环境。儿童阅读注重互动。有学者提出大脑的"4种营养成分"：母乳喂养、与孩子对话、开放性活动和表扬努力。阅读提供休闲、思考和内省；阅读越早，越能体会阅读的乐趣。

农村幼儿早期阅读游戏化。英国教育家洛克说过："教育儿童的主要技巧是把儿童应做的事都变成一种游戏。"早期阅读概念最早由玛丽克莱提出，指"儿童在进入学校前获得的关于语言、阅读和书写方面的知识"。幼儿园、家庭为婴幼儿提供与视觉刺激有关的材料，主要有图书、图片、录像带、碟片、电视等。婴幼儿接受有关材料的信息，在观察、思维、想象等基础上，对阅读材料内容进行初步理解，并发表自己的观点见解，倾听成人讲述。早期阅读教育是视觉、听觉、触觉和口语的交互活动。游戏是幼儿最喜爱的活动，具有鲜明的艺术假定性和象征性。幼儿的游戏极易与绘本的象征性符号达成"衔接"。创设游戏化的情景阅读方式，充满"好奇与活动"的儿童情景，以游戏精神为基础，以情景创设为载体，以幼儿经验的联系和延续为线索。此方式通过绘本情景、游戏情境、生活场景的创设，促进幼儿主动学习。营造游戏化的阅读情境，需要教师将环境与绘本资源巧妙结合，最大限度地支持和满足幼儿，让孩子们在"玩"中与环境产生积极有效的互动。门厅环境要"动态"而非"静止"。墙廊环境要"活动"而非"固定"。自然和生活是幼儿阅读活动的两大场景，幼儿在接触自然、观察生活中积累有益的经验和感性认识。教师要挖掘绘本阅读中的游戏性，创设阅读的情境性，感受阅读的多元性。喜欢游戏是幼儿的天性，让阅读与游戏结合、阅读与玩具结合、阅读与幼儿园沙坑结合。组织"沙滩寻宝"活动，使幼儿体会到阅读带来的愉悦，从而激发幼儿阅读的兴趣。阅读的方式可以多样化，可以用游戏增加阅读的趣味性，因为游戏是儿童的生命表现形态。儿童需要游戏，就像需要空气一样。游戏是幼儿的基本活动，幼儿在与成人、同伴间的游戏中，自然地与他人交往，逐渐形成社会性品质。游戏能够充分发挥幼儿的积极主动性，幼儿才能参与到活动中去。宽松的氛围、丰富的材料、生动的过程，激发幼儿主动参与活动，变"要我学"为"我要学"。

农村幼儿阅读走家园共育之路。家园共育是促进幼儿早期阅读能力的必然趋势。家园共育指家庭和幼儿园紧密协作、共同努力，在教育理念和方法上达成一致，共同科学地完成幼儿成长成才教育目标的一种新型教育模式。家庭作为幼儿的第一个生活环境，是幼儿教育的基础。幼儿园作为幼儿的第一所学校，是幼儿接受系统教育的开始。家园共育存在的问题：幼儿园缺乏合作观念和服务意识，家长缺乏沟通意愿。幼儿园与家庭缺乏对阅读材料的整合，缺乏对阅读环境的创设、对阅读目标的正确认识，阅读活动的形式匮乏。幼儿园要加强家庭合作与服务意识，家庭要增强幼儿阅读活动中的主人翁意识。建立家园阅读材料轮换机制，幼儿借走的每一本图书都配有家庭阅读跟踪卡，幼儿可以将家庭里的阅读材料经过筛选、登记放在班级或幼儿园公共阅读区域，家庭之间按照一定周期依次轮换。幼儿园与家庭要尽可能地为幼儿提供一个安静、舒适和安全的阅读环境。家园共同确定阅读目标、评价办法。家园合作，创建多元交流平台，创造展示机会。① 遵循全阅读理念，促进幼儿早期阅读。全阅读理念认为早期儿童阅读必须注意阅读的全面性和完整性，幼儿的阅读包括书本阅读、全息化的环境阅读、书本阅读和环境阅读相结合，促进幼儿知识经验的增长、审美趣味的提升。

---

① 熊丽娟. 家园共育视野下幼儿早期阅读能力的培养 ［J］. 内蒙古师范大学学报，2015（2）：72.

第八章　阅读扶贫论

"十三五"时期，我国要全面建成小康社会，全面小康的底线就是"一个都不能少"。精准扶贫是一项综合性工程，包括文化、教育。两者都在释放阅读的能量。

第一节　文化扶贫

一、文化扶贫历程

文化扶贫是指从精神和文化层面上帮助贫困地区，从而提高当地民众基本素质，让其尽快摆脱贫困。扶贫不仅要扶物质，也要扶精神、扶文化、扶智力。文化扶贫消除贫困文化，可以治愚，助推经济扶贫转向。文化扶贫是一种行之有效的扶贫开发方式，是物质扶贫的延伸与发展。文化扶贫为物质扶贫提供条件，并与物质扶贫交互融合、相互补充。文化扶贫同物质扶贫相辅相成，构建成一个系统工程。文化扶贫也是农村精神文明建设的有效形式。文化扶贫是改造贫困文化、阻止贫困代际传递、遏制返贫现象、提高自身素质、增强自我发展能力的关键和根本。文化精准扶贫是"共享"发展的本质要求。

自 1980 年起，社会学家辛秋水就在安徽省大别山区开展贫困调查。1985 年，他撰写了一份题为《迅速组织一支开发贫困山区的智力大军》的建议材料，发表在《安徽情况》（1985 年 1 月 7 日增刊）上，总结提出智力扶贫思路。1987 年，辛秋水通过对贫困地区的调查，提交《以文扶贫，综合治理》方案。他来到大别山腹地岳西县莲云乡蹲点，重点落实方案：扩大文化教育的投入，因地制宜发展本土经济，乡村革除传统陋习，倡导精神文明建设。他着力建设三大文化扶贫基地：科技图书馆、阅报栏、实用技术培训中心。物质贫困制约文化发展，文化贫困又作用于经济发展。他提出"贫困的根源不是物，而是人"，"文化扶贫"关键是"扶人",即对人实施"扶智、扶文"。在学术领域,1987年焦勇夫发表《文化扶贫小议》一文,它标志着"文化扶贫"概念开始出现在学术界。1989年3月,辛秋水向安徽省委提交了一份工作总结,题为《扶贫扶人,扶智扶文——辛秋水一年蹲点归来的新思考》。这份总结后来在新华社《内部参考》(1989年4月28日)发表。1992年,安徽省决定推广莲云乡经验。文化部发起"万里边疆文化长廊"计划。

国家层面的文化扶贫经历了三个阶段:

第一阶段:1993年12月,文化部成立了文化扶贫委员会,标志着文化扶贫已成为中国扶贫实践的重要组成部分。[①] 我国开展了系列具有针对性、系统性的工作,主要包括希望工程、文化下乡春蕾计划等。

第二阶段:2006年开始,实现了制度安排的重大突破,开启了我国基本公共文化服务均等化、标准化制度重建进程,社团组织开始发挥独立作用。2008年,我国正式启动文化扶贫工程。这一决定具有全球视野和现代理念。系统的文化扶贫工作就此展开,10项文化扶贫工程全面推进。2013年11月,习近平总书记在湖南省湘西地区考察时,首次提出"精准扶贫"概念。

第三阶段:2015年11月27日,习近平总书记在中央扶贫开发工作会议上,正式提出了"精准扶贫",文化扶贫研究也由此发展到"文化精准扶贫"阶段。人们从"扶贫对象精准、项目安排精准、资金使用精准、措施到户精准、因村派人精准、脱贫成效精准""六大精准"理解"文化精准扶贫"。形成基本共识,即应坚持扶智与扶志相结合,从"普惠式"扶贫方式向"定点滴灌"发展,从普遍性转向特殊性。其标志性制度是中共中央办公厅、国务院办公厅发布《关于加快构建现代公共文化服务体系的意见》,文化部等七部委颁布《"十三五"时期贫困地区公共文化服务体系建设规划纲要》两个重要文件。2015年11月,中共中央、国务院印发《关于打赢扶贫攻坚战的决定》,提出到2020年,7000多万农村贫困人口摆脱贫困、贫困县全部摘帽、解决区域性整体贫困的既定目标,作为全面建成小康社会的底线任务。教育扶贫的目的是让贫困地区人口获得自我发展、自主脱贫的能力,这是一种内生式的扶贫方式。

基于贫困文化的文化扶贫。在20世纪60年代,贫困文化理论由美国学者刘易斯提出,这是他研究墨西哥贫困的过程而得出的结论。刘易斯等学者认为,贫困文化就是贫困阶层都具有的一种独特生活方式,是贫困人群在长期生活中形成的行为方式、习惯、风俗、生活态度和价值观等。贫困文化具有两个基本特点:

---

① 饶世权,鞠廷英. 从文化扶贫到文化精准扶贫:近三十年来我国文化扶贫研究述评 [J]. 西华大学学报(哲学社会科学版),2017(2):46.

第一，贫困文化是一种亚文化，它理应拥有正功能和负功能；第二，非物质文化变迁滞后于物质文化变迁，因此贫困文化具有"代际传递性"。① 人们常说，在扶贫过程中，常有"扶贫—脱贫—返贫"的循环，根源在于贫困文化。其人生观表现为消极无为、听天由命；幸福观表现为安贫乐道、得过且过；生产观表现为小农本位、重农轻商；劳动观表现为懒散怠惰、好逸恶劳；道德观表现为重义轻利、血缘伦理；消费观表现为只求温饱、不求更好；宗教观表现为方术迷信、崇拜鬼神；乡土观表现为安土重迁、老守田园；生育观表现为香火旺盛、多子多福等。这些都是贫困文化的具体表现，可以归因为思想观念滞后、受教育程度低、价值观念消极。文化贫困是产生贫困的根源，贫困文化则是文化贫困的后果。

在扶贫的过程中，我们应该抛弃或改造消极的文化因子，大力倡导和弘扬积极向上的文化因子，做到"有破有立，破立结合"。文化具有群体性，它不是个人的生存活动方式、行为习惯、思维习惯等，而是一个人群共同体共同拥有的一种生存活动方式、行为习惯、思维习惯及伦理道德。我们弘扬贫困文化中的有利于社会发展和人类幸福的文化特质，弘扬贫困群体中的优秀传统伦理道德，促进人与人之间和谐相处。人际关系主要是由家庭、家族、邻里、村落等血缘和地缘关系构成的。这种亲情味、乡土味浓厚的关系使贫困群体的人伦情感淳朴自然，奉行生态价值观念，促进人与自然的和谐共处。

贫困文化理论告诉人们，要重视对贫困文化传承载体——子代贫困群体的文化扶贫，关注留守儿童的身心健康。贫困文化的成因、特性和内生性重建值得研究。文化扶贫是一项系统工程，扶人扶志，提振精神，要保障贫困地区人民群众的文化权益，丰富人民群众精神文化生活，发展文化新产业新业态。扶贫扶智，以提高贫困地区人民文化素质。扶志以自强，扶智以自立。文化扶贫是"扶志"和"扶智"的根本之处。习近平总书记提出"扶贫先扶志""扶贫必扶智"扶贫方略。美国历史学家兰德斯在他撰写的《国富国穷》一文中强调："脱贫致富归根结底靠振奋精神，这就是自强、实干。"

二、文化扶贫现状

文化扶贫方式从道义性扶贫向制度性扶贫转变，从扶持贫困地区向扶持贫困人口转变，从救济式扶贫向开发式扶贫转变。文化扶贫从最初的"输血"救济，转向当今的"造血"救济。文化扶贫是一种"造血""树人"式可持续性扶贫方式。

---

① 方清云. 贫困文化理论对文化扶贫的启示及对策建议 [J]. 广西民族研究，2012（4）：159.

文化扶贫有两个工作方向：一是文化事业扶贫，二是文化产业扶贫。①"万村书库"工程，全国 25 000 个村，各建起一座小型图书室，并向每座图书室赠书 100 种。②"手拉手"工程，全国范围内开展城乡少年儿童"手拉手"活动，城市少年儿童向农村小朋友赠书 1 500 多万册。③电视扶贫工程，先后在大别山区、太行山区、云南山区、青藏高原、鄂西山区、黄土高原等建起 210 座卫星地面电视接收转播站，有 220 多万农民看上了图像清晰的电视节目。④为农村儿童送戏工程，260 多万农村儿童看上了有教育意义的儿童剧，为农村儿童演戏 2 600 多场。⑤报刊下乡工程，丰富了农村群众的业余生活。文化扶贫的实践形式主要在于"文化民生"与"文化惠民"。我国文化设施建设卓有成效。地方政府坚持以需求为导向，以标准化和均等化为目标，坚持充分整合资源、重心下移，推进公共文化阵地建设。截至 2014 年年底，全国共有县级以上公共图书馆 3 117 个，文化馆 3 313 个，乡镇文化站 34 465 个，农村文化活动室 51.55 万个。全国每万人拥有公共图书馆设施面积由 2013 年的 85.1 平方米提高到 90.1 平方米，增长了 5.9%；全国公共图书馆阅览室座位数由 2013 年的 81 万个提高到 85.6 万个，增长了 5.7%；每万人拥有文化馆面积由 2013 年的 249.09 平方米提高到 269.51 平方米，增长了 8.2%；全国人均拥有公共图书馆藏书量由 2013 年的 0.55 册提高到 0.58 册。①

我国文化扶贫工作主要实践形式是以构建现代公共文化服务体系为目标，重点实施全国广播电视"村村通"工程、农村电影放映工程、全国文化信息资源共享工程、农家书屋工程、流动舞台车工程、乡镇文化站建设工程、送书下乡工程等，这些工程成为推动文化扶贫的有力抓手。据统计，政府送文化下乡活动满意度前 7 名：送电影送戏（包括文艺节目）、农业技术培训、送书报、送文化体育器材、送信息资源网络、健身辅导和文艺辅导。

文化扶贫的短板：一是设施使用效率不高，二是经费投入和保障机制不足，三是社会力量参与程度有限。部分文化扶贫工程走入"重设施轻内容"的老路。文化扶贫的根本困境在于结构失衡与供需错位，当代社会的"三重复合性"转型与基层公共文化空间转型重建不协同，计划经济走向市场经济、农耕文明走向工业文明、现代化走向后现代化三重转型的矛盾叠加。文化扶贫的基本路径：上下联动、有效对接，采取分类扶持的文化扶贫策略，探索"文化产业化、产业文化化"的发展路径。部分文化扶贫，在扶贫方式上，重消极给予，轻积极扶持；在扶贫效果上，重经济效益，轻社会效益；在致贫原因上，重环境决定论，轻人力观念；在扶贫主体上，重国家和政府帮扶，轻社会和市场救助。公共文化体系建

---

① 饶蕊，耿达. 文化扶贫的内涵、困境与进路［J］. 图书馆，2017（10）：14.

设滞后，基层文化人才队伍亟待加强，文化扶贫的精准度有待提升，文化资源开发利用不足，文化扶贫体制机制亟待完善。文化扶贫理念存在偏差，重经济扶贫、轻文化扶贫，重物质扶贫、轻精神扶贫。文化扶贫供给与需求脱节，统筹协调机制尚未真正建立，缺乏文化扶贫的监督与评价机制。

三、文化扶贫路径

我们要处理好四大关系："送文化"与"种文化"的关系、"政府买单"与"群众买账"的关系、政府主导与社会参与的关系、传统文化设施建设与利用互联网等先进技术的关系。在制度设计上，构建县、乡、村、组四级文化组织，有计划、有步骤地实施，并做好文化组织的评估。加强文化馆、图书馆、博物馆、档案馆和美术馆等文化组织建设。构建现代价值体系，弘扬最基本的价值元素。"勤劳、朴实、务实"是中华民族的优良传统美德。建立文化扶贫的统筹协调机制，推动公共文化服务资源共建共享。文化惠民要精准，推动文化扶贫社会化，开展数字文化扶贫。实施特色文化产业扶贫，充分利用当地文化资源存量，搜集、整理、挖掘民族民间文艺等非物质文化遗产。开发人文和自然景观资源，形成具有区域特色的文化经济产业链。将贫困地区的历史文化资源推介给外界，从而助益于地方文化产业的开发。教育是解构贫困文化最有效的手段，加强文化扶贫人才队伍建设，致力于贫困人群文化素质的提高，培育良好的知识结构和劳动技能。挖掘人类资源，共建魅力家乡。"故乡人"的反哺是乡村建设的一大途径。其观点在《乡土中国》《乡土重建》中有所表述。"故乡人"的反哺是均衡社会资源和文化资本的关节点。悠久的农耕文明让土地承载着人们的浓浓情怀。中国人对土地的敬畏和依赖，使"安土重迁"的观念成为中国传统文化的重要组成部分。以血缘关系为纽带的宗法制度，紧紧附着在土地上。家族在一方土地上生根、开花、结果，才有了《礼记·大传》中"亲亲故尊祖，尊祖故敬宗，敬宗故收族"之所谓"人道亲亲"。"鸟近黄昏皆绕树，人当岁暮定思乡"（清·崔岱齐《岁暮送戴衣闻还若溪》）表达了人的一种归属感。文化扶贫是一种软实力的感染与渗透。这些来自农村的"故乡人"心力有余，以灵活的帮扶方式，为家乡文化扶贫做出贡献，实现与家乡的共融与共荣。文化扶贫中，"故乡人"的角色是城市文明的融合者、乡村文明的传导者、重构乡村文明的建设者。

文化扶贫主要采用"农户+"模式：一是文化旅游模式。贵州、云南、湖北等有数百个这样的村镇。二是文化专业村扶贫。云南大理新华银饰专业村组织4 000多农户从事银饰手工制作，产值超过 20 亿元。三是电商扶贫。贵州黎平县于 2016 年加强与腾讯公司合作，联合推出 10 个电商村，带动就业上千人，产值 1.28 亿元。四是文化节庆扶贫。四川凉山州彝族火把节 2016 年一周吸引 326 万人参与，收入过 10 亿元。五是文化演艺扶贫。《印象·刘三姐》《印象·丽江》等实景演出，解决少数民族贫困地区上千名农民演员。六是技能培训比赛扶贫。青海举办唐卡、绒毛画等传统工艺美术培训，近 10 年来，从业人员发展到 10 万人，产值达到 26 亿元。七是文化园区扶贫。贵州正安吉他产业园 2017 年生产吉他 500 万把，产值过 50 亿元。[①] 电子商务成为传统产业转型的最佳切入点。山东省博兴县"淘宝店+农户"的形式，带动了 4.5 万多村民就业脱贫。2015 年，其草柳编产品售额突破 3.8 亿元。菏泽市曹县的大集乡丁楼村，全村 95% 的家庭建有淘宝网店。传统工艺与电子商务结合，创造了一个具有规模效应和产业协同效应的新型"淘宝村"。

社会协同文化扶贫。协同概念源自德国物理学家赫尔曼·哈肯创立的"协同论"。其基本观点是，远离平衡态的系统与外界能量和物质交换达到一定状态时，子系统会自发地集体行动起来，在协同作用驱动下形成新的有序结构。要发挥各类社会主体的作用，整合社会管理资源，构建政府与社会自治功能互补、政府管理与社会调解力量互动的社会管理网络。社会协同的内涵主要体现在：协同的主体、主体的职能、协同的机制。文化扶贫社会协同机制：构建组织机制、管理机制和监督机制。在文化扶贫的征程中，各级政府是主体，协同地方高校、文化团体、公共图书馆、乡贤人物和爱心企业等，构建扶贫联合体。共同研究扶贫对象的需求，提高需求与帮扶的匹配度，达到精准扶贫。文化扶贫工程中，文化部门为基层建农家书屋、建文化站、配置文化设施和图书，重在资源建设。如何利用、丰富村民文化生活，为教育扶贫和阅读扶贫提供了广大的空间。

文化扶贫是地方高等院校服务地方的战略选择。地方高等院校可以利用自身的专业优势，发掘、整理、保护和传承农村优秀传统文化资源。随着城镇化进程的加快，很多村落在不断消失，优秀传统文化遗产面临失传。"发掘和整理"也是农村文化扶贫的应有之义。文化扶贫，通过有效的方式将理论和科研成果转化为农民可接受的实用知识，从而提高农村整体的文化水准。在文化服务方面，地方院校应自觉增强文化辐射功能，全面参与地方文化建设，弘扬地方文化资源，提升地方的文化层次和品位。校地合作，共同开发文化资源，保护非物质文化遗产，联手开发乡村旅游资源，联合整理乡村名人档案。开办"农民读书班"对农民进行形势政策教育，普及法律知识。地方院校是当地文化传播和创新的主阵地，自身就承担着服务

---

① 廖恩，袁华，陈立华，等. 文化扶贫面临的问题和对策探讨 [J]. 行政管理改革，2017（9）：24.

地方、传承文化的责任和义务。艺术类专业服务于新农村文化建设，绘制"乡村文化墙"，宣传美好家风、家德、家训，并为农村营造"文明友爱、民主和谐、科学健康"的社会主义新风尚。送文艺节目下乡，丰富农民业余文化生活。文化科技下乡坚持长期性、多样化、开放性，以丰富农民精神文化生活。

第二节　教育扶贫

一、教育扶贫历程

教育扶贫，指针对贫困地区的村民大众进行教育投入和资助服务，使贫困人口掌握脱贫致富的知识和技能，人口的文化素质提高，并最终摆脱贫困的一种扶贫方式。目的是人的发展，核心手段是教育，关键是智力资源。教育扶贫是智力扶贫的一种。教育资源向贫困地区倾斜，优化教育资源配置。1997 年，学者林乘东率先提出"教育扶贫论"。他认为教育具有反贫困的功能，可以斩断贫困的恶性循环链。将教育纳入扶贫的资源配置当中，并通过自动分流体制实现教育投资的多元化，使高收入阶层选择付费教育，使公共教育投资能够向贫困人口倾斜。[①]

我国扶贫开发理论渊源大致经历了从"贫困文化理论""资源要素理论""人力素质贫困理论"到"系统贫困理论"。[②] 贫困文化理论适应的过程中产生出相应的行为反应。资源要素理论的主要代表有马尔萨斯的"土地报酬递减理论"、莱本斯坦的"临界最小努力理论"、纳克斯的"贫困恶性循环理论"。人力素质贫困理论的主要代表是美国学者舒尔茨，他提出经济的发展取决于人。系统贫困理论认为，贫困是由诸多综合因素系统运行的结果。我国教育扶贫研究类型包括：经济学视野下的教育扶贫研究、社会学视野下的教育扶贫研究、系统科学视野下的教育扶贫实证研究、教育学视野下的教育扶贫研究。20 世纪初，著名教育家黄炎培先生创建中华职业教育社，其初心就是力图通过发展职业教育，解决国民生计问题。现代著名的平民教育家晏阳初，一生致力于平民教育和乡村改造运动。他丰富的教育思想对当代中国农村扶贫工作也具有很多启发作用。

党的十八大以来，我国的教育扶贫政策逐渐形成一个科学而系统的体系，呈现五大发展特征。

一是价值取向：进一步明确"以人民为中心"的价值取向。"人民对美好生

---

① 林乘东. 教育扶贫论 [J]. 民族研究，1997 (3)：43.
② 谢君君. 教育扶贫研究述评 [J]. 复旦教育论坛，2012 (3)：66.

活的向往，就是我们的奋斗目标"，反映出"以人民为中心"的内在诉求和发展思想。2013 年 7 月，我国《关于实施教育扶贫工程的意见》中指出以人为本，尊重群众，围绕"人人受教育，个个有技能，家家能致富"的要求解决群众最关心的问题。乡村教育是我国教育发展的短板和薄弱环节。大力发展乡村教育与精准扶贫相互吻合、一脉相承。优先发展教育，其战略地位更加凸显，更加具体化。2014 年 12 月，国务院颁发文件《国家贫困地区儿童发展规划（2014—2020年）》。2015 年 6 月，国务院颁发《乡村教师支持计划（2015—2020 年）》，对未来乡村教育发展进行全面部署。

二是目标定位：扶贫在抬高民生底线中的作用更加重要。增加教育机会，共享优质教育资源。教育机会公平是教育扶贫的重要前提。2016 年，《关于加快中西部教育发展的指导意见》《教育脱贫攻坚"十三五"规划》发布。这两份文件成为"十三五"时期我国教育脱贫工作的行动指南、行动纲领。

三是战略理念：创新扶贫理论，扶贫方式更加精准。2014 年 5 月，国务院扶贫开发领导小组办公室发布《关于印发〈建立精准扶贫工作机制实施方案〉的通知》。精准扶贫基于我国自改革开放以来的实践经验，也是对世界反贫困理论的继承与中国化发展，是中国智慧、中国方案和中国方略。我国扶贫战略先后经历了体制变革阶段（1978—1985 年）、区域开发扶贫阶段（1986—1993 年）、攻坚计划扶贫阶段（1994—2000 年）、战略联动扶贫阶段（2001—2010 年）及精准扶贫阶段（2011 年至今）。精准扶贫的核心要义在于扶贫工作机制精准、理念方式精准和实现路径精准三个方面。教育扶贫政策的精准性首先体现在"扶持谁"的问题上，建档立卡、建立扶贫数据库是关键。

四是工作机制：调动社会力量，形成社会合力共同扶贫。2014 年 12 月，国务院办公厅印发《关于进一步动员社会各方面力量参与扶贫开发的意见》。教育对口支援，促进民族地区精准扶贫，完善民办教育助推精准扶贫，开展职业教育提供"造血能力"，助力精准扶贫。

五是全球视野：关注人类命运共同体，大国责任使命感更加强烈。到 2020年，我国全面实现小康的核心任务就是扶贫开发，更是世界减贫事业的重要部分。

教育扶贫取得巨大成就：学生资助体系全覆盖，"两免一补"政策落实，资助金额投入持续增长，营养改善计划实施，留守儿童关爱体系初步建立，改善贫困地区薄弱校，建立农村贫困家庭信息网络系统，实施"中西部高等教育振兴计划"，单列"深度贫困招生计划""免费师范生计划"，让更多农村孩子上重点大学。[①]

---

① 吴霓，王学男. 党的十八大以来教育扶贫政策的发展特征 [J]. 教育研究，2017（9）：10.

二、教育扶贫现状

教育扶贫是精准扶贫的根本途径和长远之道。精准扶贫是教育扶贫的根本工作追求和重要保障，教育扶贫是精准扶贫的重要途径。教育被视为阻断贫困"代际传递"的根本手段。贫困地区的群众受教育普遍偏少，经济和文化基础相当薄弱。据统计，90%的贫困人口为初中以下学历，其中小学、半文盲、文盲的比例超过50%，远高于全国平均水平。[①] 构建教育扶贫政策体系，实现教育扶贫全覆盖，延续了教育政策对于公平的价值追求，强化了已有教育政策的普惠性和持续性。我国教育扶贫的本质属性是公平性与益贫性兼顾。教育扶贫的特殊功效：内力与外力融合，构建可持续发展原动力。教育扶贫的路径和目标：扶贫与脱贫共克，全面建成小康社会。[②] 教育扶贫的价值追求：教育扶贫体现差别正义原则和起点公正理念，体现权利平等原则和过程公正理念，体现机会均等原则和结果公正理念。

教育扶贫存在的主要问题。我国教育落后的地区主要在集中农村地区，尤其是14个集中连片贫困地区和"老、少、边、贫、岛"地区。贫困人口主要分布在生态环境脆弱的西部少数民族地区。学前教育阶段，农村幼儿园建设依旧严重不足，教学"小学化"现象仍非常普遍。义务教育阶段，农村小规模学校建设与教育质量仍不达标。高中阶段教育，普及目标和结构化发展存在区域性失衡。民族地区双语教育问题，成为民族教育的"短板"。农村留守儿童问题又是城镇化进程中的教育弱项。当前，我国约有6 800万名农村留守儿童，其中在寄宿制学校生活的约有3 000万名留守儿童，低龄寄宿学生越来越多。究其原因，一是贫困地区贫困户主体意识淡薄，寻求政策帮助的意识不强。二是与贫困地区需求相比较，教育扶贫的标准较低。三是教育资源的布局不尽合理，短缺与浪费同时存在。四是乡村教师数量仍不足，师资结构仍不合理。五是职业教育培训不足，针对性不强。六是有限的教育扶贫经费致使后续经费不足。在"营养餐计划"中，食堂的建设、人工、运营资金都没有专项经费，管理人员的编制和工资也没有解决。

教育精准扶贫的困境：教育精准扶贫理念的非系统性，教育精准扶贫法治体系不健全，教育精准扶贫推进的粗放式，教育精准扶贫中多元主体缺失。[③] 农村教育贫困在于人力资本存量不足，学生移民数量激增，农村学校萎缩严重。贫困地区最大的问题在于教育基本公共服务滞后，义务教育服务能力明显不足。

---

① 吴霓，王学男. 教育扶贫政策体系的政策研究［J］. 清华大学教育研究，2017（3）：78.
② 张琦，史志乐. 我国教育扶贫政策创新及实践研究［J］. 贵州社会科学，2017（4）：155.
③ 代蕊华，于璇. 教育精准扶贫：困境与治理路径［J］. 教育发展研究，2017（7）：12.

三、教育扶贫路径

转变教育扶贫思维方式。新发展理念引领教育精准扶贫实践，构建教育精准扶贫法律制度，建构精准化的教育扶贫机制，发挥政府"元治理"的核心作用，构筑多元协同参与的教育扶贫格局。阻止贫困现象代际传递是政府的责任，保证农村学校有充足的人力资本存量，保障农村地区学生享受均等化教育，解决好农村学校萎缩的结构性和主观性问题，发展普惠金融，实现教育扶贫新飞跃；重视人才开发，改善贫困地区软环境。美国联邦政府提高对贫困学生的期望。1965年，美国《中小学教育法》的第一条就是资助地方政府和学校，为贫困儿童提供补偿教育，对贫困学生实行"抽离式"教育。2002年，美国颁布《不让一个孩子掉队法案》；2015年，美国颁布《让每个孩子都成功法案》。两个制度都把贫困学生作为"例外"看待。我们要倍加关爱贫困学生，切实保障贫困地区和贫困人口的教育权利，实现起点公平正义，实现过程公平正义，实现结果公平正义。

高校对口教育扶贫：精准定向、精准识别、精准对接、精准施策、精准推介。高校在教育扶贫中做到"顶天立地"，"顶天"靠创新、"立地"靠责任。高校教育扶贫大致有三类：合作性支持、工具性支持、政策性支持。1996年，我国发布《关于开展文化科技卫生"三下乡"活动的通知》；2006年，我国发布《关于组织开展高校毕业生到农村基层从事支教、支农、支医和扶贫工作的通知》。"三下乡"和"三支一扶"成为高校坚持不懈的教育扶贫基本形式。

实施"顶天"战略：加强前沿理论研究，对扶贫进行理论探讨。形成产学研融合发展的技术模式，建立教育扶贫协同创新平台和机制。联合爱心企业，以协同创新中心建设为载体，以创新资源和要素的有效汇聚为保障，提升高校的创新能力。创新人才培养模式，以一个优秀教育家，带出一所好学校，培养一批好学生。"教育是最大的扶贫"，这是最本质的教育扶贫。应用型的师范院校应以培养应用型人才为主，不仅要使师范生成为合格教师、名师，还要使其成为"教育家"。高校开设"公共文化服务"方向班，成立"基层公共文化研究中心"，为贫困山区培养文化扶贫人才，鼓励毕业生争当特岗教师。

"立地"为本：确立责任导向的教育扶贫机制。落实"乡村教师支持计划"，开展校长和教师素质培训。师资力量的均衡发展是教育均等发展的关键，高等师范院校应具备完善的校长和教师培训网络系统。以校长和教师的专业能力提升为突破口，通过"国培计划""省培计划"开设校长、教师高端培训班，搭建后备校长培养基地。采取"顶岗实习"办法，置换农村学校教师到高校进修提高。开展定岗培训、定向培训、订单式培训。

落实"教师支教计划"。高校要分析贫困山区现状,精准定位,以智力扶贫为主,积极开展师生支教等志愿活动。高校建立一种常态机制,定期将部分优秀教师派往贫困山区学校开展挂职、支教活动。可以规定,新进教师必须到定点帮扶县支教1—2年,还需制定一系列优惠政策和激励机制。发挥研究生支教团作用,遴选来自帮扶地区的生源组成支教团,开展支教活动。城市基础教育学校到农村学校支教、送教和走教常态化。

实施"农业技术推广计划"。整合高校生物技术类专家群体,对口帮扶定点乡村,开展种植、养殖和经营一站式扶贫。帮助农民走好致富路,增强"造血"功能。改革传统的"师傅带徒弟"的培训方式,探索建立招工即招生、入厂即入校、企校双师联合培养为主要特点的新型师徒制度。建立面向农村贫困人口的职业教育"培训包",供村民自愿自主选择。采用贫困人口"点菜"、专家"主厨"的方式,根据需求组织"专家培训小分队"深入田间地头现场教授、答疑。探索"证书式"教育扶贫模式,以"课堂+基地""基地+农户""农户+实体""农校+高校"的四构为运作载体,渗透职教办学理念。

实施"留守儿童帮扶计划"。精准确定贫困乡村留守儿童和特殊儿童。教育学、心理学和特殊教育专业学生利用"三下乡""三支一扶"活动,开展"结对帮扶",采取"一对一"帮扶、"二对一"帮扶、"三对一"帮扶特殊儿童,对其进行学习辅导、心理健康教育,力争常态化帮扶。为建档立卡贫困家庭毕业生提供就业机会,实现"一人长期就业、全家稳定脱贫"。实现教育扶贫,最终要看贫困学生的就业质量和从业能力。

建立"US联合体",即高校和中小学联合体、高校与农村中学、城市学校与乡村学校,对口扶贫、结盟发展。高校向对口农村学校招收免费师范生、残疾学生,招生指标向深度贫困地区倾斜,落实国家、地方和高校专项计划。高校教授工作室联合城市学校"名师工作室",援建农村学校教师工作室,共谋发展、共享成果。探索"联动式"教育扶贫模式和"服务式"教育扶贫模式。

充分利用"互联网+"教育扶贫模式。充分利用教育信息化推动教育扶贫,通过慕课、微课等在线教育方式,把优质的教学资源分享给贫困地区。这既是贫困地区育人质量提高的必然诉求,又是农村教育均衡化发展的现实需要。

高校教育扶贫倡导"特色扶贫、定点扶贫、定群扶贫",避免教育扶贫同质化、教育扶贫盲目化,不同层次的大学应承担不同的教育扶贫责任。我们力求做到精确识别、精确帮扶、精准招生、精准资助、精准培训、精准就业和精确管理。

第三节　阅读扶贫

一、阅读扶贫概念

阅读扶贫，顾名思义，是以阅读的方式参与扶贫，以阅读为手段，推动贫困人口素质的提升。至今，学术界未见此提法，更没有相应的理论体系构建，但有相关的实践。本节内容可以算作一大创新和探索。

阅读扶贫在文化扶贫、教育扶贫中有多处体现，主要通过高校图书馆和地方公共图书馆实施。阅读扶贫的主要模式有：智力支持模式、拓展服务模式、合作共赢模式、校地共建模式。

二、国外阅读扶贫状况

20 世纪 60 年代初的美国贫困人口占总人口的 20%~25%，其中城市贫困人口是主体，技术进步和受教育程度低是导致其贫困的主因。1964 年 1 月，美国宣布无条件向贫困宣战，连续推出 200 余个反贫困计划，其中"社区行动"最有代表性。美国高校图书馆积极响应"战胜贫困计划"，面向各类读者开放，开展社区信息服务，服务对象延伸到残疾人等弱势群体。美国"战胜贫困计划"有良好的顶层设计、制度体系建设和各界支持参与。美国高校图书馆形成了一套完整、规范、细致的服务制度。它以校友服务、残疾人服务、远程教育服务等特色服务项目为代表。1990年，美国东北大学成立辅助技术委员会，为残疾读者服务。美国高校图书馆大多与社会机构合作提供专门针对未成年人的少年儿童服务项目。随着现代教育技术的发展，它们以在线方式为社会用户提供教育服务。美国图书节以每年 4 月举办的"南肯塔基图书节"为龙头，开展作家签售、互动讲座、写作大会，特邀政治人物或运动明星参与读书互动等。该活动已成为当地一个影响广泛的文化服务品牌，活跃了当地居民文化生活。美国诺瓦东南大学与布劳沃德县是高校图书馆与县级政府共建图书馆的典型，于 2001 年 12 月，双方共同出资、联合建设、对外开放图书馆。诺瓦东南大学经营联合使用的图书馆，双方合作提供服务。

英国高校图书馆服务弱势群体。图书馆为馆员深入残疾读者家中服务配备专门特殊装置，并设立视力及听力残疾专门服务区。巴西帕拉联邦大学图书馆为视觉障碍读者提供无障碍在线服务。日本高校图书馆细致入微服务于残疾人及未成年人等弱势群体。日本女子大学图书馆利用保育士课程专设儿童读书角。南非开普敦大学图书馆和信息研究中心联合卡雅利沙贫困地区学校及社区推出项目，组成由不同层级图书馆馆员与图书馆助理构成的资源和知识服务团队。他们接受开普敦大学的业务培训，为社区及学校图书馆提供资源共享和阅读推广等服务，支持创建功能性学校图书馆。高校图书馆参与贫困地区中小学与社区图书馆共建的案例有南非的祖鲁兰。针对南非贫困农业地区特兰斯凯公共图书馆少、学校图书馆简陋、经费不足问题，祖鲁兰大学图书馆通过加大学校图书馆投入及建设力度，使其肩负为社区及学校服务的双重使命。①

三、阅读扶贫路径

"真人图书馆"是一种全新阅读理念，是读者"借"一个活生生的人进行交谈，获得更多见识的活动。理念源于丹麦哥本哈根。真人图书馆，最早的活动其实源于丹麦哥本哈根 5 位年轻人创立的"停止暴力组织"。真人图书馆的使命是让读者获取知识，消除群体间的歧视，增强人们的安全感。这也是阅读纸质图书所不大可能获得的最直接的感受。它的优势在于提供的"真人书"有丰富的人生阅历与人生经验。这种服务是免费被借阅，在其他地方无法得到。每个人都要有能力将自己的人生经验、隐性活态资源与他人分享。真人书和读者间还要建立一种良好的沟通和理解关系，面对面地探讨生活方式、生活环境或者信仰。这些话题都是真人图书馆在丹麦借阅率最高的"畅销书"。我国清华大学、上海交通大学等尝试过。真人图书馆服务模式：在服务载体上，以优质的"真人书"代替纸质书或电子书；在服务方式上，实现阅读服务的延伸和拓展，参与活动的扶贫帮扶对象多方受益。真人图书馆理念与做法应用到阅读扶贫，再好不过。真人图书馆的根本宗旨在于消除偏见、促进人群的相互理解。这种自由方便的沟通方式可以让扶贫帮扶对象有效地获取知识与信息。平等的对话基础氛围，可以拉近"真人图书"与扶贫帮扶对象之间的距离，增强扶贫人员与扶贫帮扶对象之间的和谐，进一步营造包容、平等和开放的环境。真人图书馆扶贫服务是扶贫帮扶对象以"真人图书"为媒介，实现"零距离阅读"的过程，服务过程更加具有互动性和针对性，服务主题能够更加贴近扶贫的要求，服务内容主要以扶贫帮扶对象的需求为指向，有利于解决现实问题。② 高校可以选拔德才兼备的生物技术专家建真人图书馆，对口扶助乡村农技人员、种植养殖户。在贫困人员心中，他们就是

---

① 郭利伟，冯永财. 中外高校图书馆的文化扶贫模式 [J]. 图书馆论坛，2016 (9)：49.
② 胡蕊. 文化扶贫战略下真人图书馆服务职能的延伸与拓展 [J]. 图书馆学刊，2018 (2)：80.

一本书，读不完、用不完，有求必应，可以免费借阅、免费指导、免费咨询。特殊教育专家，可以陪伴特殊儿童，对空巢老人和留守儿童进行阅读指导、心理健康教育、线上线下辅导。

开办阅读研修班。高校利用阅读人力资源优势，为贫困乡村开办阅读专题研修班。研修班面向对口扶贫乡村的农家书屋管理员、中小学图书馆管理员、学校兼职阅读推广人、阅读课程教学担任者和留守儿童监护人，开设一组阅读课程，培养阅读推广人，颁发相应培训证书。

共建爱心图书馆。高校利用富余的图书资料、期刊，盘活闲置资源，捐赠给贫困乡村学校，整合爱心企业捐赠书架、阅览桌椅等设备。在儿童节等节庆时间，联合开展捐书、捐物和阅读活动，重点关注幼儿阅读状况及发展。线上线下相结合，多方联动开展形式多样的读书活动。借助网络丰富儿童阅读活动，让资源与服务融入儿童身边。

分众阅读推广。共建农家书屋，联合乡政府、村委会，以农家书屋为依托，以阅读为手段，培养农民的法律、生活、生产和技术素质，丰富农民的物质生活和精神生活。联合开展农民读书节，培养农民的阅读习惯，增强农民的幸福感。捐赠实用技术型图书，深度合作，服务创新，合作开发，校地共建。开展分众阅读推广，"分众"指在某一时间段内，依据共有属性和相似需求，将大众群体进行划分，形成不同的受众群体。分众阅读推广定义为，针对某时间段内有共同属性而具有相似阅读需求的群体，进行阅读价值观培植、阅读情意推展和阅读方法指导的专业活动。农家书屋可以根据不同的受众划分标准，形成不同的分众群体。阅读推广者结合贫困地区现状，满足分众群体的阅读需求。将实用技术图书赠送到村民手中，针对不同年龄段人群举办多种主题阅读活动，激发不同年龄段人群对阅读的兴趣，让阅读转化为知识，知识转化为技能。

向贫困乡村开放资源。高校向对口扶贫乡村全面开放。学校招收更多的贫困学生，满足其求学需要。高校教职工子女与贫困乡村儿童开展"一帮一"手拉手活动；大学生与留守儿童手拉手，结对帮扶，共同进步。在残疾人服务方面，突出视听障碍读者的特殊服务，可提供辅助设备、设置专门服务区、配备专业服务人员等。图书馆免费向村民和儿童开放，向全社会开放，从而成为村民心中的精神高地。

援建数字阅读环境。为学校图书馆和农家书屋提供技术支持与服务指导，包括计算机软件维护、网络技术服务、自动化网站建设、特色数据库建设、读者服务与培训、资源利用与推广等方面。可以复制有声读物，供村民和学生阅读。电子书、微信、微博等阅读方式突破时间和空间的限制，可以在任何时间任何地点进行阅读与交流。

第九章　阅读文化论

文化是民族的血脉，是人民的精神家园。阅读作为一种文化活动，蕴含着丰富的文化内涵。阅读文化是一种社会文化系统，是校园文化的重要构成部分，与校史文化、档案文化跨界融合。

第一节　校园文化建设

一、校园文化概述

校园文化是以校园为空间，以学生、教师为参与主体，以精神文化为核心，物质文化、制度文化、行为文化和精神文化相统一，具有时代特征的一种群体文化。

1986 年 4 月，上海交通大学的第 12 届学生代表会上提出"校园文化"概念。1990 年 4 月，全国首次校园文化研讨会在北京召开，校园文化逐渐成为一个研究的热点。30 余年来，在关于校园文化的研究中，人们对校园文化概念提出了种种说法，有"亚文化说""综合文化说""文化氛围说""精神环境说"等。一是狭义的理解，把主体定为学生、把时间定在课外、把内容限定在美育的范畴。二是广义的理解，认为校园文化是学校两个文明的总和，不仅包括非物质文化，而且包括物质文化。三是介于以上两种理解之间，认为校园文化仅包括学校的思想、意识、观念、情感及传统习惯等方面。校园文化是一种亚文化。主文化是一个社会中文化的主流，是社会中所有成员共同遵守的文化标准。社会文化是社会、历史的产物，受社会经济、政治制度的制约，在社会生活和社会发展中居于主导地位。校园文化是置身于社会文化大背景之下的一种与众不同的、独具特色的亚文化形态，它属于社会文化的范畴，社会文化包含校园文化。校园文化作为一种社会现象，可称为学校校园里的社会文化。因此，两者的关系，既有部分与整体、局部与全局的关系，又有个别与一般、特殊与普遍、个性与共性的关系。它以社会主导文化为基础，又以本校的价值观为核心，蕴含着学校传统、领导作风、教师教风、学生学风、人员素质、校园环境等丰富的内涵。

物质文化是校园文化的外层表现，包括设备设施、工作生活场所以及校园绿化、美化的环境等，体现着学校的理想和人文精神。物质文化对学生的成长起着"润物细无声"的作用。

制度文化是一种规范和习俗文化，包括规章制度、规范条例、行为准则等。制度文化反映文化准则，它在发挥规范作用的同时，对学生进行导向、调控和纪律训导。在教学意义上，优良的班风校风、严谨的规章制度和行为准则，更能对学生进行有目的、有计划、有组织的文化素质教育。在更深层上，制度文化还给学生带来了一种独特的管理思想。

行为文化是校园文化的动态层面，包括教学科研活动、组织管理工作、课外文化活动等，体现着校园文化的独特风貌。丰富多彩的，集娱乐性、知识性和实践性于一体的课外文化活动，严谨、规范的学校组织管理，井然有序、热情周到的后勤服务，对学生产生积极的影响，是对学生进行文化素质教育的重要形式。

精神文化主要包括学校的文化传统、学风教风、人际关系、心理氛围以及校园群体的世界观、价值观、道德观等因素。它集中反映了一个学校的特殊本质、个性及精神面貌，体现这个学校的办学宗旨、培养目标及其独特风格，是文化的最深层次。校园精神文化可细分为智能型的知识文化、素质型的心理文化、情感型的审美文化和意识型的观念文化四个类别。①

校园文化的四种形态相互交融、相互渗透，构成校园文化的特殊影响力。物质文化是最外在的表现和标志，它映照着整个校园文化的历史积淀，是其他文化形态存在和发展的基础。制度文化是历史传统与时代精神的统一，是校园人的活动准则，是学校各项工作得以正常有序进行的重要保证。它作为规范人们的手段，具有强制性，具有重要的教育感化功能。行为文化是最活跃的动态层面，是师生价值观的外在反映。精神文化是核心和灵魂，具有凝聚力、向心力和生命力。它最深刻地、稳定地体现了校园群体的共同价值、理想、信念和情操，也最能在学生心灵上刻上印痕，让学生有归属感、自尊感和使命感。精神文化建设是目的，物质文化是实现精神文化的载体和前提，制度文化是实现前两者的重要保障。发挥物质文化载体的潜移默化功能，发挥制度文化载体的基础保障功能，发挥实践活动载体的宣传与教化功能。

校园文化，就是校园的"环境""氛围"和"生态"，就是指校园中弥漫着

---

① 史洁，冀伦文，朱先奇. 校园文化的内涵及其结构 [J]. 中国高教研究，2005（5）：85.

的文化精神，可以说这是学校的灵魂。西方学者利用"冰山模型"来诠释文化分层理论，即把文化分为两层：一层是可以看得见的"典型"层次，主要是行为方式或者文化产品等；另一层是看不见的共同"核心"层次，主要指价值观等。文化承载精神，精神体现文化。华中科技大学涂又光先生的"泡菜坛理论"指出，"校园是泡菜坛，文化就是泡菜水，学生就是泡菜；有什么样的泡菜水，就将制出什么样的泡菜"。这也是我国古谚所告诫的："蓬生麻中，不扶而直。白沙在涅，与之俱黑。"校园文化承载着文化及精神，校园文化的时代精神始终是以创新为核心，精于科学，更要精于人学；精于"穷物理"，更要精于"穷人理"；精于灵性，更要精于人性。① 校园文化是学校核心竞争力的关键组成要素，也是学校核心竞争力发展的依存基础。

校园文化的"稳定性""根本性""纲领性"等基本问题，与此相对应的就是本质理论、结构理论、价值理论、发展理论、建设理论五大理论。这些是高校校园文化的基本理论。本质理论告诉我们，校园文化的本质特征指向促进青年学生的成长与发展，校园文化本质属性在于促进学生的全面发展。结构理论上，校园文化的主体结构、层次结构、状态结构是主要的几种结构分类方式。校园文化主体结构主要是针对创造校园文化的主体而言的，包括学生文化、教师文化和管理者文化三大部分。由此形成以精神文化为深层文化、制度文化为中层文化、物质文化为表层文化的同心圆结构。价值理论上，校园文化的功能主要有教育功能、导向功能、约束功能、凝聚功能、规范功能、创新功能等。发展理论上，校园文化有起源、传播、变迁和发展的一般动因及规律，校园文化发展方式及动力机制就成为校园文化研究的主要内容。建设理论上，原则主要有：方向性原则、系统性原则、开放性原则、连续性原则、创造性原则等。② 校园文化建设对策，是建设理论的重点。校园文化具有共时性与历时性，可分别从静态与动态、横向与纵向的维度对文化及其形态进行考察。校园文化的本质是校园文化学理论大厦的基点。

校园文化建设的内容：

一是校园文化硬件建设。校园环境主要指校园的建筑、绿化和美化等物质形态。校园环境是首先映入师生眼帘的校园文化，以其持续不断的感染力陶冶人们的精神世界。校园文化设施包括图书馆、实验室、学生文体活动中心、报告厅、音乐厅、校史馆等。健全完备的校园文化基础设施，是建设校园文化的物质前提。校园环境中种植树木，寓意"十年树木、百年树人"。华中科技大学的 7 000

---

① 杨叔子. 校园文化与时代精神 [J]. 中国高教研究，2007 (3)：4.
② 侯长林. 高校校园文化的理论研究 [J]. 中国高教研究，2013 (23)：24.

亩（约为 4.67 平方千米）校园中有大量的树，约有 80 万棵树，其中 20 万棵是乔木，60 万棵是灌木。电子科技大学大量种植银杏树，举办"银杏节"，使大学校园文化展示出自己的鲜明自然特色，并在此基础上孕育科技文化与人文文化，提供了很好的生活与育人环境。北京大学的未名湖、清华大学的清华园牌楼，都是高校校园文化的标志性符号，每年吸引着无数青年学子前来参观留念，也成为一些中学生刻苦学习的动力源。武汉大学的樱花开放时，每年都游人如织、蔚为壮观。这都是校园文化的一个重要组成部分，已经成为一张亮丽的名片。

二是校园文化软件建设。校园文化建设要确立校园文化建设观念，提高校园文化建设的层次，形成良好的校园文化氛围。校园文化的外显文化，主要有校牌、校徽、校标、校歌、校旗、校花、校服以及带有学校标志的贺卡、纪念品等。这也是校园物质文化的一种重要形式。

三是校园制度文化建设。规章和制度是校园文化建设的一个重要内容，也是学校健康发展的重要保障。校园文化运行机制、建设机制和保障机制是构建和谐校园的关键性因素。

四是校风与学风建设。校风与学风作为学校师生员工共同拥有的思想行为作风，是一所学校区别于其他学校的独特风气、治学态度、治学精神和治学原则。校园精神文化建设的关键点在于学风和校风建设。

五是校园文化活动。校园文化活动是校园文化建设的重要组成部分。各种文学、艺术、体育活动所营造的文化氛围，给予学生美的熏陶、美的思维和美的追求，使其具有良好的身心素质，成为德智体美全面发展的人才。

校园文化中的阅读推广。校园文化中的四种形态，都蕴含着阅读的元素、书籍的符号。校园文化统领阅读推广，阅读推广丰富校园文化。

阅读推广对校园精神文化方面的影响。精神文化作为校园文化建设的核心内容，是一个学校精、气、神最集中的体现。经典著作类、名人传记类、人物励志类书目对读者人生观和价值观的形成起到积极的推动和导向作用。阅读推广过程中"以人为本"的服务理念，影响着读者们的思想观念和情感。

阅读推广对校园物质文化建设的影响。物质文化建设作为精神文化建设的载体和基础，主要是为全校师生提供足以开展文化活动的场所和阵地，如文化长廊的布置装饰、文献资源的建设。空间布局上尽量营造出一种文化亲和力。文化墙建设、休读点的设计，都有书卷气息和阅读力量。

阅读推广对校园制度文化方面的影响。制度文化建设是精神文化和物质文化建设的保障，它包括规章制度建设、组织机构建设和队伍建设三个方面。图书馆系列制度均属于校园文化制度建设范畴。

阅读推广在文化活动中的作用。文化活动中有阅读的含量，活动就有深度和厚度。读书日活动、阅读节活动本身就是校园文化活动的重头戏。阅读推广是校园文化建设的重要抓手。陶行知先生曾说："要把教育和知识变成空气一样，弥漫于宇宙。"让阅读弥漫校园，让校园成为真正意义上的"书香校园"。

二、农村校园文化建设

在中国的古籍中，"文"既指文字、文章、文采，又指礼乐制度、法律条文等。"化"是"教化""感化""教行"的意思。文化是人类进化过程中衍生、创造出来的。其特征表现为共有性、民族性、阶级性和连续性。

（一）创建良好的校园环境

苏霍姆林斯基说过："让校园的每一面墙壁都会说话。""对周围世界的美感，能陶冶学生的情操，使他们变得高雅。"教学区、活动区的布局，应做到既整齐美观，又大方实用。马克思曾经说过："人创造环境，同样，环境也创造人。"走廊墙壁人文化，分层设计"伟人希望廊""名人科技廊""作家文化廊"。楼层拐角处分别有"轻声漫步""上下楼梯靠右行"的提示，每层教室的走廊悬挂师生自己的精美作品，精致的尊师公约、爱生公约的宣传板，会是师生自警自省的座右铭。教室应该整洁美观，坐在其中有一种沐浴春风的温馨感觉，以陶冶师生的情操为主线，以个性化的风格美化教室。教室正面的黑板上方悬挂国旗和自制的班标，教室后面的黑板报设有专栏。校园环境建设上要以整洁、绿色、文明、和谐为价值追求，精心规划设计，逐步实现绿化、美化、净化、规范化和人文化。注意校园花草树木、一砖一石的文化熏陶，努力让"每一棵树、每一块石头、每一块砖、每一面墙"都说话。校风、校训等要体现教育理念和学校精神，文字和图表表达要简练、深刻。墙壁、橱窗、走廊等文化传播设施要充分利用名人画像、建设成就、师生榜样等资源，通过图片、文字等多种形式进行艺术性布展，既有古朴典雅的"国学经典"，又有自信活泼的"成长足迹"。有的校园文化石雕刻有"博、爱、艺、乐""教学相长"等字样。

校园景观设计主要体现一所学校的文化精神、教育理念、办学特色和历史内涵。校园景观内涵的重点是文化性、教育理念和办学特色等。景观一般有两大类型：一种是由地面空间构成的景观，包括建筑、植被、雕塑等；另一种是附属在其他物体上形成的景观，包括壁画、浮雕、墙体装饰物等。景观小品具有生态特征、审美功能、文化程度等。农村学校要建设和谐优美的生态文化，农村学校物质文化建设应彰显地方特色，重点是绿化和布局，环境建设宜简朴而高雅。

（二）精神文化是校园文化建设的核心

校园精神文化建设是校园文化的最高层次，包括心理层面和观念层面。心理层面要求学校成员具有持久的意志品质和良好的思维能力。观念层面要求学校成员以法律、制度为行为准则，以对社会的最大贡献为价值理想追求。学校办学理念呈现出多元化倾向，统一归结于"学生全面健康发展，提升国民素质"这一核心理念，以"为国家社会培养人才"为办学基本任务。校园精神文化又被称为"学校精神"，体现在校风、教风、学风、班风上，要发挥校园精神文化的熏陶作用。

在长期历史发展中，校园精神文化建设主要从两个层面开展：一是主题设定。每个农村小学都会根据自身发展的需求和自身实际情况，结合自身特色，设定一个校园文化主题，践行核心价值和发展动向。二是积极进行校风建设。借助中华民族优秀传统文化及不同的地域文化，进行校风建设。校风建设实际上就是校园精神的塑造。好的校风有激励作用、保护作用。教风是教师在长期教育实践活动中形成的教育教学特点、作风和风格。它是教师道德品质、文化水平、教育理论、教学技能等综合素质的集中体现。学风是指学生集体在学习过程中表现出来的治学态度和方法。学校领导和教师、教师和学生之间应该是平等的"朋友"关系。

围绕"幸福教育"核心价值观，确立"福文化"。学校核心价值观是校园文化建设的灵魂。学校文化的策划与实施，首先要确立学校的核心价值观。"幸福教育就是在教育中创造、生成丰富的幸福资源。""教育是使人在幸福上免于异化的有效途径。"人的和谐发展为目标，希望人的尊严、本性、潜能得到最大的实现与发展，实现人人都拥有幸福人生的终极教育目标。教师享受教育幸福，学生享受幸福教育。农村学校坚持办好读书节、体育节和艺术节，"成就幸福人生，促进幸福成长"为目标，建设品牌"福文化"。

（三）校园制度文化建设

制度文化是校园文化建设的保证。校园文化组织机构的健全和完善，有助于发挥校园文化队伍的能动性。制度好比催化剂，可以规范人们的言行，养成良好的习惯，促进人的健康成长。校园制度文化包括学校的传统、仪式和规章制度。制度体现人文性，就是要体现以人为本，以教师发展为本和学生发展为本，以满足人的合理需要和发展为目的。因此，学校制度建设要尊重师生人权、人格；要变"管"为"导"，变"堵"为"疏"，理解、关心、教育、内化师生。制度还要体现生成性，就是制度要民主生成、程序生成、提升生成。一所好的学校一定重视制度建设，制度在前、行动在后。在长期历史发展中，制度文化建设逐渐走向成熟化、有效化、规范化。制度文化建设主要从两个方面着力：一是与学校日常管理息息相关的制度建设，二是与学校校园文化建设相关的制度。

农村学校特色建设。"特色学校"是对能出色地完成学校教育任务，具有独特、稳定、优质个性风貌学校的统称。其表征：一是独特性，拥有颇具个性风格的优秀品质；二是高效性，这是执着追求；三是相对性，建构在与一般学校比较的基础上。我国教育中长期规划纲要强调最多的就是学校特色和教育公平。蔡元培先生说过："有特色的教师是学校的宝贵财富。"特色建设强调"本土性""校本化"，以"内涵发展、特色立校、品牌强校"为办学思路，力求做到"一校一特色、一校一品牌"。民族地区学校特色建设体现民族性。学校特色应带来学校文化的创新和发展。开发校本课程，创建特色校园精神文化。利用本土资源和文化，开发当地民族的校本课程，将民族特色和地方特色渗透到校园文化的建设中，才能加强学生的软实力。同时还能够有效传承当地民族文化和特色文化，保护非物质遗产文化。四川汶川县克枯小学，将"羌绣"和"羌笛"分别纳入美术和音乐课堂，很好地传承羌族文化遗产。藏区民族学校，在课间操时间段，坚持让学生集体跳"锅庄"，以保持本民族优秀传统。民族地区学校应该重视双语教育，将少数民族的语言和汉语融合。

（四）校园行为文化建设

校园行为文化是校园文化建设的目的和归宿，主要包括学校管理行为、教师行为和学生行为。管理干部加强学习，建立终身学习的机制，做到自觉学习、学以致用、学思结合。教师热爱教育、爱岗敬业、热爱学校、热爱学生，关心爱护每一位学生，尊重学生人格，建立民主、平等、和谐的师生关系。教师也要增强学习意识，活到老学到老。学生必须自觉遵守《中小学生守则》和《中学生日常行为规范》。

农村学校特色校园文化的建设还应该以活动为载体发展民族文化，将民俗文化引进校园活动中，增强校园文化的民族化和特色化。创建"悦读天地"，让学生能多读书、读好书，有更多的时间读书。创办"习作乐园"，因为阅读的目的之一是能更好地写作表达。为了给学生提供一个表达的平台，也为了促进学生习作水平的提高，学校也可以办校园版《读写月报》。农村学生每天与大自然亲近，大自然的山山水水、一草一木、虫鸣鸟叫都是学生们的"无字书本"。为了让学生们更加热爱生活，学校可以为学生们开设《田园诗画》栏目，用以展示诗歌、绘画和剪纸等作品，将乡村野趣作为教育资源。"阅读滋养底气，思考带来灵气，实践造就名气。"校园文化是学校的生命之树。

农村学校应牢固树立学校即人、学校为人、学校靠人的人本思想，把它作为校园文化建设的切入点和着力点。坚持将以人为本的思路贯穿校园文化建设的全过程，用愿景鼓舞人，用精神凝聚人，用机制激励人，用环境培育人，最终实现师生的价值与学校发展的统一。建立健全校园文化建设组织领导体系。农村贫困地区学校一般规模较小，让校园文化真正成为大家共享的文化，构建起本校具有竞争力的文化体系。整个校园变成本村最美丽的地方，让本校成员成为当地最文明上进的团体。制定规划，建立分工配合机制，树立良好的社会形象，构造丰富的传播载体，传扬先进的校园文化。

第二节　校史档案文化

一、校史文化

校史是一所学校发展轨迹的真实性历史记录，是指记录学校建立、发展和变迁过程的文献资料。校史是地方史、教育史的重要组成部分，是校园文化建设的重要内容，具有"存史、资政、育人"的重要作用。一部科学、真实、系统的校史，记载着学校创建、发展、壮大的辉煌历程，也是办学特色和校园精神的重要体现。校史是一所学校建校以来不断创造形成的物质和精神文明的总和，是学校发展历史的文化传承，更是健康发展的精神动力源。

校史文化研究的价值和意义在于具有"彰往而察来""温故而知新"的现实功用。校史是一种动态的、不断发展的文化形态，它往往以润物无声的形式推动着现代学校的治理，并以校史积淀而成物质文化、精神文化、制度文化、行为文化，不断塑造着学校的治学精神。因此，对学校史进行系统认真的回顾、归纳、梳理、分析，对进一步传承、传播我国校史文化，发挥校史文化的辐射引领作用、教化育人功能意义重大。1984 年，教育部正式发文号召高校修史，至今有 30 多年。由此可见，我国大学开展系统科学的校史研究时间较为短暂，中小学则更为短暂。历史是最好的教科书。21 世纪以来，我国大学校史文化研究的成绩应当肯定。所显露的某些缺陷和不足，也同样值得反思。这样，我国大学校史文化研究才能朝着成熟化的方向发展和进步。部分高校对大学校史文化的研究工作重视不够，我国大学校史文化研究的重点多集中于文化功能、育人功能的挖掘研究，研究亮点偏少，针对校史文化的传播研究及其德育功能的研究"缺位"。[①]

校史文化不仅记录学校的创建、变迁和发展的沧桑历史，更是一笔珍贵的精

---

① 王小占. 新世纪我国大学校史文化研究综述［J］. 教师教育论坛，2014（5）：91.

神财富。校史文化的主要内容包括四点：

一是学校的发展沿革。学校为完成历史使命，实现中长期战略目标，经历一个由小变大、由弱变强的渐进过程。系列标志性的过程和人物，构成学校发展的历史沿革，成为学校发展的历史缩影，是校园文化的重要组成部分。

二是鲜明的办学精神。如果将校史文化比作一个人，那么历史沿革就是人的身体，精神就是人的灵魂。不同的精神决定不同的符号，建设学校的理念识别系统，包括校标、校训、校风、教风、学风、校旗、校徽、治校理念、治学理念、师生誓词、章程、宣言等。办学精神体现学校对真理、知识价值的尊重，是一种至高无上的理想追求。

三是标志性历史事件。重要转折性历史事件激发师生爱校、荣校的责任意识和使命感，增强校友的"母校情结"和爱校情怀。历史文物反映学校特定时期的特征，是了解校史文化最真切、最直观、最形象的现实依据。

四是重要人物事迹，包括卓越领导人、知名教师、知名校友、科技精英、师德标兵、最美人物等。一代代历史人物，是学校发展的重要支撑，是最鲜活的文化载体。① 校史文化具有导向功能、示范功能、规范功能、筛选功能、激励功能、凝聚功能、塑造和辐射功能。

盘活校史文化资源。习近平总书记曾经指出，要系统梳理传统文化资源，让收藏在禁宫里的文物、陈列在广阔大地上的遗产、书写在古籍里的文字都活起来。加强校史文化研究工作的制度和机制建设，以积极主动的姿态对校史文化进行跨学科、精细化的研究，发掘校史文化研究的新领地，拓宽校史文化传播的新路径，进一步丰富其研究成果。校史馆、档案馆等校史资源"硬载体"异军突起，校史课程、办学特色等与校史文化研究相关的"软载体"崭露头角。作为大学校史文化的重要载体和窗口，档案馆、校史馆成为关注和研究的重点。注重校史馆建设。校史馆是传承校史文化的现实载体。参观者可以直观、真切、细腻、近距离接触校史文化符号，将其内化于心、外化于行。加大校史文化研究力度，设立校史文化研究机构；拓宽校史文化宣传渠道，成立学生校史文化协会；开展校史文化活动，举办校史知识讲座、知识竞赛。编撰"学校简史"，开设校史选修课程，"开学第一课"讲授学校发展史，让学生阅读学校发展史，增强文化自信。

校史馆是学校的编年史。它是用以陈列学校发展历史、展示学校办学过程和不同时代学校面貌的场馆，是学校传统与校园文化的集中表现的舞台，是充分展示学校的优良传统与校园文化精粹的场所。校史馆也是学校博物馆，能将文博全景陈列，更是学校的荣誉室和教育教学成果的荣誉展览室，还是学生德育教育基

---

① 唐会兵. 提升校史文化育人功能的路径探究［J］. 开封教育学院学报，2015（8）：179.

地。校史馆的设计考虑空间的局限性、展示的传统性和现代科技性。学校的发展史通过互动体验传播方式展现，将校史陈列变成一个有情感、讲故事的展示。校史馆的建设依赖于专业团队的设计与实施。建立校史馆进行校史编研工作，提升校园文化内涵。校史馆是一个学校收藏、研究、陈列和开展教育活动的场所，又是积淀和创造大学文化的摇篮，为集中表现校园文化提供舞台。

农村学校建设校史馆。校史承载历史、昭示来者，能充分发挥育人功能。校史馆是很好的育人场所、阅读场所。师生阅读校史校情，可以激发爱国、爱家乡的情怀和"知校、爱校、荣校"的热忱。每一所学校都是从艰难困苦中走向辉煌。阅读校史，是最佳的"不忘初心、牢记使命"主题教育活动。学校校史是一部爱国史、教育史、文化史、学术史、人物史。举办各类校史专题展览，有利于增强校园文化的直观性。2008 年，汶川大地震，全国人民支持灾后重建。地震灾区每个县都建设博物馆，每所中小学都建设校史馆。校史馆以震前、震中和震后为主线，很专业、很震撼。地震灾区校史馆成为"灾难教育"的阵地。阅读校史，增强减灾防灾意识；阅读校史，我们才知道灾区有一位"最牛校长"，一代一代人都不忘这段悲怆历史。

延伸阅读

史上最牛校长

叶志平（1953—2011 年），男，四川省绵竹人。他生前原系四川省绵阳市安县桑枣镇桑枣中学校长。他秉承"责任高于一切，成就源于付出"的理念。多年来，他不断加固教学楼，每学期组织学生做安全疏导训练。2008 年，"5·12"汶川特大地震发生，学校师生无一人伤亡。震后，他带领全校教职工自强不息地战斗在抗震自救的最前线，体现出一名共产党员高度的责任感和使命感。他被教育界称作"史上最牛校长"。

校史资源丰富"三生教育"。"三生教育"指生命、生活和生存教育。学生通过教育的力量，树立正确的生命观、生存观、生活观。生命、生存、生活递进融合。"三生教育"既是一种教育理念，又是一种教育行为。其目的是让学生领悟生命的本质和价值，牢固树立尊重生命、热爱生命、生命尊严的价值理念；确立生活目标，做到知己知人，强化生存意识，提高生存技能，走上追求个人幸福生活与实现社会和谐发展有机统一的人生之路。"三生教育"坚持人本性原则、实践性原则、开放性原则、求真性原则和整合性原则。

校史文化与校园文化。校史作为一个学校的成长记忆、一所学校发展轨迹的真实记录，既是一种宝贵的文化资源，又是对学生进行思想政治教育的重要媒介。它以其真实性、可靠性、直观性的特点和丰富的内容成为新时期校园文化建设的有效形式和载体。校史文化就是校史的文化表征，是校史传承的文化链条。校史文化是校园文化的重要组成部分，是校园文化发展的核心。没有校史文化，校园文化就成了无源之水，失去自身的特色，而校园文化建设又丰富着校史文化的内涵。校史是校园文化的重要载体，在校园文化建设中起传承作用和凝聚作用。①《周易》有云："观乎人文，以化成天下。"校史文化是一个学校的核心竞争力的展现，将校史文化打造成学校文化传承的奠基石。校史文化是校园文化的核心层次、发展根基、特色标签，是校园文化的源头活水，是一座"教育资源富矿"。四川大学成功地开设了"校史文化"选修课。英国哲学家培根说过，读史使人明智。我们时常站在历史长河之畔，回顾过去、立足现实、展望未来。校史是学校阅读推广的重要内容。我们倡导阅读校史。学生阅读校史，激发爱校情怀；教师阅读校史，激发爱教情怀；管理者阅读校史，激发建校情怀。

延伸阅读

我与乐师同伴同行

乐山师范学院迎来四十华诞。四十个春夏秋冬，四十载躬耕不辍，四十年桃李满园。乐师伴我前行，我为乐师做贡献。

第一个十年是筚路蓝缕的十年。我校乘着改革开放的春风，诞生于 1978 年。那时的国家千疮百孔，百废待兴；那时的学校条件简陋，师资匮乏。20 世纪 80 年代中叶，我融入这所学校，当时的"乐山师专"校名还是写在围墙柱头上。学校校名更改了多次、校门修葺了多次，现在的校门如此气派。我赶上了庆祝第一个教师节，全校教职工在北斗山食堂站着吃了一顿饭，这是乐师员工最难忘的最有意义的教师节活动。1988 年，正值学校十周年校庆，我为校庆做点什么？校领导吩咐我以学校名义写两封信：致校友的一封信、致武汉大学的一封信。我作为一位刚入职的新人，压力之大、挑战之大可想而知。我徘徊在大渡河畔，第一封信中，理清了教我育我、春风化雨，滴水之恩、涌泉相报的表达，引用了"日出江花红胜火，春来江水绿如蓝"（唐·白居易《忆江南》）的美句。第二封信中，表达了可否建分校，欢迎光临的意思，将"烟花三月下扬州"化用为"烟花三月下武汉"。十年校庆在第二阶梯教室举行，简朴而隆重，务实而得体。

第二个十年是锐意创新的十年。这十年团结一心、争优创先精神凸显，"三面红旗"迎风招展，教学改革硕果飘香。1993 年，全国师专工作会议在我校召开。我为会议做点什么？学校创造性地提出，会议代表由员工家庭式接待。我贸

---

① 张艾利. 校史参与校园文化建设的路径 [J]. 安顺学院学报，2013 (1)：96.

然报名，居然中了。我家乔迁第十九栋，新房新灶新感觉。当天中午，女儿尚小，在外婆的陪伴下"回避"两小时。学校配送几道菜，我亲手做一道水煮鳝丝。接待对象吉林白城师专校长大加赞赏，趁着兴致我对学校如数家珍，主辅修制话题滔滔不绝。梅庄——师专人的精神地标，是永远铭记于心、挥之不去的集体记忆。我有幸在梅庄工作多年，门外有两株硕大的橡胶树，可以遮风挡雨；门口有两句诗"疏影横斜水清浅，暗香浮动月黄昏"（宋·林逋《山园小梅》），让人伴随诗意工作。"主辅修制"在此孕育，"校县结合"在此谋划，"培养方案"在此编制。梅庄是创意中心、指挥中心和智慧中心。晚上，我常在这里阅读，深信"粗缯大布裹生涯，腹有诗书气自华"（宋·苏轼《和董传留别》）。读书之乐乐无穷，最是书香能致远。我时常练习书法，多少届学生的毕业证都是我们一撇一捺写出来的。我时常宣传学校，成为《教育导报》多年以来的撰稿者和阅读人。我在这里走上干部岗位，光荣入党；管理实践与理论融通，管理与研究两不误。我感念梅庄。梅庄拆除建弘楼之间，我如许多师生一样在此留影纪念。

第三个十年是提档升级的十年。乐师实现升本凤愿，成为 21 世纪初四川省两所新建本科院校之一，敢为人先的精神得以彰显。学校响亮提出"两上一创"奋斗目标，实施"人才工程是第一工程"战略。我幸运地成为人事工作者，有人戏称此为新型"人贩子"。那些年，我们跨黄河、越长江、翻秦岭，为学校汇聚人才。"世界上只有一所大学，推开窗户可以远眺峨眉山，近观大渡河，背倚绿色森林"，这是我们常挂在嘴边的宣传词。《天府早报》曾以《博士硕士纷纷飞乐山》为题报道我校的选人场景。当年引进的学子成长喜人，杨瑶君成为校科技与学科建设处处长，王华清为校建设添砖加瓦。校领导授意，我与他人合作撰写题为《天时地利人和的新型大学》在《四川日报》（2003 年 5 月 31 日 4 版）整版发表，赞美西湖塘边西湖柳、北斗山上北斗星。2005 年起，我担任教育科学学院院长两届，那段时光可以称为真正意义的流金岁月。恰逢迎接本科教学工作合格评估，全员全程参与，喜获良好成绩。时任校长的谭辉旭先生委以重任，让我执笔"校长报告"，与其说是撰稿，不如说是讨论、对话，为批判提供靶子。他清晨阅读教育专著，亲笔书写或口授文稿，奉献智慧。每一次研讨都要提供最新修改稿，十易其稿，终成合作结晶。学院建设上，走外延发展之路，以专业建设为骨架。连年新设专业，做大做强做富。每一次走进课堂和集会，走进开学和毕业典礼，我都会激情澎湃、诗意盎然。全日制、成人教育和自学考试三套马车并驾齐驱，与西南大学联办教育硕士。国培省培、灾后重建项目长年不断，好一派莺歌燕舞、欣欣向荣的景象。

第四个十年是砥砺奋进的十年。学校变化天翻地覆，学校面貌焕然一新，转型发展日益深化，专业门类逐步齐全。2009 年，我们动议建特殊教育专业。时代呼唤特殊教育，党的十七大报告提出"重视学前教育，关注特殊教育"；十八大报告提出"办好学前教育，支持特殊教育"；十九大报告提出"办好学前教育、特殊教育"。延续历史和完善专业需要特殊教育。时任四川省教育厅特教专员的熊壮先生捕捉到这一信息后，特意给学校写了一封信，题为《关于建设特殊教育专业的建议》。那封信情深意长、字字珠玑，浸透一位特教人的担当与忠诚，应该存入档案馆，写进特教发展史。信中提到，"乐师特教是四川省特殊教育的黄埔军校"，"乐师特教"应成为一张亮丽名片，学子遍布川渝大地。读罢此信，我热血沸腾，赶紧复制信函、呈送领导，并提出"请予阅批"。反馈意见大致归为三类：一是投入大、产出小；二是老牌师范都没有申报成功；三是在教育学专业设一组特教课程。后来，熊专员亲临学校，策划了一个"特教恳谈会议"，才初步达成共识。我受学校委派带队到西南大学和重庆师范大学调研，坚定了办学信心。终于在 2010 年办成特教专科，2011 年办成特教本科。专业引领培训项目，中残联和省残联培训项目不断线。专业引来援建项目，受援国家项目支持建设特教大楼。专业引发特色馆藏，我主持的项目荣获全国阅读案例大赛三等奖。

"为什么我的眼里常含泪水？因为我对这土地爱得深沉"（艾青《我爱这土地》）。将自己的生命融进学校事业，搏击风浪勇立潮头，我的生命也在大风大浪中出彩！学校和师生紧紧抱在一起，像石榴籽一样谁也离不开谁。校兴我荣，校衰我耻，一棵小树也能为精神家园增色添绿。

乐师是一片沃土，助我生根、开花与结果。乐师是一个舞台，让我挥洒青春、激扬文字。乐师是一艘航船，送我们抵达小康的彼岸。

祝愿咱们心仪的学校云淡天高、乾坤朗朗！①

二、档案文化

档案指人们在各项社会活动中直接形成的各种形式，是具有保存价值的原始记录。原始性、真实性、可靠性、权威性和凭证性是它的本质属性。我国古代的档案，在各个朝代有着不同的称谓，商代称为"册"，周代称为"中"，秦汉称作"典籍"，汉魏以后谓之"文书""文案""案牍""案卷"等，清代以后多用"档案"，现统一称作"档案"。有人通俗理解为，档案是事情办结之后留下的"底子"；有人形象地将档案称为"人类的记忆"。档案是国家文化财富、文化积淀。档案是文化传播的媒介，反映文化的变迁。档案自身是一种媒介文化。档案

① 邹敏. 我与乐师同伴同行［M］//陈立志. 弦歌激扬. 成都：四川大学出版社，2018：30-32.

馆是"记忆保存场所"或"记忆宫殿"。

档案文化是档案所承载的物质文化信息和围绕档案所进行的全部活动和产品的总和，以及形成的行为和意识。诸多要素相互作用，构成一个复杂的体系，具有丰富内涵，呈现持久累积的特性。档案是一个国家、民族文化的重要载体，这是正确认识档案文化的出发点和基础。档案是文化的积淀，它承载文化，具有记载、延续人类文化的功能。档案载体本身蕴含着文化，是文化的体现。档案建筑及档案管理的相关设施是档案文化的外在表现。档案观是人们对于档案表现形式、档案价值及其意义所持有的观点与认识，档案观是档案文化的核心内容。档案集中统一管理思想、档案开放思想、来源原则、生命周期理论、档案鉴定理论等架构起档案文化传承发展的理论基础。档案是文化的载体、多种文化因素的集合体。档案文化是文化、文明的重要组成部分，档案文献典籍是我国卷帙浩繁的文化典籍的重要组成部分。

档案文化，可分为两个大类：传统档案文化和现代档案文化。传统档案文化，就是历代产生的甲骨、竹简、木牍、纸张档案以及相关的实体档案文化活动。现代档案文化，就是现代社会产生的音像、电子、数字等各种载体的档案以及围绕这些档案所形成的信息档案文化活动。档案文化，还可分为原生档案文化、次生档案文化。档案文化从动态和静态分为静态的档案文化、动态的档案文化。前者指已有实体档案，后者指传播过程中会促使文化增值。档案文化是一个完整的文化体系。档案文化是在一定时间和空间发展起来的，是社会文化系统中的一个组成部分，与社会文化相互作用。如果说文化是一条运动着的长河，那么档案是与之同步运动的记忆长卷。没有档案，就没有文化的进步。

档案的文化价值。2016年9月9日，习近平总书记来到母校北京八一学校与教师们共庆第32个教师节。在参观校史展时，当看到自己的学籍档案、与老师同学的合影时，习近平深情回忆起小学和初中的求学时光，触景生情："这都是小时候的记忆。"这就是档案的魅力。档案是人类文化活动的历史积淀，是人类文化传承的重要纽带。档案的文化价值包括民族文化价值、文化创造价值、学术文化价值、文化教育价值、文艺创作价值、文化鉴赏价值。从文化功能角度看，档案有文化凭证作用、文化媒介作用、文化教育作用。档案是文化的载体和见证，档案是文化积累和传播的一种重要手段。从满足人们需要看，档案的认识价值就是求真的价值，档案的冶情价值就是求美的价值，档案的规范价值就是求善的价值，档案的组织价值就是把人们联结为社会共同体、社会有机体的功能，档案的传承价值就是延续某一群体文化传统的功能。① 2005年4月28日，国民党主席连战造访北京大学并演讲。

---

① 潘连根. 档案文化价值及其实现［J］. 浙江档案，2009（4）：27.

连战的母亲赵兰坤女士正是毕业于北京大学前身——燕京大学宗教系。校方陪同连战参观母亲住过的宿舍楼，并创意赠送其母亲学籍资料影印本。可以见得，一所学校学籍档案的历史价值所在。

档案文化价值实现。档案文化是一种文化资源，有文化媒介价值、文化教育价值；档案文化是一种信息资源；档案文化是一种知识资源。档案是"历史文明之母""文化之母""文化母资源"，养成档案文化意识，形成档案文化自觉，塑造档案文化观念。加强档案文化资源建设，创新档案文化建设。着力"三大体系"建设，即档案资源、档案安全和档案利用体系建设。关注档案内生与外生文化体系建设。走档案现代化之路，建设数字档案馆，转变发展观念，转变服务方式，把好三关：存量数字化、增量电子化、利用网络化。档案文化的发展趋势：知性、自觉、主动。档案文化认知从外在的感性到内在的知性，档案文化行为从自在到自觉。档案文化生态指在公共文化体系构建中，相互交往的文化群体，用以从事文化创造、传播和活动的背景条件。文化生态是一个较为稳定的动态系统，具有遗传性、变异性和开放性。在文化生态视野下，档案文化更要有前瞻性、创新性、战略性。构建档案文化生态链，塑造核心价值观是档案文化建设的关键。学校档案文化生态具有开放性、动态性、流转性、协调性。"收集"和"利用"是生态链的两极，收集是基础前提，利用是目的和归宿。

打造档案文化，注重档案"编研"。"编研"是"编纂"和"研究"的简写。

第一，整理口述校史。通过对言传耳闻留下的传说、故事、轶闻、回忆录等口述史料的收集、整理和研究而获得相应的成果。口述校史档案中凝聚着老一辈师生大量珍贵的历史回忆。

第二，编辑名人档案。名人档案的收集利用，可以折射学校辉煌的历史成就，是档案工作的创新与拓展，体现文化本位的精神取向和以人为本的人本取向。采集包括资料收集、整理、汇总；编辑成名人档案资料，设立名人展厅、名人堂专栏；作为新生入学教育必修课，名人档案是校园文化建设的亮点。

第三，构建展览体系。精品档案展、专题档案展等展览形式，以及开发传播与档案文化相关的刊物、展览画册、档案文化礼品等。挖掘档案所蕴含的深厚历史文化内涵，突出档案的文化要素，发挥档案认知、教育、审美等社会功能。

第四，整理影像档案。整理各班级学生毕业合影，通过网上展览。这是学校师生难忘的文化记忆。

第五，编撰校史。一年编《年鉴》，十年编《校志》，二十年编《校史》。这是很好的教育资源、阅读资源。

第六，开发乡土教材。联合开发《历史上的今天》《家乡掌故》等乡土阅读教材，丰富教育途径。策划"走进档案馆系列活动"，开展档案知识竞赛，开展"写封信给十年后的自己"梦想珍藏活动。

档案文化包含校史文化，校史文化是重要的档案文化，是建设档案文化的重要内容。档案文化和校史文化都从属于校园文化，档案文化建设是一项系统复杂的长期工程。档案文化和校史文化中，蕴含着无数的阅读资源、阅读要素。公共档案馆建成中小学教育基地，乡村两级建设乡村档案，档案融入乡村文化建设。从档案文化视角，完善学校阅读档案、班级阅读档案、家庭阅读档案和少儿阅读档案。在阅读推广和书香社会建设中，广泛运用档案袋管理法。

延伸阅读

我的档案情缘

我的档案情愫源于阅读。我出身教师世家、书香之家，在孩提时代就特别喜欢书籍，仿佛阅读基因与生俱来。我阅读的第一本小说是《闪闪的红星》，翻阅的第一本杂志是《人民文学》，朗读的第一首诗歌是《一月的哀思》。一个人的阅读史就是其精神发育史，阅读伴随我从少年走向青年，迈向中年。不动笔墨不读书，大学时代，写日记四年不断线；从教生涯，每天坚持阅读《人民日报》《中国教育报》和《教育导报》；在武汉大学挂职时，时时有感悟，天天记日记。回首往事，阅读已经成为生存方式和工作习惯，形成读书四部曲：泛读、精读、摘要、化用。沉淀的无数读书笔记，服务于管理，共享于课堂，受用于学生。阅读奠定从业的基石，一个个记忆幻化为档案级记忆。学会沉淀、关注系统、厘清完整，这正是档案工作者的基本素养。

我的档案情结源于利用。档案的本质在于真实、原始和系统，档案的价值在于充分利用。档案无处不在、无时不有、无人不用，因为"处处是创造之地、天天是创造之时、人人是创造之人"（陶行知语）。20世纪90年代，我曾以书法的形式为档案室抄写规章制度，对档案的神圣与规范深有感叹。21世纪初，我有幸承担《乐山师专校史》教学篇写作任务，学会从海量档案资料中去粗取精、去伪存真、为我所用。近些年，我负责《乐山师范学院校志》图书情报信息部分撰写任务，字斟句酌、反复锤炼。在长期的管理实践中，我主动分管档案工作，时常"号召"员工树立档案意识、历练储存品质。我任教育科学学院院长七年，耕耘七年、芳华七年，珍藏每届毕业合影、每年计划与总结、每届开学和毕业典礼致辞，可称为小型管理档案库。2010年，特殊教育专业成功申报，得益于对特殊教育办学史的梳理，让办学历史得以延续，让教育学类专业得以完善。2015年，我主持参与首届全国高校阅读案例推广大赛，巧妙运用了档案学的口述历史、实物档案、音像档案等思维与技法，获三等奖。

我的档案情缘源于约定。我和档案有个约定，遇见你是我的缘。我的职业生涯从机关到教育科学学院，跨入教辅，回归机关，人生是一个圆，从起点到高点再回起点。人生为一大事来，从分管到专管，这是质的飞跃与新的挑战。如何当好高校档案馆馆长？新人新课题新思索。"我从未长大，但我从未停止成长！"（科幻作家阿瑟·克拉克语）。管理始于阅读，我坚持阅读每份《中国档案报》、每本《中国档案》杂志。吾以为，高校档案馆应该成为一座记忆库、信息库、思想库、文化库和智库，成为高校师生的精神家园。档案馆从"纸"与"铁"走向"数"与"网"，"应收尽收、应归尽归、应开尽开、应用尽用"是原则。高校档案走现代化之路，在"存量数字化、增量电子化"的战略中实现人生价值。"身在故纸堆，心中有宗旨"，教学类档案先期实现全数字化，教学中心地位不动摇，人才培养主旋律不更改。树立"大档案"观念，档案门类多样化，建名人档案库、音像档案库和实物档案库；文档一体化，从双套制走向单套制。跟进改革、嵌入管理，档案陪伴管理，成为重要的环节。专题档案和特色数据库锁定创新创造和标志性成果。师生创造历史，档案记录历史，充分发挥存史、资政和育人的功能。档案惠民、档案利民，建立系统性民生档案。档案跟着民生走，推进档史一体化。档案工作四环节：收集、整理、归档和利用，收集是基础，整理是规范，归档是保障，利用是目的。增量重民生，存量重开放，收放重时效。纸质档案与电子档案并重，实体平台与虚拟平台并存，开放与共享最大化。让"沉睡"的档案"流"起来、"动"起来、"活"起来，正如习近平总书记所说："让收藏在禁宫里的文物、陈列在大地上的遗产、书写在古籍里的文字都活起来！"

我的档案情怀源于忠诚。档案工作者心中有档、心中有民、心中有戒。俗话说，火要空心，人要忠心。忠诚来自对事业和学校的热爱。"为党管档、为校守史、为民服务"乃档案情怀，用心用情能出彩。我心中有一个档案梦想，未来的档案馆应该是智慧档案馆，数字式、自助式和网络式融合，构建"互联网+"模式。弘扬档案文化，档案兼具事业和文化性质，挖掘文化元素，讲好档案故事，跨界融合融通，构建"档案+"模式。深度编研科研，集结专兼人员，奉献研究成果。营造氛围，尊重档案，依赖档案，重视档案。

"路上春色正好，天上太阳正晴。"（流沙河诗《理想》）不忘热爱初心，砥砺攀登前行；甩开膀子，干在实处，把精彩书写在档案人生之上。学校兴则档案兴，档案强则学校强。

谨以此文纪念第十个"6·9"国际档案日！①

---

① 邹敏. 我的档案情缘［N］. 乐山师院报，2017-06-15.

第三节　阅读文化研究

一、阅读文化概述

阅读文化是建立在一定的技术形态和物质形态基础上，受社会意识和环境制度制约而形成的阅读价值观念和阅读活动。阅读文化作为一种社会文化系统，其结构可分为三个层面：功能与价值层面、社会意识与时尚层面、环境与教育层面（北京大学王余光教授观点）。阅读文化涵盖阅读环境文化、行为文化和理念文化。阅读文化具有时代性、区域性、群体性和民族性等特征。

阅读作为一种文化现象，自人类文字符号出现就已经开始客观存在。阅读文化发展演变的轨迹，概括为三次转型：第一次转型，可称为原始文献阶段，从口耳相传到手工刻写在甲骨、简帛等天然材质媒介上；第二次转型，可称为纸质文献阶段，从手工刻写型天然材质媒介文献转变为印刷型纸质文献；第三次转型，可称为电子文献阶段，从印刷型纸质文献转变为以计算机网络、电子书刊等为代表的机读型。

1956 年，国际阅读协会在美国的成立，标志着现代阅读学作为一门独立学科出现。20 世纪 60 年代后，国外一些大学还开设了阅读方面的课程。20 世纪 80 年代现代阅读学发展很快，侧重于研究读者个体对文本的阐释与交流、阅读原理的分析以及阅读能力的提高，而很少把阅读视为一种文化现象进行研究。我国从 20 世纪80 年代，开始有学者致力于阅读文化领域的探索与研究。最初开始着手的是对阅读文化方面的资料和知识进行系统化整理。国内最早研究阅读文化的学者，当属北京大学王余光教授。在 20 世纪 80 年代中期，他撰写《中国文献史》，感受到了中国几千年阅读史蕴含的文化内涵，从此开始了他的阅读文化研究之旅。王余光、徐雁等众多专家历时四年，编纂、出版了中国图书史上第一部以读书为主题的百科辞典《中国读书大辞典》（南京大学出版社 1993 年版），标志着中国的阅读研究进入社会学与文化学领域。2004 年，《图书情报知识》杂志首次推出阅读文化专题研究。南开大学柯平教授深入研究网络阅读文化，2005 年出版《青少年网络阅读文化的构建》。2006 年 11 月，中国首届报纸阅读文化圆桌会议在深圳举行。2007 年 9 月，北京图书馆出版社出版了王余光等著的《中国阅读文化史论》。2007 年 12 月，中国首届未成年人阅读文化论坛在深圳举行，通过了《首届未成年人阅读文化论坛宣言》。2007 年，北京大学信息管理系博士研究生汪琴的博士学位论文《中国阅读文化的理论研究》是近年来阅读文化研究领域的重要成果。该论文在目前对"阅读文化"的深度研究几乎是空白的情况下，对中国阅读传统进行了系统总结，构建了中国阅读文化的理论研究框架，为阅读文化学和相关学科的理论研究提供了新的思路。[1] 阅读文化研究包括：阅读文化理念、阅读方式、阅读活动、阅读制度、阅读史、比较研究、实践研究和对策研究。阅读文化建设有助于民族精神境界提升，有助于社会文化持续发展，有助于书香社会的构建。

中外阅读文化比较：

俄罗斯最早的阅读群体是宗教人士和贵族。历经 1 000 余年的漫长历史，形成了俄罗斯的阅读文化。从 19 世纪 70 年代末到 90 年代后期，是俄罗斯文学的鼎盛时期，孕育出普希金、果戈理、托尔斯泰、契诃夫、高尔基等一大批文学巨匠，他们的作品推动了俄罗斯阅读文化的发展。俄罗斯公民仍然保持着良好的阅读习惯，俄罗斯公民阅读普及率高。99%的人都参与阅读，俄罗斯最积极的读者群年龄为 25~50 岁。俄罗斯利用电子信息的读者数也在大规模上升。中俄公民阅读文化的相同点：青年是阅读的主体，阅读目的一致。不同点：阅读倾向的差异，中国阅读重学习、实用，俄罗斯重视阅读科技文化类读物；阅读热点的差异，中国注重古典、武侠小说，俄罗斯则倾向于侦探、科幻类作品。中国的阅读普及率低于俄罗斯的，俄罗斯妇女读者所占的比率高。[2]

新加坡南洋理工大学图书馆，自 2008 年起鼓励读者深度阅读教学科研资料，启动学科屋、学科图书馆博客等服务。学科屋建立在博客平台上，有虚拟导航系统。它将学科信息整合，为用户获取所需资源提供新的途径。学科图书馆博客分别从六个方面提供新书推荐、视频列表、数据库更新、书评、最新活动和本地展览会等服务。同时，推行"口袋图书馆"理念，开展移动阅读服务，创造学习共享空间，倡导休闲性阅读。

韩国江原大学图书馆的阅读推广，建立了完善的读书认证运营与管理制度，设置了严格的读书认证计算机评价程序。

美国哈佛大学图书馆的阅读推广，关注残疾读者，将阅读范围推广至所有社会用户，陆续推出借阅直通、一对一咨询和移动阅读等多种阅读服务模式。实施开放馆藏计划、在线阅读计划，为读者提供全方位服务。

中西方大学阅读文化的"西强我弱"倾向：西方大学阅读量大，我国大学阅读量少；西方大学阅读考核制度严格，我国大学阅读考核制度松散；西方大学阅读多

---

① 孙颖. 阅读文化研究综述 [J]. 大学图书情报学刊，2009（10）：95.
② 王静美，朱明德. 中俄公民阅读文化比较 [J]. 图书馆理论与实践，2005（3）：44.

是"深阅读",我国大学阅读多是"浅阅读";西方大学阅读追求"创意",我国大学阅读追求"记忆";西方大学阅读取向重"道",我国大学阅读取向偏"术"。①重建我国大学阅读文化,革新教学理念和方式,强化机制建设和保障,优化阅读环境和条件,引导学生科学理性阅读,共建大学阅读文化。

二、校园阅读文化

校园阅读文化是校园文化与阅读文化的汇集,基于校园物质与技术形态、学校教育意识和环境衍生而形成,是学校成员共享的阅读观和阅读活动。良好的校园阅读文化氛围对于师生的知识习得、情操熏陶、道德养成、人格完善起着积极的潜移默化作用,有助于引领大众阅读文化。校园阅读文化包括基础形态、阅读理念、阅读活动三个方面,对学生人生观确立、情操熏陶、知识拓展和心理塑造等都会产生积极的作用。校园阅读文化已成为一种办学特色、治学方法和教育途径,渗透于整个校园文化之中。建设校园阅读文化应在理解其内涵和特点的基础上,重点着手开展基础设施、阅读观、阅读理论及阅读活动等的构建。校园阅读文化的特点:阅读主体为学校师生,阅读内容广泛包容,阅读形式方法灵活多样。

信息时代后现代阅读应运而生。后现代阅读,是一种以图画代替文字,以超文本代替纸本,以解构代替结构,获取信息的一种阅读方式。读书节活动通过统筹管理向着品牌化方向发展,形成独特性、高效能、系列化的阅读文化活动品牌,在拓展文化素养、提升信息能力、发展专业质素方面效果显著。

网络阅读文化是以网民为阅读主体、各类阅读文本为客体、网络为中介的文化,是阅读主体、阅读文本、网络三位一体的各种物质、精神和制度的总和。网络阅读具有丰富性、互动性和开放性。网络阅读文化是一种文化,也是一种信息文化。网络文化是信息文化的主体,是以人为主体、以信息为客体、以网络为中介的文化。网络阅读文化可以划分为网络阅读物质文化、网络阅读制度文化和网络阅读精神文化。网络阅读的特征是超文本、超媒体。网络阅读已成为当代青年学生的一种重要学习方式,影响和改变着阅读心理和习惯。

农村阅读文化。贫困乡村阅读目的以休闲娱乐为主,阅读内容以实用为主,阅读层次以浅阅读为主,阅读推广以普及为主。影响阅读文化的,有物态、制度、行为、心态四个文化层面的因素。农村阅读文化建设,坚持政府主导、图书馆主推、文化站和农家书屋助推、社会各界参与。坚持"两条线"运作机制:一条是县市公共图书馆为龙头的公共图书馆—乡镇文化站—村镇农家书屋—家庭藏

---

① 朱叶红. 重建中国大学阅读文化 [J]. 图书馆论坛,2012(2):173.

书室；另一条是以高校图书馆为龙头的大学图书馆—中学图书馆—小学图书室。找准西部阅读文化建设的突破口和着力点，城乡统筹发展，克服"去农化"倾向，实施农家书屋工程，注重民族性和地方性。农村阅读文化的建设是文化发展的重要部分，是新农村文化建设的体现。改善农村阅读环境，研究农村阅读人群结构，满足农村阅读需求。农家书屋的阅读价值在于促进农村经济发展。农家书屋的教育功能在于改善农村阅读环境。农家书屋的阅读意识在于形成农村文化机制。

阅读文化与校园文化互动。阅读文化作为一种社会文化系统，包括三个方面：阅读精神文化、阅读物质文化和阅读制度文化。阅读精神文化是阅读文化的内核和特征，阅读物质文化是阅读文化的物质基础，阅读制度文化处于阅读文化的中间层。校园文化包含校园环境文化、校园文化活动和校园精神。校园精神是校园文化的核心和灵魂，是学校的精神支柱。阅读文化在校园文化建设中的作用有指导学生道德生活、丰富学生课余生活、舒缓学生心理压力等。校园文化对阅读文化发展有导向作用、教育作用和宣传作用。

第十章　阅读学研究

阅读学是一门实用的学问。人人都需要阅读，与阅读均有着密切的关系。我们不仅需要具有前瞻意义的理论研究，更需要实际方法的研究。

第一节　阅读生态

"生态"，指生物的生活状态，指一定的自然环境下生物生存和发展的状态，也延伸为生物的生理特性和习性。"生态"一词源于古希腊文，本来意思指家或者环境。现代社会中，生态也涉及彼此之间、环境之间相互制约、环环相扣的关系。人们常常用"生态"来解读美好、健康、和谐的事物。生态观在教育中体现为：生命、持续、和谐。教育生态学是将教育与生态环境相联系，并以其关系和机理为研究对象的一门新兴学科。教育的生态环境是以教育为中心，对教育的产生、存在和发展起到调控作用。

我国教育家孔子最早将生态意识与教育结合，他将教育、社会、环境三者相结合，提出"足食、足兵、民信"的立国三要素。我国著名政治家管仲提出"一年之计，莫如树谷；十年之计，莫如树木；终身之计，莫如树人"。平民教育家陶行知先生提出"生活即教育"思想，充分体现教育生态系统的关联性。邓小平所提的"三个面向"更是将教育与环境结合的典范。我国教育生态研究主要有三个层面：一是教育生态环境。以教育为中心，影响教育的宏观因素主要有自然、社会、学校、家庭环境。二是校园文化生态。学校传统和现代文化的观念生态化、教学生态化、管理行为生态化。三是教育生态系统。教育生态系统是教育与自然生态系统、社会生态系统通过物质、信息循环和能量交换所构成的教育生态学单位，其内涵丰富，包括关系、环境、因素和需求等。① 阅读生态属于校园文

---

① 佘万斌，杜学元，谭辉旭. 农村教育现代化的理论与实践研究［M］. 北京：人民出版社，2015：124.

化生态范畴。阅读生态即在一定自然、社会环境中阅读的构成要素之间、要素与外部环境之间的关联互动。外部环境因素包括政治、经济、文化等因素，目的在于追求一种平衡的和谐发展状态。阅读生态，是将生态的理念、规律和法则等融入阅读机制中，阅读主客体间获得良性循环、全面发展、持续繁荣的和谐状态。阅读生态以尊重阅读的自然规律为最高准则，创设出便捷、快乐、和谐的阅读生态环境。

民族的阅读水平决定一个民族的精神境界。1997 年年初，我国开展"倡导全民读书，建设阅读社会"的活动。2012 年 11 月，党的十八大报告提出"开展全民阅读活动"。2014 年以来，"倡导全民阅读，构建书香社会"已连续 3 年被写入国务院政府工作报告；《中华人民共和国国民经济和社会发展第十三个五年规划纲要》把"倡导全民阅读"升级为"推动全民阅读"，并把全民阅读工程列为"十三五"时期文化重大工程之一，将全民阅读提升到国家战略高度。自 1999 年起，由中国新闻出版研究院组织实施的全国国民阅读调查已持续开展 15 次。从2013 年起，国家和地方逐步推进全民阅读立法工作；全国各地开展多种形式的全民阅读活动，文化生态得到初步发展，阅读率整体呈上升态势。

美国阅读生态环境创设。2010 年 6 月 2 日，美国公布了首部《共同核心课程标准》，注重融阅读实践于各学科中。美国小学实行一个教师全科教学的方式，即一个教师担任除音乐、体育和美术等课程之外的教学。教师特别注重让学生广泛阅读，重视阅读实践的指导。美国教师开展了两种课内阅读实践：第一种是教师向学生推荐自己喜欢的一本书；第二种是按学生阅读程度分组，每天带领一组学生进行大约 20 分钟的阅读实践活动，师生轮流朗读同一本教师推荐的课外书，进行问答等互动。提供舒适和个性化服务的阅读环境，四年级的课表里关于阅读的时间安排主要是：早上 8:10 至 8:30，师生互动或小组读书；8:30 至 9:40 是阅读时间。图书馆也是一个多功能教室，老师有时选择在图书馆上课或进行学生的个别辅导。引导父母介入课外阅读计划，开发资源共享的各类图书馆，大学图书馆对外免费开放，任何人都可以凭身份证件办理借书证；兴建"免费的小图书馆"等。①

阅读生态是基于人、信息与媒介构成的动态体系。人是这个体系的核心，引导着这个体系的生态互动。信息是维系体系运作的食粮，而媒介是连接体系运转的纽带。人是社会的基础组成元素，具有获取知识的需求，以文化价值为追求目标。阅读生态体系是一个动态的生物结构，以人的知识需求为动态引擎，与外界

---

① 黄飞，林松妹.美国阅读生态环境的创设及其对中国的启示［J］.太原城市职业技术学院学报，2017（2）：181.

社会环境维持着信息能量的输入与输出，其表象同时兼有遗传性、适应性与共生性。[①] 阅读生态系统是由国家及相关部门、阅读资源生产部门、阅读资源提供部门、读者四大要素组成的有机系统。在开放获取环境下，阅读生态结构变异，阅读生态供求失调，阅读生态污染加剧。加强阅读生态建设，建立生态准则制度。阅读是人类获取知识的主要途径，是中华文明传承的纽带。建立良好的阅读生态环境，就能推动文化繁荣，增强文化自信。确立一套具有可行性的生态准则，对于引导阅读生态圈、构建文明的生态模式有着不可或缺的作用。生态准则即对阅读信息源的发布准则，一切信息发布应该以有利于人性和谐发展为标准。开展信息过滤，如美国政府先后推出了《传播净化法》《儿童互联网保护法》等。

农村阅读生态系统的构成要素主要包括：农村的读者群体、阅读资源的生产者、阅读资源的提供者、阅读环境。媒介生态系统指在一定的时间和空间内人、媒介、社会和自然四者相互之间，通过物质交换、能量流动和信息交流，它们相互作用、相互依存，构成动态平衡的统一整体。媒介生态学理论构建了农村阅读生态系统。农村读者群体生态失衡，读者主要是农村干部、农村教师、青少年学生和务工返乡人员。农民阅读生态需求较为单一，阅读生态环境地区性差异较大，阅读资源生产者、提供者呈现城市集群现象。推动为农村阅读生态的良性发展提供政策保障，从农家书屋的图书书目来看，提供给农民阅读的图书种类和数量在不断丰富。新媒体的广泛应用对农村阅读的影响日益加大。农村留守儿童阅读量小、阅读范围较窄、阅读不规范。以农家书屋为平台，构建滋养性阅读环境；以学校为阵地，培养学生的阅读习惯。农村学校是乡村文化建设的高地，教育工作者首先要跨越"应试教育"的藩篱，意识到阅读是学生的认知拓展活动，弥补孩子监护人在其成长路上的教育缺位，以亲密关系为场域，营造阅读氛围。同辈群体是留守儿童在父母监护临时缺位下对其影响最大的亲密伙伴。建立城乡"一对一"互助组等形式，让孩子们互帮互助、快乐阅读。开放的课堂教学应强化阅读，建立全方位、立体化、课内外衔接的阅读体系。课外阅读是自主、自觉的阅读活动，其"生态环境"对读者的阅读热情和阅读效率起着决定性作用。营造便捷的阅读环境，营造浓郁的"人文"气息，营造贴近自然的"绿色"空间，努力营造出一种静谧、舒心、整洁、富有亲和力的"绿色"环境。

新媒体阅读生态研究则更关注网络信息、媒介与阅读者之间的关系和相互作用。焦点是数字环境下的阅读行为和阅读效果，以文化价值追求为主，注重阅读价值的实现。系统理论框架主要包括：新媒体阅读生态系统构成要素及其间关

---

① 陈洲. 开放获取环境下阅读生态文明构建展望 [J]. 中国中医药图书情报杂志，2018（2）：41.

系、新媒体阅读生态链、新媒体阅读生态系统的功能等。新媒体阅读生态状况：阅读生态环境发生改变，系统结构比例失衡，信息供需关系失调，信息分解环节薄弱，存在能量增值失效现象。重构新媒体阅读生态，坚持以人为本原则、实践原则，坚持"和""活""新""真"的标准。① 阅读者阅读习惯优化、信息节点质量优化和信息主体自律是关键。

第二节　阅读立法

阅读立法是我国宪法所赋予的"受教育权"等权利的延伸。是弘扬社会主义核心价值观的基本保障，阅读立法是国民素质提升的有效途径。阅读立法需要解决的关键问题是政府职能问题和阅读自由问题。全民阅读立法共识：为政府确定长效机制，确定主管部门、组织部门和指导部门，确定阅读推广人制度，加强学校阅读教育，提升图书馆的地位，设立读书节，引导出版业等。阅读立法的目标：解决阅读率低下的社会问题，缓解教育不平等问题，协调复杂关系。基本原则：政府承担责任，关注弱势群体，鼓励推广力量。阅读权来源于受教育权、信息权和闲暇享受权，是公民的基本权利之一。

发达国家阅读立法状况：美国，1998 年颁布《卓越阅读法案》，2001 年颁布《不让一个孩子落后法案》。俄罗斯，2006 年颁布《国家支持与发展阅读纲要》。日本，1999 年颁布《国立青少年教育振兴机构法》，2001 年颁布《促进儿童阅读活动的法律》，2002 年颁布《关于推进儿童读书活动的基本计划》。韩国，1994年颁布《图书馆和读书振兴法》，2006 年颁布《阅读文化促进法》。瑞典，2013年颁布《阅读生活法案》。② 国外阅读法规共同的特点：一是明确特定对象阅读的权利，二是明确阅读推广的主体、经费保障，三是强化政府职能，四是强化激励机制。发达国家重视未成年人阅读。20 世纪 90 年代以来，美国联邦政府和整个社会一直关注阅读教育，并将其列为重点问题之一。日本政府从 20 世纪 90 年代开始大力提倡和推动儿童阅读。新加坡政府的"思考型学校，学习型国家"计划，将全民阅读上升为国家战略。立法整合各界力量共促阅读，立法保障图书馆等公共文化设施资源的建设，注重提高阅读能力、培育阅读素养，同时立法与制定规划结合，切实保障政策的落地实施。设立阅读日和阅读基金等制度，以确保

---

① 杨沉，张家武，黄仲山. 全民阅读视角下新媒体阅读生态重构研究［J］. 图书情报工作，2017（12）：90.

② 涂湘波. 关于全民阅读立法的思考［J］. 图书馆，2017（2）：93.

全民阅读长效机制，建立特殊群体阅读的立法保障。

我国呼吁设立"国家阅读节""国家全民阅读指导委员会"。

第一种观点持支持意见，以著名学者朱永新为代表。他从 2003 年起连续 10 余年呼吁建立"国家阅读节"。他们希望重新唤起社会大众对于阅读的美好记忆，重拾中华文化中有关阅读的优良传统。这才是从根本上提高社会阅读力，重建书香社会的有效途径。阅读节让更多的民众了解阅读的重要意义，有助于加强阅读的仪式感；让更多的人认识阅读的神圣感，有助于营造全民阅读氛围，有助于实现阅读的教育价值，从而成为全民阅读的抓手。悠久的图书文化，是中华民族独特的历史财富。我国历来对经典阅读重视，有深厚的文本尊重情结，"敬字惜纸"是我国古代文化中的美德。学者们建议将 9 月 28 日设定为"国家阅读节"。9 月 28 日是我国著名教育家孔子的诞辰日，既有纪念意义，又倡导社会崇尚读书、尊重知识，将有极强的文化感召力。在"国家阅读节"，开展丰富多彩的活动，可延伸为"阅读周""阅读月""阅读季"，体现阅读的多样性、持续性和有效性。积极推进政府倡导、专家指导、社会参与、多方运作、媒体支持。呼吁成立"国家全民阅读指导委员会"，以立法形式推动全民阅读，以专门机构推进阅读，制定国家全民阅读五年规划，建立国家阅读基金，开展全民阅读活动。

第二种观点持反对意见。这种观点认为阅读是一种自主、自发的学习和生命体验，仅一个阅读节，难以在国人心底种下热爱阅读的种子，可能出现表面文章，况且已有"世界读书日"，没必要再设立阅读节。

第三种观点持中立态度。

笔者倾向于设立"国家阅读节"与国际接轨，这总比现代人生造的节日有文化。"世界读书日"因西方文化杰出代表而定，不具中华文化象征性。9 月正是各级各类学校开学季，可起到很好的号召作用和带动作用。国外阅读节多设在下半年，美国在初秋，德国在 11 月，法国在 10 月。全年阅读活动，可从"世界读书日"启动，以"国家阅读节"总结，实现全民阅读的全年性、常态化。

《全民阅读促进条例》纳入立法计划已有三年。2018 年，我国开始实施《中华人民共和国公共图书馆法》。《公共文化服务保障法》于 2017 年 3 月施行，《文化产业促进法》于 2014 年年初进入草拟阶段。地方层面的立法进展较好，深圳是率先推动全民阅读地方立法的城市，湖北是首个出台全民阅读地方政府规章的省份，江苏是首个施行全民阅读地方性法规的省份。我国立法宗旨是保障公民阅读权利，立法内容体现出多项制度创新，全国立法与地方立法互相借鉴共同推进。阅读立法是建设社会主义文化强国的迫切需要，是建立全民阅读工作长效机制的迫切需要，是推动基层工作解决重点难点的迫切需要，是营造阅读氛围鼓励社会参与的迫切需要。立法思路主要是"政府主导、社会参与,均衡发展、保障重点,社会监督、群众评价"。处理好几大关系:阅读与出版、阅读与书店、阅读与设施、阅读与学校、传统与现代、政府与社会、管理与促进等的关系。阅读立法四大内容:强化责任、整合资源、保障重点和监督评价。

第三节　阅读学构建

一、阅读学概述

阅读学是研究阅读规律和阅读行为的科学,是一门发展中的新兴学科。阅读学的研究对象是阅读活动,是一门交叉性、边缘性学科。阅读学研究范围包括阅读的本质、阅读的心理、阅读的动机、阅读的过程、阅读的环境、阅读的生理机制、阅读的方法等。

阅读学成为一门独立的学科是在 20 世纪 50 年代。1956 年 1 月在美国特拉华州的纽瓦克城正式成立的国际阅读协会,标志着阅读学在世界范围内得到了确认。我国现代阅读学起于 20 世纪 80 年代后期。1982 年,韩雪屏、张春林、鲁宝元在《语文教学通讯》第 4 期上联名发表文章,提出"应当建立阅读学"。1987年,高瑞卿主编《阅读学概论》;1988 年,王继坤的《阅读学引论》在《殷都学刊》第 3 期发表,在我国第一次提出了阅读学这门新兴学科的基本理论框架。武汉大学、中山大学等大学陆续正式开设了阅读学课程,说明阅读学已成为我国大学本科学科体系中的一门学科。1991 年,王继坤的《现代阅读学》出版,这本书被誉为我国 20 世纪 90 年代第一部体大思精的阅读学个人专著。1991 年中国阅读学研究会在重庆成立,可以看作是中国阅读学研究已从个体研究发展为群体研究的标志。20 世纪 90 年代阅读学研究的特点是注重理论层面的探索。武汉大学图书情报学院黄葵、俞君立教授 1996 年编著的《阅读学基础》可称为我国阅读学研究领域内容比较完整的一部著作。论著对阅读理论、阅读心理、阅读生理、阅读方法体系、读者阅读需求、阅读指导、阅读训练等从不同层次、不同方面、不同角度进行了积极的探讨与研究,丰富了阅读学的研究内容。阅读学领域中新现象、新事实、新课题内容的研究,对促进我国阅读学的发展起到了理论指导作用。阅读活动是阅读学研究的源泉与归宿。20 世纪 80 年代的全国"红领巾读书活动",20 世纪 90 年代读书热潮更是一浪高过一浪,2000 年 12 月全国"知识工程"领导组在全国开展的"全民读书月"活动,无一不是在营造全民读书、终身学习的良好社会氛围。我国阅读学研究经历了一个从低级到高级，从实践到理论，从被动到主动的发展过程。①

我国现代阅读学研究只有 30 多年的历史，与国外相比差距较大。有学者提出阅读学的几个发展时期：阅读学的孕育期——20 世纪 80 年代前 5 年；阅读学的初创期——20 世纪 80 年代后 5 年；阅读学的形成期——20 世纪 90 年代前 5 年；阅读学的发展期——20 世纪 90 年代后 5 年；阅读学的构建期——进入 21 世纪以来。一个学科的发展不仅要积累自己的经验，而且要吸取各个国家、民族不同时代积累的经验。20 世纪 80 年代前 5 年，速读类图书引进破土萌芽。1980 年，苏联奥·库兹涅佐夫和列·赫罗莫夫合著的《速读法》成为我国改革开放以来引进的首部阅读方法著作。《速读法》发行量有限，但它的开山之用功不可没。20 世纪 80 年代后 5 年，阅读技巧与艺术类图书引进并蒂花开。1988 年，日本芦田献之的著作《实用速读法》由吴树文翻译，上海文化出版社出版。20 世纪 90 年代前 5 年，阅读技巧类图书引进柳暗花明，以河北教育出版社 1991 年 7 月出版的《超级阅读术》的代表。20 世纪 90 年代后 5 年，阅读学图书引进百花齐放。阅读方法类代表是 1999 年 2 月推出的《快速阅读》，作者是被称为"大脑先生"的英国人托尼·巴赞。阅读历史类代表是商务印书馆于 2002 年 5 月出版的加拿大作家阿尔维托·曼古埃尔的《阅读史》，由吴昌杰翻译。曼古埃尔被《时代周刊》称赞为"不但懂得书的价值，而且懂得读书的艺术"的人。为了写作本书，他花费了 7 年的时间查阅了大量的资料，研究从史前一直到当代的阅读活动。② 《阅读史》不是一本标准体例的历史书，却是个体背景下所能触及的阅读历史。

建立阅读学，推动读书活动，指导读者阅读，实现文献效益。阅读学通过对不同类型和层次读者群阅读行为的研究，探索阅读的共同规律。阅读需求、阅读旨趣、阅读心理、阅读方法、阅读倾向、阅读环境、阅读效应则成为研究的重点。阅读学的研究方法包括文献调研法、社会调查法、比较研究法、综合分析法。阅读学作为一门研究人类阅读规律的科学，随着阅读的产生而产生、发展而发展。阅读学的功能在于探求阅读内部矛盾运动的规律，用以指导阅读活动健康发展。阅读学的主要任务就是要建立阅读的基本理论，寻求阅读的规律，研制阅读的有效技法，并以此指导阅读实践，达到提高阅读效率的目的。阅读同生理学、语言学、心理学、社会学、思维科学、美学、哲学等许多学科都有较密切的关系。钱学森先生认为，一种成熟、完整、独立的学科，一般要由基础理论、技术理论和

---

① 石焕发，王英. 20 世纪 90 年代我国图书馆学界阅读学研究综述 [J]. 图书馆工作与研究，2002（2）：14.

② 朱静亚. 中国阅读学的拿来主义 [J]. 图书与情报，2006（1）：54.

工程技术三部分构成。

阅读学的理论框架也可按三大部分来构想：第一部分是阅读学的基础理论，也可以叫阅读通论，这是阅读学的核心；第二部分是对技术理论的研究；第三部分是对阅读训练的研究。此外，阅读学史的研究和阅读学分支学科的研究也很重要，但在我国是一个弱项。王余光先生的《中国阅读史研究纲要》《中国阅读通史》搭建了中国阅读史研究的基本框架。它包括社会环境与教育对阅读的影响、社会意识与宗教对阅读的影响、文本变迁与阅读、学术知识体系与阅读、中国阅读传统、个人阅读史等内容，为专家学者从事阅读史研究指明了方向。

阅读推广的理论构建。阅读推广就是推广阅读，也称为"阅读促进"。一是人的全面发展理论。马克思的"人的全面发展学说"包括人的体力和智力、才能和能力、个性和主体全面自由发展。阅读是实现全面发展的重要途径。二是生命教育理论。这源于人们对现代社会生命价值观的反思，以生命为核心，倡导生命关怀；以平等为原则，尊重生命多样性和独特性；以回归生活为基点，坚持生命教育无痕；以和谐为目标，营造生命环境；以自主探究为路径，促进生命可持续发展。三是终身教育、终身学习、学习型社会理论。这是人类社会发展的必然。四是接受美学理论。其核心是从受众出发，重视反馈与互动。五是传播学理论。阅读本身就是一种传播活动。

阅读学的理论基础。我国古代刘勰的"知音论"、钟嵘的"滋味说"、颜之推的"功利说"，开创了阅读学理论研究的先河，奠定了阅读学理论基础。

魏晋南北朝最伟大的阅读学家是刘勰，最杰出的阅读学著作是《文心雕龙》，其中的《知音》是我国历史上最早、最完整、最严密的阅读学专论。他借用知音之难表达阅读理解之难，分析阅读理解之难的原因，提出著名的"六观"。刘勰是我国阅读学理论的开山鼻祖。

钟嵘在《诗品》中提出的"滋味说"，是我国最早的诗歌阅读理论。他提出品评诗歌时，抓"滋味"这条线索，判断有无滋味、怎样滋味、境界高低。诗的最高境界是"诗之至"，滋味是"无极"。

颜之推主张阅读"功利说"。他的《颜氏家训》被称为"家教规范"。他认为，读书以增益德行，行道以利世；读书以"开心明目，利于行耳"。读书"犹为一艺，得以自资"；读书当"施之世务"。

此外，还有明末清初的金圣叹的阅读思想，包括读者主体意识、阅读心理、阅读行为分析。清初教育家颜元批判理学"半日静坐，半日读书"的读书观，主张实学、实习、体悟和习行。① 清初张潮的阅读思想在《幽梦影》中展现出，包

① 熊静，何官峰. 中国阅读的历史与传统［M］. 北京：朝华出版社，2017：180.

括读书很重要、读书为乐事、读书的功效、善于读书、读书时段等。他认为，冬天心神专注宜读经书，夏天昼长夜短宜读史书，秋天思绪情致清晰宜读诸子，春天气机通畅宜读集部。他描绘人生阅读状态："少年读书，如隙中窥月；中年读书，如庭中望月；老年读书，如台上玩月。"

二、学校阅读学重建

儿童阅读学构建。1934 年，陆静山的《儿童图书馆》一书正式出版。他将"儿童阅读指导"列为专章论述，对儿童阅读方法、儿童阅读心理与指导、儿童阅读技巧及考查儿童阅读等方面的课题均做了全面、系统的分析与说明。这是我国第一部专门研究儿童图书馆和儿童阅读的专著，引起了著名教育家陶行知先生的重视，他为该书题写书名并参与该书的编校工作。后来，《少儿阅读指导概论》《儿童图书馆学》相继问世。《少儿阅读指导概论》将"阅"解读为人类利用眼睛的视觉功能去获取知识信息的手段，"读"则是人类利用发声器官对所接触到的东西进行表述的一种活动。"阅"与"读"之间存在着内在的自然联系，"阅"是"读"的先导和基础，"读"是"阅"的延伸和进一步表述。儿童阅读是儿童通过掌握的各类文献资料，广泛地获取自然与社会知识信息的一种心智活动。儿童阅读的研究对象即儿童阅读的心理、儿童阅读能力、儿童阅读指导，研究儿童阅读系统的运动规律及其相关要素。儿童阅读学的研究内容包括理论和应用两部分。理论部分是指学科的基本理论研究内容，应用部分指运动程序、环节、技术方法和与其实践、应用相关的因素。[①] 儿童阅读是文化传播与交流的一种，属文化生态系统范畴。文化生态系统就是人或群体、文化与生态构成的有机整体，其中各部分以受制和牵制整体的方式发生作用。阅读是人们获取文化知识、文化利益的重要途径之一，儿童阅读是"花的事业""根的工程"。阅读是儿童学习的基础和核心，是儿童成才的低成本方式。儿童阅读也是构建书香社会的基础。儿童阅读有生态，学生、老师、家庭和社会构成一条生态链；与儿童阅读相关的文化产品生产、阅读推广、阅读研究等实践形成一张阅读生态网。生态环境对生态系统内诸因素起平衡、制约、转化、补偿作用。儿童阅读生态系统是一个动态的开放系统。农村儿童阅读，发展极不平衡。

重构儿童阅读学。这是社会文化生态系统健康、可持续发展的必然选择。分级阅读是一种最适合儿童自我发展需要的基本策略，是儿童自我适应阅读环境的选择，也是符合儿童阅读时间系统特征的一种必要选择。分级阅读是一项智力系

---

① 何红. 关于儿童阅读学 [J]. 中国图书馆学报，1995（3）：75.

统工程，需要整合多学科的智慧与力量。儿童阅读学是构建和谐可持续发展文化生态的必然选择，要不断完善儿童阅读生态链，重视和谐阅读生态环境的文化时代特征。

阅读学融入义务教育。阅读教学是语文教学的重中之重，我国《全日制义务教育语文课程标准》中，分量最重、变动最多、改革力度最大的是有关阅读教学的条文，渗透着阅读学的新理念、新方法和新策略。阅读学观点认为，阅读教学的直接目标是培养阅读能力，间接目标是发展思维能力，潜在目标是陶冶思想情操。阅读学把"阅读能力结构"视为学术焦点和教学纲要，认为阅读智能是阅读能力的主干结构，阅读知识是阅读能力的基础结构，阅读情志是阅读能力的动力结构。阅读教学是学生、教师、文本之间对话的过程，阅读是学生的个性化行为。群体阅读必须以个体阅读为基础，发展读者个性为依归，应该把课堂还给学习的主人——学生，把阅读还给阅读主体。新课标体现阅读技法的系统性，各学段的阅读教学都重视朗读和默读。新课标提出阅读教学评价方略，注重阅读能力的测试，开始规定课外阅读书目和阅读量、怎样阅读、如何提高阅读力等。阅读学是一门人文性很强的学科。新课标依据知识和能力、过程和方法、情感态度和价值观三个维度来设计与导向。美国义务教育中，将阅读和写作贯穿教育全过程，肯定有利于青少年的培养。

阅读学融入高等教育。开设"阅读学"课程已成为世界教育的一种趋势。在国外，有许多教育专家对阅读学的性质、效能、方法，对阅读能力的结构及培养途径，对阅读训练的程序，进行了广泛而深入的研究。阅读教学也越来越被重视和关注，许多国家在大中小学开设了阅读学课程。在欧美国家，阅读学被作为独立学科受到重视，阅读学成为选修课或必修课。在美国，大学要求学生每周500页的阅读量；不仅有一批专家教授从事阅读学研究，而且还设立了博士学位。我国阅读学研究相对滞后，成果相对零散，开设课程的院校极少。阅读学作为一门新学科，并且有部分高校已经开设了阅读相关课程，积累了初步经验。开设阅读学课程具备了有利而充分的条件。建设书香校园，应该让"阅读学"走进所有高校，大力推广阅读、普及阅读、宣传阅读。阅读学作为一门通识课，所有学生都应该学习。推进教育改革，开展阅读学教学，精心组织校园阅读，提升学生阅读力。

延伸阅读

中原工学院"阅读学"教学模式

中原工学院根据自身的特点，推出了"知识讲授+好书欣赏+活动体验"的三位一体教学模式。"知识讲授"环节是"阅读学"课程的主体，共安排16课时，规划 8 章可以根据需要继续扩充的内容。每章各具特色，又相互关联，包括阅读的内涵、客体、主体、心理、行为、策略、方法和环境。"好书欣赏"环节，包括教师的读书感悟推荐书、学生的读书体验推荐书、名人的读书经验推荐书、媒体介绍推荐书、推荐书目推荐书、书评文章推荐书。"活动体验"环节，坚持以"阅读学"课程拓展为中心，长期开展"六个一活动"：一本刊物——《中原书廊》，一场诗会——"中工诗会"，一次征文——"读书征文比赛"，一项推送——"每周一书"，一个网站——"书香校园"，一次漂流——"图书漂流"。在这个信息素质教育体系中，构建立体型阅读教学平台，形成了"二新、五课、多讲座"的信息素质教育体系。"二新"指的是开展"新教工、新学生图书馆资源利用培训"，"五课"指的是开设必修课"信息检索"、通识课"阅读学""竞争情报""信息文化""论语解读"，"多讲座"是指持续举办专家现场讲座和播放视频讲座。"阅读学"课程是上承获取文献、下启利用文献的关键环节。①

　　全民阅读是主体以自发秩序为基础的价值选择。自发秩序是全民阅读生成的重要形态，全民阅读是以文化价值取向为核心的价值共识，价值取向在于主体价值追求与社会作用的有机结合。价值理性是全民阅读体系的支撑，是人类的一种独特的理性，是人类价值智慧和价值良知。价值是客体对主体需要的满足，阅读的价值即阅读对人的需要而言的某种有用性。价值观是人们对事物价值的根本观点和基本看法，阅读的价值观就是人们在阅读过程中，对阅读的目的、意义和价值的认识与理解。阅读价值观是人类观念体系中的一部分，对人的生存发展具有更为深远而特殊的意义。阅读价值观的特征表现为主体性、稳定性和时代性。全民阅读在文化价值体系中具有主体性、能动性、平等性、社会性等特性。夯实全民阅读，支撑以文化战略为核心的国家文化体系，坚守中国精神，讲好中国故事，弘扬文化精神。全民阅读既是对文化生态的延续，又是对国家文化强国的构建。

---

　　① 张怀涛，王晓美，朱振宁. 以"阅读学"课程推进阅读推广 [J]. 河北科技图苑，2016（6）：76–78.

参 考 文 献

［1］蔡冬青. 基于阅读心理的读者阅读倾向分析［J］. 科技情报开发与经济，2015（5）：24-25.

［2］曾健红. 农村小学语文课外有效指导策略的研究［J］. 课外语文，2018（10）：78，80.

［3］董味甘. 阅读学［M］. 重庆：重庆出版社，1989.

［4］范舒扬，何国梅. 以色列阅读教育及其对我国全民阅读的启示［J］. 中国出版，2017（1）：15-20.

［5］宫梅玲，丛中. 大学生抑郁症阅读治疗典型案例及对症文献配伍［J］. 山东图书馆学刊，2011（2）：33-37.

［6］胡继武. 现代阅读学［M］. 广州：中山大学出版社，1991.

［7］黄金奇，余国宇. 小学教师专业阅读推进路径探析［J］. 黄冈师范学院学报，2016，36（4）：99-101.

［8］蒋莹. 初级中学图书馆开展阅读治疗法策略探析［J］. 文教资料，2017（19）：227-228.

［9］李丽. 海明威情结：信任人格之殇与儿童文学阅读治疗［J］. 宁夏社会科学，2017（3）：252-256.

［10］廖志江，高敏. 建立家庭阅读档案 营造美好书香家庭［J］. 山西档案，2014（1）：75-77.

［11］陆晓红. 我国儿童阅读推广研究综述［J］. 图书馆工作与研究，2013，1（9）：112-116.

［12］聂震宁. 阅读力［M］. 北京：生活·读书·新知三联书店，2017.

［13］秦姣姣. 芬兰中小学生高阅读素养的培养及启示［J］. 教育与教学研究，2013，27（8）：95-98.

［14］邱铁鑫，方纲. "书香乡村"建设困境与对策研究：以成都市 PD 区农村为例［J］. 新世纪图书馆，2017（12）：39-44.

［15］苏敏，魏薇. 回顾与反思：我国幼儿阅读研究三十年［J］. 山东师范大学学报（人文社会科学版），2017，62（2）：107-118.

［16］王静，程从华. 先秦时期阅读理论研究述略［J］. 图书馆界，2016（5）：16-19.

［17］王磊，李岩. 中国全民阅读工程发展简史［M］. 北京：海洋出版社，2017.

［18］王迎红，张杏. 六国国民传统阅读现状综述［J］. 图书馆，2010（2）：27-29.

［19］吴霓，王学男. 党的十八大以来教育扶贫政策的发展特征［J］. 教育研究，2017（9）：4-11.

［20］吴森林，朱子君. 聋校学生阅读现状及对策思考［J］. 现代特殊教育，2016（21）：61-62.

［21］夏红新. 浅谈低年级段智障学生阅读能力的培养［J］. 现代特殊教育，2015（11）：47-48.

［22］熊静，何官峰. 中国阅读的历史与传统［M］. 北京：朝华出版社，2017.

［23］徐雁，李海燕. 全民阅读知识导航［M］. 南京：南京大学出版社，2016.

［24］张利娜. 国内幼儿阅读状况、突出问题及促进措施研究［J］. 图书馆，2015（5）：97-101.

［25］周蔚华. 后现代阅读方式的兴起与出版转型［J］. 中国人民大学学报，2007，21（2）：99-106.

［26］周燕妮，聂凌睿，马德静. 书香社会［M］. 深圳：海天出版社，2017.

［27］朱苏娜. 中年级听障学生亲子阅读现状调查及引导方法［J］. 现代特殊教育，2016（11）：47-48.

［28］朱永新，丁林兴. 苏霍姆林斯基与"书香校园"建设研究［J］. 集美大学学报，2005，6（3）：3-13.

［29］祝振媛. 阅读疗法在儿童创伤心理治疗的应用初探［J］. 晋图学刊，2010（1）：36-39.